集人文社科之思 刊专业学术之声

集 刊 名：中国社会心理学评论
主　　编：杨宜音
主办单位：中国社会科学院社会学研究所

(Vol.17) Chinese Social Psychological Review

编辑委员会

主　　任：杨宜音　中国社会科学院社会学研究所
　　　　　　　　　哈尔滨工程大学人文社会科学学院

委　　员：陈午晴　中国社会科学院社会学研究所
　　　　　方　文　北京大学社会学系
　　　　　纪丽君　加拿大女王大学心理学系
　　　　　康萤仪　香港中文大学管理学院
　　　　　刘　力　北京师范大学心理学院
　　　　　彭凯平　美国加州大学伯克利分校心理学系，清华大学心理学系
　　　　　王俊秀　中国社会科学院社会学研究所
　　　　　徐　冰　上海大学社会学院
　　　　　杨　宇　上海科技大学创业与管理学院
　　　　　叶光辉　台湾"中研院"民族学研究所
　　　　　翟学伟　南京大学社会学院
　　　　　赵旭东　中国人民大学社会与人口学院
　　　　　赵志裕　香港中文大学社会科学院

编辑部

联系电话：86-10-85195562
电子邮箱：ChineseSPR@126.com
通信地址：北京市东城区建国门内大街5号中国社会科学院社会学研究所

第17辑

集刊序列号：PIJ-2005-005
中国集刊网：www.jikan.com.cn
集刊投约稿平台：www.iedol.cn

中国
社会心理学
评论

第17辑

Chinese Social Psychological Review (Vol.17)

○ 杨宜音 / 主编
张庆鹏　寇　彧 / 本辑特约主编

社会科学文献出版社
SOCIAL SCIENCES ACADEMIC PRESS (CHINA)

主编简介

杨宜音 博士,中国社会科学院社会学研究所社会心理学研究中心研究员、博士生导师,中国社会心理学学会理事长(2010~2014)。2016年起任哈尔滨工程大学人文社会科学学院教授、博士生导师,中国传媒大学传播心理研究所教授、博士生导师。主要研究领域为社会心理学,包括人际关系、群己关系与群际关系、社会心态、价值观及其变迁等。在学术期刊发表论文130余篇,代表作有:《自己人:一项有关中国人关系分类的个案研究》[(台北)《本土心理学研究》2001年总第13期]、《个人与宏观社会的心理联系:社会心态概念的界定》(《社会学研究》2006年第4期)、《关系化与类别化:中国人我们概念形成的社会心理机制》(《中国社会科学》2008年第4期)。主编 Social Mentality in Contemporary China (Singapore: Springer Singapore, 2019)。

电子信箱:cassyiyinyang@126.com。

本辑特约主编简介

张庆鹏 心理学博士,广州大学公共管理学院社会学系副主任、讲师、硕士生导师、中国社会心理学会理事、理论与教学专业委员会秘书长。研究领域包括群际关系心理学、文化与社会认知、移民社会学,在《社会学研究》《心理发展与教育》和 Illness, Crisis and Loss 等国内外权威刊物上发表论文十余篇,出版专著《青少年的社群成长之路:亲社会行为及其干预》以及合著《青少年亲社会行为促进:理论和方法》《非洲人在广州:跨境迁移者的口述史》。现任《广州大学学报》(社科版)和 Frontiers in Psychology 等杂志的审稿人。

电子信箱:zhqp@ gzhu. edu. cn。

寇 彧 北京师范大学心理学部教授、博士生导师,中国社会心理学会常务理事、理论与教学专业委员会主任。在青少年价值取向和道德观念影响源、亲社会行为概念表征与行为促进、社会阶层和系统合理化、幸福倾向和幸福感、道德判断和腐败认知、民族认同和群际帮助等方面获得系列成果。在《心理学报》《心理科学》《心理发展与教育》《社会学研究》《青年研究》等 CSSCI 期刊,以及 Evolution and Human Behavior、Journal of Happiness Studies、Child Indicators Research、Youth & Society 等 SSCI 期刊上发表多篇论文。

电子信箱:kouyu@ bnu. edu. cn。

中国社会心理学评论　第17辑
群际互动与亲社会行为　　　　　　　　　　　2020年2月出版

群际互动中的亲社会行为：全球化浪潮下的"群性光辉"（代卷首语）
………………………………………………………… 张庆鹏　寇彧 / 1

群际亲社会行为的影响因素及心理机制

共同内群体认同对群体帮助的提升作用及其机制
………………………………………… 孙涛　梁芳美　赵玉芳 / 16
个人怀旧对群际亲社会行为的影响：基本心理需要满足的中介作用
………………………………………………… 常保瑞　谢天 / 34
疾病风险感知对群际亲社会行为的影响：移情的中介作用
………………………… 路红　邓雅丹　郭蕾　张庆鹏 / 56

群际亲社会互动中的态度和动机

少数人群体精神需求的满足促进对多数人群体的积极态度
……………………………………………………… 王锦　寇彧 / 74
想象接触改善群际态度：民族观的中介作用 ……… 于海涛　李嘉诚 / 90
社会认同和群际威胁对群际态度的影响：基于语言群际偏差的指标
…… 夏瑞雪　李诺　牛百灵　苏婉茹　李世峰　邵宏宏　刘冰华 / 105
群体本质主义与群际刻板印象：自然类别和群体实体性如何预测
热情和能力？…… 韦庆旺　董文兰　武心丹　周欣彤　唐楠棋 / 123
青年志愿者帮助HIV感染儿童的初始动机 ……… 徐华女　钟年 / 145

群际亲社会行为的文化心理学内涵

中原地区跨文化通婚家庭的身份协商：日常情境中的生活策略
.... 牧石玲　杨宜音　郭亚星 / 171

集体主义与亲社会行为：群体认同的作用
.... 吴胜涛　高承海　梁肖幸子　胡沈璠 / 193

亲社会正义感的阶层差异：个体主义的调节作用
.... 吴胜涛　王平丽　陈咏媛 / 204

《中国社会心理学评论》投稿须知 .... / 215
Table of Contents & Abstracts .... / 217

群际互动中的亲社会行为：
全球化浪潮下的"群性光辉"

（代卷首语）

张庆鹏　寇彧*

摘　要：在经济全球化和国内外社会多重流动的背景下，基于不同文化传统、社会规范、思维习惯和行为模式而出现了类型众多的社群或团体。这些群体在频繁接触的过程中形成了多类型、多角度和多层面的文化互动现实，并对社会心态和社会行动产生深刻的影响。本文首先讨论了多元文化互动过程中的社群感知和群际关系表征的特点，进而将亲社会行为从个体间社交层面拓展到群际社交层面，据此阐述了群际亲社会行为在社群互动中的建设性内涵，尤其强调了不具有防御性助人色彩的自主性群际亲社会行为，并探讨其影响因素和促进策略，希望以亲社会行为作为切入点，揭开群际感知背后精微的社会心理内涵和复杂的文化经验根系，为提升群际融合品质找到新的路径。最后，作为卷首语介绍本辑11篇论文的主要内容及其在群际亲社会行为研究中的启发意义。

关键词：多重流动性　群际亲社会行为　自主定向　依赖定向

一　引言

在中国经济社会飞速发展的背景下，急剧增长的经济体量使得国内的

---

* 张庆鹏，广州大学公共管理学院社会学系讲师，硕士生导师；寇彧，北京师范大学心理学部教授，博士生导师，通信作者，E-mail: yu_kou1@163.com。

人才、资源、商品和服务进入了前所未有的高度流动状态，当代中国出现了"境内流动"和"跨国流动"在多个层面上并存的社会现实，并已呈现时空叠加的特点。社会流动的多重性特征源于两个方面。一方面，源于国内不同省份之间的信息交换和人员交换，涉及农民工群体、流动和留守儿童群体以及城市新移民群体的社会和文化适应、社区融入、新身份认同等议题（李路路，2006；李路路、朱斌，2015）；另一方面，伴随着国内市场规模和成熟度的日益提升，中国的国际影响力不断加强。越来越多的中国人走向海外，谋求更为广阔的发展平台；同时也有越来越多的外国人来到中国"淘金"，受益于崛起中的东方市场。研究者在全球化的宏大视角下敏感地关注到了在当代中国频繁发生的"跨国流动"趋势，并在此趋势下探讨跨境迁移、跨国移民、跨国婚姻和草根全球化等现象背后的机制。比如考察中国的跨境非洲移民早期阶段的发生特征，以及在持续流动过程中累积的因果效应（梁玉成，2013）；再比如，在对中国的非洲人聚居区和韩国人聚居区进行空间分析的基础上，探讨其社会网络特征与演进机制，以及空间生产过程（李志刚等，2009；刘云刚等，2017）。复杂而多元的流动性特征构建了当代中国经济与社会发展格局中的新型现实表征，身处其中的人们需要重新审视诸如"自己人和外人"以及"内群体和外群体"等概念，更新社会认知框架和群体行为模式，并且在一个由更具多样性的亚文化社群组成的社会结构体系中重新整合自己的群体身份和认同边界。而在更为宏观的层面上，内外交叠的多重流动性加速了社区类型的更迭和演进，增强了社区内部的异质性和社区间的多样性。不同的文化传统在流动性背景下的碰撞、凝聚与整合是促进社会创新的关键动力，但群体间习俗和规范差异所造成的多元诉求也给潜在的社群冲突埋下不小的隐患，成为城市人口管理和基层社区治理工作者不得不面临的巨大挑战。

相比之下，社会心理学家们更为关注的是文化因素、个体因素和社会环境因素对心理和行为的交互影响机制（Culture × Person × Situation, CuPS），借以理解人们在复杂背景下的决策过程和行动策略，并据此预测未来的走向（Mendoza-Denton & Mischel, 2007; Cohen & Leung, 2010）。在社会变革和文化变迁的语境下，多重流动的社会现实促成了不同类型的文化传统、社会习俗、思维习惯和行为模式在同一个时间和空间内发生重叠，形成了多类型、多角度和多层面的社会文化互动现实。在此背景下的社会心态也会随之发生变化。随着资源流动和人员流动的不断加剧，中国社会出现的群体类型越来越多，新型群体的形成和发展是一个动态而多变的过程，这就使得基于群体间接触和互动所形成的社会结构也变得越来越复杂。社会成员针对"外群体及外群体成员"的心理表征呈现多层次的复杂特征。在国内流动/跨国流动的群际互动框架内，本地人基于对外地人/外国人群体的观感和接触，对这些城市新移民身份的积极印象或污名感知，会以想象、隐喻或代表性符号的方式透过传媒和人际沟通的渠道最终生成特定的社会表征模型，进而深化并巩固成为共识性的大众经验。这一整套始终处在动态调整中的群际互动经验是在社会流动的多重叠加特征和社会群体多元并存的外部现实，以及心理表征和人际互构的内部过程共同作用下形成的。内外因素促成的社会共识对其持有者产生了规范性影响，进而指导他们的思想和行动。这就促使社会科学研究者更多地将工作重心聚焦于不同民族、社群、文化传统之间的交流和互动模式，探讨在其背后发挥作用的社会与心理机制，整合出一套更为积极和具有建设性的社会联结系统，达到减少群际偏见和提升群际关系的目的，最终促进跨文化整合、实现多群体间的和谐共融。对于关注中国社会现实的研究者来说，这是一个充满魅力的领域，而在这个领域所积累的理论和实证研究也必然会在未来对中国社会产生深远影响。

二　群际感知的两面性

无论是作为动物个体的"人"，还是作为生物物种的"人类"，群体都是极富深刻内涵和非凡意义的存在。群体之于个体心理而言乃是制造并续存社会联结感、自我力量感、意义感、归属感、安全感、被接纳感、高自尊甚至爱与亲密感的不竭源泉；群体之于人类集体而言则是强化共性、巩固常识、凝聚信仰、建设文明的深层动力。我们用各自独特的群体身份将"自己人"与"其他人"区别开来，同时又不可避免地与各种外群体成员相互渗透在一起。分工与合作之间既相互独立又彼此依存的关系已成为智能信息时代的典型特征，所以人们要面对的不仅是如何在群体内部获得接纳和认可，而且要在跨种族、跨文化、跨群体的相互渗透中学会如何适应并解决群体间的误解、偏见甚至冲突。与人际交往中的社会心理过程及机制相比，人们在群际互动中的社会认知更为复杂多变，并呈现如下的两面性特征：一种是由外显意愿和内隐态度之间的差异造成的两面性；另一种则源于内群体规范认同和外群体偏好之间既有内在联系又有外部区分的现实。

首先，人们对于外群体成员的真实感受（或者是其意识不到的内隐判断）和他们实际表现出来的言语与行动之间并不总是一致的，外显的融合意愿背后难免隐含着隐性的偏见。从绝大多数社群的立场来看，人们在跨文化交流的过程中普遍愿意接受诸如"融合""共同体""合作"等理念。爱好和平，喜欢和谐的状态，不喜欢冲突和敌对的状态，这其实是全世界普通人的共识。但为什么人们一方面承认这样的共识，另一方面又在跨社群、跨文化交流中频繁地表现出偏见和歧视呢？我们不得不承认，以上所谓和谐与融合是人们在群际互动中自动建构出来的、试图在主体间和群体间达成应然共识的话语。换言之，在群际互动场景下，我们都觉得大家应该普遍认同和谐与融合的姿态，于是我们就这么说了，至于我们会不会这么做，这是另一个层面上的事情，"说"和"做"并不存在必然的对应关系。因为我们在很多社会心理学的研究中都可以找到针对同一事物的外显态度和内隐态度相矛盾的证据（Schmid & Amodio, 2017; Sun, Wang, & Bai, 2019）。群际关系表征中的内隐态度比表面上宣扬的和谐融合更为复杂。隐蔽的群际偏见存在于表面和谐的外壳之下，当来自不同群体的人们在应然共识的话语体系中"合谋"建立一套共同的上位认同概念时，在看不见的桌面以下，双方继续为了"谁更能典型地代表这个上位概念"而争斗不休。在大多数情况下，双方都会认为自己所在的子群体是最能代表上位群体的，于是就会使用内群体的原型去定义上位群体，出现了所谓的内群体投射效应。内群体原型向上位群体认同的投射使得表面和谐的群际关系隐含了"以我为主、以你为辅"的潜在偏见（Wenzel, Mummendey, & Waldzus, 2008）。总之，我们透过群际关系可以看到跨层次嵌套的多元文化形态，并窥到深藏其中的两面性，其中的一面是外显或表象层次上的合作与融合，另一面是内隐层次上的深刻偏见。

其次，人们如何对待外群体成员？这个问题很大程度上取决于他们对内群体规范中有关群际交往、群际关系内容的理解和实践。根据传统道家文化中的"反者道之动""无不生无，有不生有，不无不有，乃生无有""物有同而异，有异而同，有非而是，有是而非"等哲学理念可知，事物本身是内外关联的，而不同事物之间是互为表里的关系。群际关系在形式上所呈现的是不同群体的成员进行社会互动时所依托的结构性框架，并由此折射出风貌和内涵皆不尽相同的价值判断和情感好恶。而外部的差异则更多地源于内在因素的作用。个体基于内群体视角而"对外"产生了一系列心理和行为倾向，这一点同时与本群体的内在机制密不可分。例如，人们对外群体的态度和行为很大程度上受制于他们对内群体本身的理解，以及在此基础上生成的内群体身份认同。内群体认同进一步强化了"内外有别"的群际差异，使得各种形式的群际利益竞争都隐含了社会分类的逻辑和动力，因为这个分类之于社会秩序、社会支配以及自我认同与群际冲突都具有"基石意义"（方文，2017）。跨群体互动中的社会分类强化了内外群体互为表里的关系，促使人们在特定的内群体规范指导下参与到对外的群际互动中去。根据内群体规范偏好理论（the Theory of Ingroup Norm Favoring），人们是否对外群体做出积极反应，关键要看其内群体规范是偏好于组间竞争还是组间合作，内群体规范会引导个体的行动，使其更容易被自己所认同的群体接纳。概言之，人们通过与外群体成员互动来满足他们的内群体归属和被接纳的需求，而在其中发挥中介作用的过程是对内群体规范的认可与遵从。Montoya 和 Pinter（2016）认为，内群体偏好的规范在以下四种情况下更倾向于促进积极群际关系的形成：（1）规范强调个体与外群体成员交往的价值，包括给内群体带来的可见或不可见的利益等；（2）对外合作和社会融合的规范是基于"群际合作可以增强内群体收益"这一信念而建立的；（3）规范可以激发内群体道德情绪（如内疚感）；（4）规范可以在群体之间建立共同的上位目标（common superordinate goal），促使群际共享更多的重要信息并保持一致的行动方向。综上，人们对外群体的态度和行为更多地折射出其对内群体规范的认同程度。为了满足群体归属、社会情感接纳和高自尊等心理需求，人们需要从内群体层面上汲取必要的社交资源和现实可能性。由此在群际互动场景下呈现了"内外关联、互为表里"的两面性特征。

以上讨论了群际感知在"外显态度－内隐认知"和"外群体态度/行为－内群体规范"两对概念上体现的两面性。这揭示了群际互动过程既复杂又多变的特征，据此建立的各类群际关系也呈现了形式多元、内涵丰富的形态，并展现迥然不同的价值对照关系，包括在外显意愿层面上的积极态度对照内隐认知层面上的消极偏见，以及在积极的外群体态度背后对照内群体规范认同逻辑。这就使得"如何整合外显态度与内隐认知、如何整合内群体规范与跨群体利益，并在此基础上实现真正的群际和谐"成为颇具理论价值和现实意义的研究议题。这也是本专辑将主题聚焦于"群际亲社会行为"的缘起和初衷。

三　群际亲社会行为：社群互动中的建设性内涵

群际互动的过程隐含了不同规范、习俗和价值取向之间的对话与交融，同时也折射出了不同群体之间由于权力和地位的差别而出现的合作、冲突或博弈，此外还有这些群体所依托的文化在频繁接触中所激荡出来的创意和智慧。上述内容背后的建设性内涵（比如群体层面上的积极态度和良性互动）和破坏性内涵（比如群际偏见、歧视甚至冲突）是并存的，对于建设性内涵的培育和促进能够在很大程度上消解群际互动中的破坏性内涵。在社会心理学、文化心理学和移民社会学的多学科交叉视角下，关于亲社会行为（prosocial behavior）的解释模型和干预机制可以为探索群际互动中的建设性内涵提供丰富的研究资源。在传统的个体主义心理学范式下，亲社会行为被界定为发生在个体之间具有利他属性的、旨在提升人际关系并通过巩固规范和强化习俗来促进内群体和谐的积极行动。从概念的原型结构来看，人际互动层面上的亲社会行为既涉及特质性、利他性和社交性等自我/个体心理特征，同时也涉及诸如遵守群体规范/维护社会公益这样的群体心理特征（张庆鹏、寇彧，2011）。一方面，它促进了积极自我概念的建立和良性人际关系的改善；另一方面，这些改善的不断积累也潜在地推动了积极社会共识的形成，最终建立稳定的亲社会规范，成为建立成熟社会的核心基础。这表明亲社会行为是联结自我认知和群体认知的纽带，也是在内群体规范认同和跨群体社会互动之间建立积极联系的黏合剂。

如果将人际社交层面上的"亲社会"的理念切入群际关系的研究领域，则可以将个体心理层面上的亲社会动机和心理行为模式拓展到群际互动层面，并提炼出"群际亲社会行为"这一概念。群际亲社会行为在表象层面上依然是发生在个体之间的具有友好、合作、分享和互助等特征的积极行动，但形式上的人际行为隐含了群际互动的意蕴，由于身兼不同群体身份的施助者和受助者同时也各自稳定地拥有相应的身份认同，这使得群际亲社会行为在内核层面上成为基于个体身份认同的群体间行动。我们可以透过群际亲社会行为来分析变迁背景下的群体形成和发展过程、群际互动的形式和内容以及由此结成的各种关系，进而探索如何在纷繁复杂的群际互动中消解偏见与歧视、促进群际和谐与族群融合，呼应"当代中国走向世界"语境下的"人类命运共同体""全球伙伴关系网""世界朋友圈"等议题。在全球化浪潮风起云涌的今天，来自不同文化或不同社群的人们不可避免地要进行频繁的接触（包括跨国贸易、跨境留学、跨境就业甚至跨国通婚等），基于"亲社会"构造起来的建设性的群际互动内涵对于这种多元复杂的接触过程具有重要价值，这种价值不仅体现于消除偏见和化解冲突（或者通过冲突来协调各方面力量之间的相互作用，发挥平衡社会的功能），而且体现于重塑共识和提升融合品质，并实现更为深刻的文化整合。可见，在这方面所开展的研究正使得"群际亲社会行为"日益成为一个有趣且重要的领域。

需要注意的是，当我们在以文化心理学和移民社会学为显著特征的跨学科视角下探讨群际亲社会行为时，有必要首先厘清亲社会行为的心理发生机制在人际和群际这两个层面上存在的差异。人际亲社会行为以个体主义心理学传统为出发点，关注不同层级的环境变量对社交场景中的个体亲社会行为的影响，同时也关注环境因素和个人因素对行为的交互影响，此外还涉及个体在这个过程中凸显出来的主体意识和适应性努力。与之具有相通之处的是，群体层面上的互动特征一方面同样涉及施助者和受助者，或者互助双方之间的沟通、比较、评估和反馈等心理与行为过程，另一方面则涉及基于上述过程而形成的群际关系。此外，文化与社会视角下的群际亲社会行为更多地以社会感知意义上的群际互动的形式出现，群际亲社会行为在行动驱力、行动方向、行动对象以及行动的实现形式等诸多方面都不能简单地等同于"个体的累加"，而是抽离于孤立个体意义之外的集体经验呈现。"群体"和"群体间"的意涵折射到个体的认知系统之后，首先在社会信息加工过程中被具象为"个体感知到的群体"以及"个体感知到的群体间互动及关系"，而当数以万计的个体感知抽象为共享的社会现实，则形成了下文将要提到的集体社会表征。

四 亲社会群际关系表征及其分类

我们可以将基于群际亲社会行为建立的社会关系理解为"不同群体成员通过社会表征建构出来的积极的、建设性的社会联结/关系"。"社会表征"（social representation）是在社会事实的基础上整合了社会成员集体认知的"共同意识"（common consciousness），具有社会共享性与群体差异性、社会根源性与行为说明性以及相对稳定性与长期动态性等特点（管健，2009）。社会心理表征是某一群体所共享的价值、观念和实践系统，对个体行动具有定向作用，同时在社会共识的形成过程中发挥决定作用。与个体层面上的亲社会行为相比，群际亲社会行为涉及自我与群体的关系，以及内群体与外群体的关系，因而是在多层嵌套的复杂系统中发生的社会互动，也就必然需要以人群中业已形成的普遍共识或集体社会表征为基础。就群际亲社会行动中的当事双方而言，关系表征的影响因素以及运行机制更多地反映了群体之间在一些重要议题上的对话与博弈，这些议题涉及双方在"施助-受助"或"互助"的过程中进行帮助、合作、分享等亲社会互动时，制约或影响他们行为的规范是如何建立的。而这些规范一旦建立，随即出现两种典型的亲社会群际关系。

第一种是依赖定向关系（dependency-oriented relationship），依赖定向关系中的施助者强调内外群体的差别，特别是内群体的独特性，通过为受助者提供直接的问题解决方案，借以稳定或扩大群际阶层差异，进而获得受助者的长期依赖，因此虽然表面上是积极的，其实质却是为解决群际威胁的"亲-内群体"（pro-ingroup）行为，其中不乏针对外群体的控制、排斥等消极互动，而该取向下的求助者则将求助情境归因为自身能力不足。这种关系反映了群际互动过程中的负面要素。在群体间地位不对等的前提下，一方试图通过施助行为而掌握资源或文化维度上的控制权，借助群际亲社会行为而进一步增大与强化双方的地位差异，从而将群际互动引向"控制性助人"的范畴；而另一方由于身在相对弱势的权力处境下，所在的文化与社会地位也相对较低，为了淡化或远离前者的控制而不断进行防御和反制，试图在不对等的权力与地位格局中尽可能地寻求自主性和独立性，于是将群际互动引向"防御性助人"的范畴（Nadler, Harpaz-Gorodeisky, & Ben-David, 2009；Nadler & Chernyak-Hai, 2014；张兰鸽等，2015）。

第二种是自主定向关系（autonomy-oriented relationship），这种关系框架内的群际助人行为涉及"自主独立性"（autonomy-independency）、"求同包容性"（assimilation-inclusion）等核心特征，施助者强调群际共性，可以容忍不同群体之间的多样性，通过为受助者提供解决问题的工具去尊重后者的自主价值及独立尊严，试图在利他主义框架内缩小阶层差异，并与幸福感和积极情绪产生正向联系，最终建立起良性的群际关系。该取向下的求助者则会基于求助情境产生较强的动机去解决当前的技术性问题（张兰鸽等，2015）。因此，自主定向的群际亲社会行为具备了更多的建设性内涵。自主定向关系反映了群际互动过程中的正面要素。比如在解决诸如利益分配、责任分担和冲突解决等问题时，双方会更多地考虑平等协商，并且都可以接受为了解决问题而做出妥协的方案。建设性群际关系一方面更容易促进群体之间基于其所依托的文化在频繁接触中激荡出创意和智慧，另一方面也可以促进群体之间的良性互动，进而建立积极而稳定的群际关系，实现良性的社会建构，避免出现由偏见、歧视、攻击等冲突所引发的破坏性局面。

五 自主性群际亲社会行为的影响因素和促进策略

亲社会群际互动中的依赖定向关系和自主定向关系都是在人们对于内

群体与外群体之间的相对阶层位置和权力分配格局进行感知、表征和判断的基础上形成的。在群际互动的语境下，差异性表征的激活使得同样的助人场景背后隐含了不同的行动逻辑和价值诉求。很明显，依赖定向关系较容易引发群际偏见、敌对甚至冲突，而自主定向关系则更倾向于对应友善合作的良性互动，后者在本质上具备了亲社会行为的积极内涵，有助于实现真正意义上的群际融合，因而有必要探讨其影响因素和促进策略。

自主性群际亲社会行为的影响因素主要涉及以下四个方面。第一是自我认知因素。个体在特定社会环境下对自我概念的认知以及对自我与他人边界的建构取向会影响他们对外群体的态度和行为。例如，相比相依型自我建构取向，独立型自我的个体更容易对外群体的陌生人做出亲社会行为（Duclos & Barasch, 2014）；此外，自我认知活动中具有独立特征的正念/沉思实践也可以缓解群际焦虑对消极群际关系的预测作用（Price-Blackshear et al., 2017）。第二是社会表征因素。当跨群体表征具有更高的整合水平和更强的共识性时，群际比较的天平会由差异性转向共同性，据此建立的求同包容性是引发自主性群际亲社会行为的关键诱因。如果人们将内群体和外群体表征为同一个上位群体类属（superordinate category），并将内外群体成员一律表征为具有对等代表性的共同内群体身份（排除某一子群体原型被单独投射到上位群体表征的可能性），那么群际偏见和敌意归因都会被消解，进而实现群际关系的改善（Gaertner & Dovidio, 2005）。第三是社交性情绪/情感因素。高级社会情感在很大程度上影响群际互动的质量。积极群际态度中情感维度的基本要素包括跨文化交往过程中产生的舒适度、喜欢、亲切感、参与感和热忱感（Alfieri & Marta, 2011）。Pittinsky 和 Montoya（2016）发现同理心愉悦（empathic joy）促使美国白人教师对少数族裔学生表现出更多的积极群际态度和正向的群际互动。第四是群体规范因素。主观规范的形成源于人们将其感知到的社会共识抽象、凝练为共同的思想和行动指导，进而影响群体内外的社会互动成效。例如，人们对于外群体成员的观点生成了相应的社会共识信息，由此促成了积极的主观规范（Montoya & Pinter, 2016），进而改变固有的刻板印象，促成了积极的群际关系（Sechrist & Milford, 2007）；此外，在群体内部生成的内群体偏好规范（ingroup-favoring norm）不但会促使内群体成员优先考虑本群体利益，而且会通过强调群际互动的价值、建立群际合作规范、超越当前群际格局而建立上位群体目标等途径去实现群际关系的提升。

最后，如何促进这类群际亲社会行为？鉴于群际互动中易于出现的消极刻板印象、偏见、敌意和冲突，已有研究者提出了相应的改善策略，旨在提升不同群体之间的良性互动。第一是群际接触实践。在 Allport（1954）的经典群际接触理论指导下，研究者考察了不同的接触类型对群际关系的影响，这些类型包括直接接触、扩展接触、替代接触以及想象接触。元分析研究表明，在心理表征层面设定积极群际互动的情境中，想象接触训练对群际偏见的消除和群际关系的提升作用尤为明显（Miles & Crisp，2014）。此外，群际接触还会引发外群体成员的个人化（personalising）效应，这使得群际互动中出现了更多的人际互动元素，削弱了跨群体认知的笼统性。第二是文化学习策略。个体自幼年即可以通过文化学习与外群体成员建立联结，通过模仿学习和引导学习完成对外部文化的再认与内化，促进累积文化演进的实现（Tomasello，2016）；深层的群际文化学习训练可以发展出建设性的社会认知并提升群际互认、互信与合作（Schweiger & Goulet，2005）。第三是文化多样性表征训练。鉴于在共同内群体认同和上位群体类属建构的过程中可能会出现内群体投射（ingroup projection）的现象，也就是将内群体特征更多地投放到上位类属原型，认为内群体可以更为典型地代表上位类属的本质特征，这种投射现象会引发更多的群际偏见（Mummendey & Wenzel，1999），而文化多样性训练的主要目的是促进内群体成员针对上位类属感知到更大的多样性，进而削减内群体原型特征在上位类属中所占的比例，使后者能够更好地发挥共同内群体认同的作用（Ehrke et al.，2014）。第四是交叉分类认同训练。在群际互动中对交叉类属（cross-cutting categorization）的表征弱化了群际边界，个体在某一身份类别上是内群体成员，而在另一身份类别上是外群体成员，从而减少了内外群体区分的显著性（Vescio et al.，2004；Goar，2007）。以在中国经商的外国人为例，在某些场合下本地人对他们的信任程度较低，我们可以通过凸显商贸活动中的相似性身份（如我们都是现代商人）来交叉，这样可能会拉近本地商人与外国商人之间的距离，增加对"外国人"这一外群体身份符号的信任和好感。

六 结语

在国内流动和跨境流动的双重作用下，当代中国走向了前所未有的多元文化交融时代。在这个背景下出现了林林总总的群体类型，随之也制造出了纷繁复杂的群际互动议题。群际亲社会行为作为联结自我认知和群体认知的纽带，蕴含于行动背后的积极要素折射出了全球化浪潮下的群性光辉，并在一个更高的抽象水平上揭示出多种文化互动场景下推动群际合作或消减群际冲突的底层逻辑。为了阐明这种"揭示"的内涵，我们需要全面审视当代多群体交互现实背后的文化心理机制。在多重流动和跨文化碰撞等复杂社会现实的交织下，无论是站在坚持内群体独特性的文化本质主义（essentialism）立场，还是站在强调无差别群际平等的文化色盲主义（colorblindness）立场，甚或是站在既接受多样性又鼓励自由表达与行动的文化多元主义（multiculturalism）立场，都很难完整并准确地判断群际互动的本质和成效（邹智敏、江叶诗，2015）。因为群际互动中多种文化间的相互影响兼具多样性和整合性的内涵，这种内涵可以借助于影响源的叠加性特征和影响过程的多重性特征来理解。某种文化基于特定的侧面（而不是全部要素）对其成员产生影响，而其他可能更重要的影响则来自另一种文化的特定侧面，个体的认知和行为是在多种文化会聚之后被塑造形成的（Morries, Chiu, & Liu, 2015）。这就促成了几种风貌与内涵皆存在差异的群体形态可以共存于同一个场域之内，伴随着新群体的不断出现，行为主体存储的社会与文化知识涵盖了两套或多套文化系统，不同系统之间存在相互借用、相互吸收和相互转换的涵化（acculturation）关系，它们被整合在一起对社会行为产生了影响。这一观点优化了上述三种立场背后的理论解释力，进而指向了最早由 Prashad（2001）提出的文化会聚主义（polyculturalism）理念。文化会聚主义理念启发我们基于本文的阐述继续向深层的社会心理学议题空间拓展，进而将群际亲社会行为纳入文化系统建构的动态进程中。不同的文化形态在对话、混搭和转换迭代的过程中会聚为全新的文化系统，群际亲社会行为在其中扮演了联结、凝聚与整合的角色。群际亲社会行为既可以为社会建设与文化重构过程中的跨群体互助、协调、提升与整合等议题提供道路选择或方法路径，在多元杂处的文化融合背景下揭示出两个或多个文化系统对群体行为的综合作用机制，又可以在群际互助的过程中探寻不同类型的群体在文化、规范或价值取向等方面的对话与融合，梳理出积极群际关系的形成与发展和群际权力健康合理运作的原理。

  本专辑围绕"群际亲社会行为"这个主题收集了一系列研究论文，目的是在上述视角下探索群际互动背后的文化心理机制，并为如何消除偏见、提升与改善群际关系提供实证依据。本专辑的论文大致可分为三类，第一类研究直接探讨了不同因素对群际亲社会行为的影响及其内部机制。例如，赵玉芳团队以壮族和苗族大学生为被试，基于两个系列的实验发现了共同内群体认同对外群体帮助的提升作用，并且揭示了感知相似性在其中所发挥的中介作用;谢天团队以慈善捐助为例,考察了"个人怀旧"在满足基本心理需求的基础上对群际亲社会行为的正向预测作用;路红团队采用博弈游戏范式,考察了感知到的疾病传染性与致死程度对群际亲社会行为决策的影响,同时验证了状态移情的中介作用。第二类研究聚焦于群际互动过程中的态度和动机。例如寇彧团队的研究发现,少数人群体的内群体精神利益满足降低了外群体投射,继而促进了他们对多数人群体的积极态度;于海涛团队以 A 民族大学生为被试,通过三个系列研究探索了想象的群际接触对内隐群际态度的影响,并检验了民族观的中介作用;夏瑞雪团队的研究揭示了社会认同程度和群际威胁感知对不同民族群际态度的交互影响;韦庆旺团队考察了群体本质主义的自然类别维度及群体实体性维度与群际刻板印象(能力-热情)的关系;徐华女团队则借助质性访谈的方法,深入挖掘了青年志愿者和艾滋病感染儿童之间的群际帮助行动背后的多重初始动机(如痛苦感知、感恩图报、追求正义等)。第三类研究将亲社会行为置于文化心理结构和文化会聚主义的层面上,探讨行为背后的文化意义。例如,杨宜音团队深度描绘了中原民族散杂居地区的跨文化通婚家庭日常生活场景,在社会距离最近的文化接触形态下讨论了婚内跨文化融合心理边界的特性;吴胜涛和高承海团队的研究揭示了文化心理结构中的集体主义倾向与亲社会行为关系的族群异质性和差异性;吴胜涛团队的另一项研究则探讨了亲社会正义感的阶层差异及其文化价值基础,发现文化心理结构中的个体主义倾向调节了亲社会正义感的阶层差异。

心理学研究最大的价值应在于,当其理论贡献反照到社会现场之后可以发挥其阐释现实和解决问题的实际功能。在与多重流动现实密切相关的社会建设与国家战略层面,党的十九大报告提出要在"全面开放新格局"下继续建设现代化经济体系,对内要"促进农民工多渠道就业创业",确保农村劳动力转移就业形势的平稳增长;对外要"促进和而不同、兼收并蓄的文明交流","维护世界和平、促进全球发展、构建更加紧密的人类命运共同体"。本专辑关于"社会群体"和"群际关系"的研究契合了上述宏观战略,同时也回应了"国家安全的基础管理"和"跨区域的系统性人口迁移治理"的现实需求,希望能够将不同类型的群际关系背后的生成机制和促进策略作为当前实现族群共生和文化共融的实践抓手,为建立和提升有关城乡社区融合、多元文化交流互动、跨文化和跨族裔间合作等方面的社会治理策略体系提供实践性参考。

参考文献

方文，2017，《社会分类权》，《北京大学学报》（哲学社会科学版）第5期，第78~88页。

管健，2009，《社会表征理论的起源与发展——对莫斯科维奇〈社会表征：社会心理学探索〉的解读》，《社会学研究》第4期，第242~282页。

李路路，2006，《再生产与统治——社会流动机制的再思考》，《社会学研究》第2期，第37~60页。

李路路、朱斌，2015，《当代中国的代际流动模式及其变迁》，《中国社会科学》第5期，第40~58页。

李志刚、薛德升、杜枫、朱颖，2009，《全球化下"跨国移民社会空间"的地方响应——以广州小北黑人区为例》，《地理研究》第4期，第920~932页。

梁玉成，2013，《在广州的非洲裔移民行为的因果机制——累计因果视野下的移民行为研究》，《社会学研究》第1期，第134~159页。

刘云刚、周雯婷、黄徐璐、全志英，2017，《全球化背景下在华跨国移民社区的空间生产——广州远景路韩国人聚居区的案例研究》，《地理科学》第7期，第976~986页。

张兰鸽、王磊、张应兰、寇彧，2015，《自主定向与依赖定向的群际帮助在动机与后果上的差异》，《心理科学进展》第9期，第1658~1667页。

张庆鹏、寇彧，2011，《青少年亲社会行为测评维度的建立与验证》，《社会学研究》第4期，第105~121页。

邹智敏、江叶诗，2015，《文化会聚主义：一种关系型的文化心理定势》，载赵志裕、吴莹主编《中国社会心理学评论》（第九辑），社会科学文献出版社，第63~96页。

Alfieri, S., & Marta, E. L. E. N. A. (2011). Positive attitudes toward the outgroup: Adaptation and validation of the Allophilia Scale. *Testing, Psychometrics, Methodology in Applied Psychology*, 18, 99–116.

Allport, G. (1954). *The Nature of Prejudice*. New York: Addison-Wesley.

Cohen, D., & Leung, A. K.-Y. (2010). A CuPS (Culture × Person × Situation) perspective on violence and character. In P. R. Shaver & M. Mikulincer (Eds.), *Human Aggression and Violence: Causes, Manifestations, and Consequences* (pp. 187–200). Washington, DC: American Psychological Association.

Duclos, R., & Barasch, A. (2014). Prosocial behavior in intergroup relations: How donor self-construal and recipient group-membership shape generosity. *Journal of Consumer Research*, 41, 93–108.

Ehrke, F., Berthold, A., & Steffens, M. C. (2014). How diversity training can change attitudes: Increasing perceived complexity of superordinate groups to improve intergroup relations. *Journal of Experimental Social Psychology*, 53, 193–206.

Gaertner, S. L., & Dovidio, J. F. (2005). Understanding and addressing contemporary racism: From aversive racism to the common ingroup identity model. *Journal of Social Issues*,

61, 615-639.

Goar, C. D. (2007). Social identity theory and the reduction of inequality: Can cross-cutting categorization reduce inequality in mixed-race groups? *Social Behavior and Personality: An International Journal*, 35, 537-550.

Mendoza-Denton, R., & Mischel, W. (2007). Integrating system approaches to culture and personality: The cultural cognitive-affective processing system. In S. Kitayama & D. Cohen (Eds.), *Handbook of Cultural Psychology* (pp. 175-195). New York: Guilford Press.

Miles, E., & Crisp, R. J. (2014). A meta-analytic test of the imagined contact hypothesis. *Group Processes & Intergroup Relations*, 17, 3-26.

Montoya, R. M., & Pinter, B. (2016). A model for understanding positive intergroup relations using the In-Group-Favoring Norm. *Journal of Social Issues*, 72, 584-600.

Morris, M. W., Chiu, C. Y., & Liu, Z. (2015). Polycultural psychology. *Annual Review of Psychology*, 66, 631-659.

Mummendey, A., & Wenzel, M. (1999). Social discrimination and tolerance in intergroup relations: Reactions to intergroup difference. *Personality and Social Psychology Review*, 3, 158-174.

Nadler, A., & Chernyak-Hai, L. (2014). Helping them stay where they are: Status effects on dependency/autonomy-oriented helping. *Journal of Personality and Social Psychology*, 106, 58-72.

Nadler, A., Harpaz-Gorodeisky, G., & Ben-David, Y. (2009). Defensive helping: Threat to group identity, ingroup identification, status stability, and common group identity as determinants of intergroup help-giving. *Journal of Personality and Social Psychology*, 97, 823-834.

Prashad, V. (2001). *Everybody Was Kung Fu fighting: Afro-Asian Connections and the Myth of Cultural Purity*. Boston: Beacon Press.

Price-Blackshear, M. A., Kamble, S. V., Mudhol, V., Sheldon, K. M., & Bettencourt, B. A. (2017). Mindfulness practices moderate the association between intergroup anxiety and outgroup attitudes. *Mindfulness*, 8, 1172-1183.

Pittinsky, T. L., & Montoya, R. M. (2016). Empathic joy in positive intergroup relations. *Journal of Social Issues*, 72, 511-523.

Schmid, P. C., & Amodio, D. M. (2017). Power effects on implicit prejudice and stereotyping: The role of intergroup face processing. *Social Neuroscience*, 12, 218-231.

Schweiger, D. M., & Goulet, P. K. (2005). Facilitating acquisition integration through deep-level cultural learning interventions: A longitudinal field experiment. *Organization Studies*, 26, 1477-1499.

Sechrist, G. B., & Milford, L. R. (2007). The influence of social consensus information on intergroup helping behavior. *Basic and Applied Social Psychology*, 29, 365-374.

Sun, L.-R., Wang, P., & Bai, Y.-H. (2019). Effect of implicit prejudice on intergroup conflict: The cognitive processing bias perspective. *Journal of Interpersonal Violence* (online publication). https://doi.org/10.1177/0886260519844271.

Tomasello, M. (2016). Cultural learning redux. *Child Development*, 87, 643–653.

Vescio, T. K., Judd, C. M., & Kwan, V. S. (2004). The crossed-categorization hypothesis: Evidence of reductions in the strength of categorization, but not intergroup bias. *Journal of Experimental Social Psychology*, 40, 478–496.

Wenzel, M., Mummendey, A., & Waldzus, S. (2008). Superordinate identities and intergroup conflict: The ingroup projection model. *European Review of Social Psychology*, 18, 331–372.

共同内群体认同对群体帮助的提升作用及其机制[*]

孙 涛 梁芳美 赵玉芳[**]

摘 要： 根据社会认同理论，内群体为其成员提供了情感意义和价值意义，群体成员将群体身份内化为自我概念的一部分并因而产生内群体偏好。本研究探讨共同内群体认同能否提升群体帮助及其机制。研究1通过双向度测量的方法考察共同内群体认同与群体帮助的关系，结果发现，共同内群体认同与内群体、外群体帮助呈显著正相关，控制人口学变量后对两者仍有显著影响；研究2进一步考察共同内群体认同对群体帮助的影响及其作用机制，结果发现，共同内群体认同显著提升了外群体帮助，降低了内群体帮助偏好，对外群体帮助的提升作用是通过感知相似性实现的。研究拓展了共同内群体认同模型，丰富了亲社会行为领域的研究。

关键词： 外群体帮助 共同内群体认同 内群体偏好 重新范畴化 感知相似性

一 引言

中华民族自古以来提倡助人为乐，在个体层面，帮助（help）作为一

---

[*] 本研究获得教育部人文社会科学重点研究基地重大项目（16JJD190007）、重庆市研究生科研创新项目（CYB18110）、广西职业教育教学改革研究项目（GXGZJG2017B014）的资助。

[**] 孙涛，西南大学心理学部硕士研究生；梁芳美，西南大学西南民族教育与心理研究中心博士研究生，河池学院讲师；赵玉芳，西南大学心理学部教授，博士生导师，通信作者，E-mail: zhaobee@ swu. edu. cn。

种亲社会行为可以完善自我、促进人际和谐（Layous, Nelson, Oberle, Schonert-Reichl, & Lyubomirsky, 2012）；在社会层面，帮助是一种社会责任感的体现，能够推动社会和谐发展（Park & Shin, 2017）。以往对于帮助的研究大多集中在人际帮助，群体帮助是一个相对崭新的研究领域（张兰鸽、王磊、张应兰、寇彧，2015）。相对于外群体，个体会更愿意帮助内群体成员（Levine, Prosser, Evans, & Reicher, 2005; Siem, Lotz-Schmitt, & Stürmer, 2014），对内群体认同程度越高，对内群体成员的帮助越多（Nier, Gaertner, Dovidio, Banker, Ward, & Rust, 2001; Everett, Faber, & Crockett, 2015）。但是，与外群体接触是社会生活的常态，提高人们对外群体的帮助水平，使亲社会行为跨越群际边界，是营造更加和谐友善的群际关系的重要途径。

（一）共同内群体认同促进对外群体的亲社会行为

共同内群体认同模型（Common Ingroup Identity Model, CIIM）认为，可以通过建立共同上位群体身份，改变个体感知到的群际边界，将群体成员身份由"我们"（内群体）和"他们"（外群体），转变为一个包摄水平更广的"我们"（共同内群体），将内群体偏好延伸至先前的外群体成员，从而改变对外群体的态度与行为（Gaertner, Dovidio, Anastasio, Bachman, & Rust, 1993）。共同内群体认同将原先的外群体成员重新看成内群体的"自己人"，不仅增加了对外群体成员的积极情感（Riek, Mania, Gaertner, Mcdonald, & Lamoreaux, 2010），强化了亲社会动机（Whitham, 2018），还提高了同理心（Capozza, Vezzali, Trifiletti, Falvo, & Favara, 2010）、宽恕（Reysen & Katzarskamiller, 2017）与和解（严璞，2017）等亲社会行为。

共同内群体认同促进优势群体（掌握更多的社会资源或占据更高的社会地位，如本土居民）对弱势群体（拥有较少的社会资源或占据更低的社会地位，如外来移民）的帮助行为得到了研究的支持（Nadler, Harpaz-Gorodeisky, & Ben-David, 2009）。跨文化研究表明，共同内群体认同可以正向预测移民的社会融入，也延长了当地居民对移民的志愿服务时间，增加了对移民的资金支持（Kunst, Thomsen, Sam, & Berry, 2015）；共同遭遇地震灾害之后，意大利儿童增加了对移民儿童的帮助（Vezzali, Cadamuro, Versari, Giovannini, & Trifiletti, 2015）；将澳大利亚大学生和澳大利亚土著人划分成一个共同身份——澳大利亚人，增加了澳大利亚大学生对土著人的帮助（Halloran & Chambers, 2011）；启动流动儿童与城市儿童的中小学生身份之后，增加了对外群体的帮助（周天爽，2017）。启动共同内群体身份不仅可以促进对外群体的亲社会行为，也会改变帮助的特征，高地位群体通过向低地位群体提供依赖定向帮助（dependency-oriented help）来维持其内群体认同，启动共同内群体认同后被试会选择自主定向帮助（autonomy-oriented help），而不是防御性帮助（defensive help）（Nadler, Harpaz-Gorodeisky, & Ben-David, 2009）。

前人对共同内群体认同提升群体帮助行为的研究，大多从主体民族群体或优势群体的帮助视角出发，探寻如何改善主体民族群体或优势群体对少数民族群体或弱势群体的态度和行为（Halloran & Chambers, 2011; Kunst, Thomsen, Sam, & Berry, 2015; 周天爽，2017），很少采用少数民族群体或弱势群体之间的帮助视角作为研究对象探讨共同内群体认同对群体帮助的作用，其作用机制也有待于探索。

（二）感知相似性在共同内群体提升外群体帮助中的作用

共同内群体认同提升外群体帮助可能与感知相似性有关。感知相似性是指个体感觉群体之间的相似程度（黄群英，2014）。共同内群体认同通过建立共同上位群体身份，把外群体知觉为内群体成员，可能会增加个体与外群体的相似性（Gaertner, Mann, Murrell, & Dovidio, 1989）。此外，共享一个群体身份能够增强相似性感知（Gaertner & Dovidio, 2012）。感知相似性既是社会分类和刻板印象等社会认知过程的决定因素（Alves, Koch, & Unkelbach, 2015），也是人际吸引力的强大决定因素（Gaertner et al., 1989），人们喜欢与相似者接触（Alves, Koch, & Unkelbach, 2015），愿意给其更多的帮助（Gaertner & Dovidio, 2012）。感知相似性可能是共同内群体认同提升外群体帮助的中介。

（三）共同内群体认同可能会消减内群体帮助偏好

根据内群体投射模型（Ingroup Projection Model），新的内群体形成之后可能会增加对原有内群体的偏好。因为在共同内群体形成的过程中，人们通常认为内群体比外群体更能代表上位群体，倾向于把内群体特征投射到上位群体分类中，相比外群体，他们感知到较高的相对内群体原型性（prototypical）（Waldzus & Mummendey, 2004）。上位群体分类可能导致更大的内群体投射，个体更认同原来的内群体，从而对原来的内群体有更多的亲社会行为，也可能增加对原有内群体的帮助偏好。但少数民族群体在建立上位群体时，受到自己所属群体规模的限制，他们很难宣称自身群体更能代表上位群体（王锦、寇彧，2017），反而由于更多群体成员的加入，相对于原来的内群体，多样化增加，原先的内群体成员的典型特征可能会变得不凸显。因此，对少数民族群体来说，建立共同内群体认同，并不会带来更大的内群体投射，反而可能因为共同上位群体身份消减了内群体的帮助偏好。

（四）当前的研究

以苗族和壮族这两个少数民族群体为研究对象，通过两个研究探讨共同内群体认同对群体帮助的影响及其作用机制。研究 1 采用问卷调查法探讨共同内群体（中华民族）认同与内群体帮助、外群体帮助的关系。研究 2 通过重新范畴化（recategorization）操作共同内群体认同，进一步探讨共同内群体认同对群体帮助的促进作用及感知相似性在其中的作用。基于共同内群体认同模型和前人的研究，我们认为共同内群体认同会提升群体帮助，消减内群体帮助偏好，对外群体帮助意愿的提升作用是通过感知相似性实现的。

二　研究 1：共同内群体认同与群体帮助关系的调查

（一）方法

1. 被试

在广西和贵州两所高校的大学生中，共发放问卷 390 份，有效问卷 351 份，有效率为 90%；其中苗族学生 178 人，壮族学生 173 人。

2. 工具

本研究设置 A、B 两种汉语问卷，A 卷由苗族学生填写，B 卷由壮族学生填写，两份问卷内容一致，只在指导语上进行民族区分。

（1）共同内群体认同测量：采用中华民族认同问卷（秦向荣，2005），共 21 道题，如"我很看重自己是中华民族一员这一点"和"作为中华民族一员是一件值得自豪的事情"，问卷采用 6 点计分，1 表示"十分不符合"，6 表示"十分符合"，问卷具有较高的信效度（秦向荣，2005）。A 问卷 Cronbach's α 系数为 0.85，B 问卷 Cronbach's α 系数为 0.84。

（2）帮助测量：改编周天爽（2017）的帮助问卷，把帮助对象改为壮族或苗族学生，共 2 道题，其中一题为："假设有一名壮族学生，他的作业中有一些题不会做，想请你帮忙解答。对于这些题目，我们将会提供给你完整、正确的答案,你无须再次进行计算,也不用考虑题目的难度。你愿意提供帮助的程度?"另一题把壮族改为苗族。问卷采用7点记分,1表示"非常不愿意",7表示"非常愿意"。对本民族成员的帮助得分代表内群体帮助,对其他民族成员的帮助得分代表外群体帮助。

(3)人口学变量包括性别、父母和祖父母的民族构成、家乡为民族聚居(杂居)区、其他民族文化了解程度、本民族语言掌握程度、其他民族朋友比例、与其他民族的接触程度。

(二)结果

1. 共同方法偏差检验

使用Harman单因素检验法进行共同方法偏差检验,结果显示,未旋转的解共提取出1个以上的公因子,第一个公因子的方差贡献率为22.2%,贡献率小于40%,不存在共同方法偏差。

2. 共同内群体认同与群体帮助的关系分析

为了解共同内群体认同与群体帮助的关系,进行了双变量相关分析,结果表明,壮族学生、苗族学生和两个民族学生的共同内群体认同与内群体帮助、外群体帮助都存在显著正相关,内群体帮助与外群体帮助呈高度正相关(见表1)。

表1 壮、苗族的共同内群体认同与内群体帮助、外群体帮助的相关分析结果

民族	因子	内群体帮助	外群体帮助	共同内群体认同
壮族	内群体帮助	1		
	外群体帮助	0.80**	1	
	共同内群体认同	0.31**	0.36**	1
苗族	内群体帮助	1		
	外群体帮助	0.79**	1	
	共同内群体认同	0.28**	0.23**	1
壮、苗族	内群体帮助	1		
	外群体帮助	0.79**	1	
	共同内群体认同	0.29**	0.28**	1

注:* 表示 $p<0.05$,** 表示 $p<0.01$,下同。

3. 共同内群体认同对群体帮助的预测

在相关分析的基础上,先后将人口学变量和共同内群体认同纳入群体

帮助总体的回归方程中,以揭示共同内群体认同对群体帮助的具体影响,回归结果见表2、表3和表4。

壮族的人口学变量对内群体帮助(模型1)和对外群体帮助(模型3)的回归结果表明:家乡为民族聚居(杂居)区对这两者有显著影响,其他人口学变量对这两者无显著影响;将共同内群体认同纳入群体帮助的回归方程,发现对内群体帮助(模型2)和对外群体帮助(模型4)的解释率有提升,共同内群体认同对这两者均有显著影响;家乡为民族聚居(杂居)区对这两者有显著影响,本民族语言掌握程度对外群体帮助有显著影响。

表2 壮族的共同内群体认同对群体帮助的回归(标准化系数)

自变量	内群体帮助		外群体帮助	
	模型1	模型2	模型3	模型4
性别	-0.076	-0.065	0.004	0.018
父母和祖父母的民族构成	0.021	0.004	-0.083	-0.103
家乡为民族聚居(杂居)区	0.266**	0.258**	0.243**	0.233**
其他民族文化了解程度	0.045	0.044	0.001	0.001
本民族语言掌握程度	-0.114	-0.144	-0.133	-0.169*
其他民族朋友比例	0.041	0.046	-0.009	-0.002
与其他民族的接触程度	0.125	0.082	0.105	0.052
共同内群体认同		0.303**		0.368**
R^2	0.085	0.175	0.277	0.457
Adj. R^2	0.046	0.134	0.077	0.209
F	2.188*	4.334**	1.956	5.409**

苗族的人口学变量对内群体帮助(模型5)和对外群体帮助(模型7)的回归结果表明:模型5中,人口学变量对内群体帮助无显著影响;模型7中,与其他民族的接触程度对外群体帮助有显著影响,其他人口学变量对外群体帮助无显著影响。将共同内群体认同纳入群体帮助的回归方程,发现对内群体帮助(模型6)和对外群体帮助(模型8)的解释率有提升,共同内群体认同对这两者均有显著影响;模型6中,人口学变量对内群体帮助无显著影响;模型8中,与其他民族的接触程度对外群体帮助有显著影响,其他人口学变量对外群体帮助无显著影响。

表3 苗族的共同内群体认同对群体帮助的回归（标准化系数）

自变量	内群体帮助		外群体帮助	
	模型5	模型6	模型7	模型8
性别	0.115	0.074	-0.067	-0.034
父母和祖父母的民族构成	0.054	0.048	0.010	0.005
家乡属于民族聚居（杂居）区	0.070	0.046	-0.065	-0.046
其他民族文化了解程度	0.009	-0.002	-0.078	-0.069
本民族语言掌握程度	0.111	0.124	0.053	0.064
其他民族朋友比例	0.064	0.065	0.025	0.025
与其他民族的接触程度	0.089	0.082	0.213*	0.208*
共同内群体认同		0.266**		0.208**
R^2	0.046	0.114	0.262	0.332
Adj. R^2	0.007	0.072	0.069	0.110
F	1.173	2.709**	1.793	2.609**

将两个群体的数据合并进行分析，人口学变量对内群体帮助（模型9）和对外群体帮助（模型11）的回归结果表明：模型9中，人口学变量对内群体帮助无显著影响；模型11中，与其他民族的接触程度对外群体帮助有显著影响，其他人口学变量对外群体帮助无显著影响。将共同内群体认同纳入群体帮助的回归方程，发现对内群体帮助（模型10）和对外群体帮助（模型12）的解释率有提升，共同内群体认同对这两者均有显著影响；模型10中，人口学变量对内群体帮助无显著影响；模型12中，与其他民族的接触程度对外群体帮助有显著影响，其他人口学变量对外群体帮助无显著影响。

表4 壮、苗族的共同内群体认同对群体帮助的回归（标准化系数）

自变量	内群体帮助		外群体帮助	
	模型9	模型10	模型11	模型12
性别	-0.093	-0.066	-0.046	-0.020
父母和祖父母的民族构成	0.047	0.037	-0.021	-0.031
家乡属于民族聚居（杂居）区	0.083	0.091	0.074	0.082
其他民族文化了解程度	0.034	0.042	-0.023	-0.015
本民族语言掌握程度	0.014	0.012	-0.026	-0.027
其他民族朋友比例	0.030	0.031	-0.019	-0.017

续表

自变量	内群体帮助		外群体帮助	
	模型9	模型10	模型11	模型12
与其他民族的接触程度	0.114	0.089	0.176**	0.151*
共同内群体认同		0.279**		0.275**
R^2	0.030	0.106	0.030	0.104
Adj. R^2	0.010	0.085	0.010	0.083
F	1.508	5.077**	1.496	4.949**

（三）讨论

研究1通过问卷调查证明了共同内群体认同可以正向预测对内群体和外群体的帮助。因为本研究使用的共同内群体身份属于嵌套的共同上位群体身份，而在嵌套的分类中，个体会进行垂直与水平比较，考虑子群体和共同上位群体对个体需要（个性与归属）的满足（Leonardelli & Toh, 2011），如果子群体符合个体的个性需要，共同上位群体满足归属需要，且两者平衡，那么个体既会认同子群体，也会认同共同上位群体。对子群体的认同会提高对子群体成员的帮助，对共同上位群体的认同会增加对属于这一共同上位群体的成员的帮助。本研究虽然证明了共同内群体认同可正向预测对内群体和外群体的帮助，但相关研究不能说明这两个变量之间的因果关系。研究2采用实验法，进一步探讨共同内群体认同对群体帮助的影响及其机制。

三 研究2：共同内群体认同提升群体帮助及其机制

（一）方法

1. 被试

来自广西某高校大学生96人，壮族和苗族学生各48人，男性39人，女性57人。平均年龄20.2岁，未参加过类似研究。

2. 实验设计

采用2（群体分类：共同内群体组、独立组）×2（民族：壮族、苗族）的被试间设计。因变量是群体帮助，中介变量为感知相似性。

3. 实验材料

（1）帮助测量：采用帮助测量问卷（Gaertner & Dovidio, 2012），共2

道题，题目为"假设有一名学生（6人小组互动中的一员），要在校园内张贴活动海报，想请你帮忙。①这位学生是自己所在的3人团体中的一员，你愿意提供帮助的程度？②这位学生是自己不在的3人团体中的一员，你愿意提供帮助的程度"。问卷采用7点计分，1表示"非常不愿意"，7表示"非常愿意"。第①题的得分越高代表内群体帮助越高，第②题的得分越高代表外群体帮助越高。

（2）感知相似性测量：改编崔杨（2009）的感知相似性问卷，把对象改为壮族和苗族，共包括3个题目："你觉得苗族和壮族在多大程度上相似"；"你多大程度上觉得苗族和壮族是同类人"；"你多大程度上会用'我们'这个词来描述苗族和壮族"。问卷采用7点计分，1表示"非常不像（或不相似）"，7表示"非常像（或相似）"，得分越高越相似。本研究中，Cronbach's α系数为0.83。

4. 实验程序

（1）群体见面：苗族、壮族群体在不同的地方见面，且没有意识到另一组的存在。

（2）子群体身份启动：壮族与苗族被试被引导到不同的房间。进入房间后，被试填写民族信息，看自己民族的介绍，并用能够代表自己民族的某一词语作为小组的名字，将其记录在小组协商一致的表格上。之后，参与者被告知他们随后与另一个民族的小组接触，并被转移到一个新的房间，在那里进行下一个环节的实验。

（3）重新范畴化：①共同内群体组：苗族与壮族成员按ABABAB座椅模式坐下。强调他们同一所大学的学生身份，并要求他们戴上相同颜色的身份标签，这颜色代表的是学校。另外，让这两个小组的成员起一个新的名字来代表这6个人，并指示他们在所有的后续实验中使用新的组名。6人小组的任务是就冬季生存问题（飞机坠毁，要从飞机上带出12件物品）展开10分钟讨论并达成共识。②两个独立组：苗族与壮族成员按AAABBB座椅模式坐下，每个组都戴上不同颜色的身份标签，标签的不同颜色代表他们的不同民族身份。没有提到他们同一所大学的学生身份。此外，小组在整个实验期间保持了各自的3人组名。按原来的民族小组进行6分钟讨论，之后的4分钟跟另一个民族小组分享自己的排序及理由（Dovidio, Gaertner, & Validzic, 1998）。

（4）操作检查：共两个问题，即"问题解决过程中，感觉就像一个团体"和"问题解决过程中，感觉就像两个独立的团体"（Dovidio et al., 1998），7点计分，1代表"完全不像"，7代表"非常像"。

(5) 帮助测量：填写群体帮助测量问卷。
(6) 解释研究并支付报酬。

（二）结果

1. 共同内群体认同操作检查

以群体分类为自变量，对"问题解决过程中，感觉就像一个团体"得分进行独立样本 t 检验，结果发现：共同内群体组在"问题解决过程中，感觉就像一个团体"的得分（$M=5.96$，$SD=1.01$）显著高于独立组（$M=2.58$，$SD=1.32$），$t=14.08$，$p<0.001$，Cohen's $d=2.88$；以群体分类为自变量，对"问题解决过程中，感觉就像两个独立的团体"得分进行独立样本 t 检验，结果发现共同内群体组在"问题解决过程中，感觉就像两个独立的团体"的得分（$M=1.67$，$SD=1.06$）显著低于独立组（$M=5.50$，$SD=1.29$），$t=-15.93$，$p<0.001$，Cohen's $d=-3.24$，表明共同内群体认同操作成功。

2. 性别差异性检验

以性别为自变量，对群体帮助进行独立样本 t 检验。结果表明，男性（$M=6.26$，$SD=1.07$）与女性（$M=6.23$，$SD=1.25$）在内群体帮助上没有显著差异，$t=0.115$，$p=0.908$；男性（$M=5.41$，$SD=1.67$）与女性（$M=5.75$，$SD=1.49$）在外群体帮助上没有显著差异，$t=-1.059$，$p=0.292$；男性（$M=0.84$，$SD=1.33$）与女性（$M=0.47$，$SD=1.18$）在内群体帮助偏好（对内群体的帮助得分减去对外群体的帮助得分）上没有显著差异，$t=1.442$，$p=0.153$。

3. 共同内群体认同对群体帮助的影响

以群体分类（共同内群体组、独立组）和民族（苗族、壮族）为自变量，以内群体帮助为因变量进行 2×2 的方差分析，结果显示：群体分类的主效应显著，$F(1, 94)=5.91$，$p=0.017$，$\eta_p^2=0.06$，共同内群体组对内群体的帮助（$M=6.48$，$SD=0.68$）显著高于独立组（$M=6.00$，$SD=1.49$）；民族的主效应不显著，$F(1, 94)=0.52$，$p=0.472$；群体分类与民族的交互作用不显著，$F(1, 94)=3.15$，$p=0.079$，说明共同内群体认同显著提高了对内群体的帮助，这种提升没有显著的族群差异。

以群体分类和民族为自变量，以外群体帮助为因变量进行 2×2 的方差分析，结果显示：群体分类的主效应显著，$F(1, 94)=13.39$，$p<0.001$，$\eta_p^2=0.13$，共同内群体组对外群体的帮助（$M=6.17$，$SD=1.08$）显著高于独立组（$M=5.06$，$SD=1.78$）；民族的主效应不显著，$F(1,$

94) =0.01，p =0.945；群体分类与民族的交互作用不显著，F（1，94）= 1.07，p =0.303，说明共同内群体认同显著提高了对外群体的帮助，这种提升没有显著的族群差异。

以群体分类和民族为自变量，以内群体帮助偏好为因变量进行 2×2 的方差分析，结果显示：群体分类的主效应显著，F（1，94）= 6.27，p = 0.014，η_p^2 =0.06，共同内群体组对内群体的帮助偏好（M =0.31，SD = 0.88）显著低于独立组（M =0.94，SD =1.48）；民族的主效应不显著，F（1，94）= 0.03，p =0.868；群体分类与民族的交互作用不显著，F（1，94）=1.00，p =0.319，说明共同内群体认同显著降低了内群体帮助偏好，这种降低没有显著的族群差异。以群体分类（共同内群体组、独立组）为被试间变量，以帮助对象（内群体、外群体）为被试内变量进行重复测量方差分析，结果显示：群体分类的主效应显著，F（1，94）= 10.88，p = 0.001，η_p^2 = 0.10；帮助对象的主效应显著，F（1，94）= 25.34，p < 0.001，η_p^2 = 0.21；群体分类与帮助对象的交互作用显著，F（1，94）= 6.33，p =0.014，η_p^2 = 0.06，交互作用见图1。对群体分类和帮助对象交互作用做简单效应分析，结果发现：在共同内群体认同条件下，被试对内群体的帮助（M =6.48，SD =0.68）与对外群体的帮助（M =6.17，SD = 1.08）无显著差异，F（1，94）= 3.17，p =0.078，说明了共同内群体组被试无内群体帮助偏好；在独立组条件下，被试对内群体的帮助（M = 6.00，SD =1.49）显著高于对外群体的帮助（M =5.06，SD =1.78），F（1，94）=28.50，p <0.001，η_p^2 =0.23，说明独立组被试存在内群体帮助偏好。

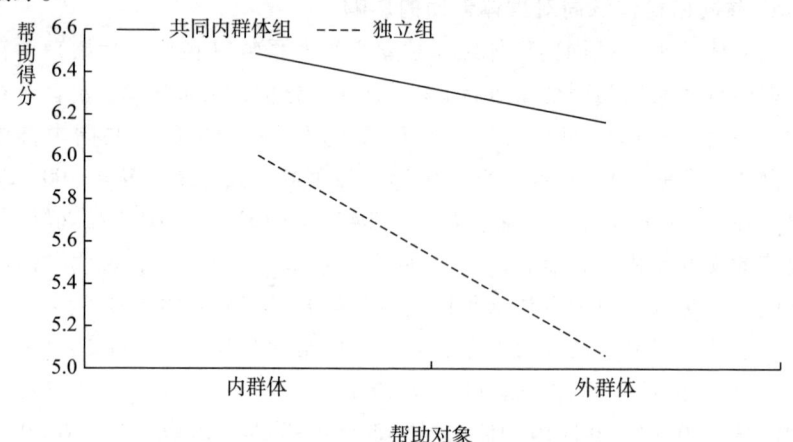

图1 群体分类与帮助对象的交互作用

4. 感知相似性的中介作用

以感知相似性为中介变量,群体分类(共同内群体组赋值为 1,独立组赋值为 0)为自变量,外群体帮助为因变量,使用 Bootstrap 法(方杰、温忠麟、张敏强,2014)进行中介效应检验,结果发现,群体分类对感知相似性的直接效应显著($a = 3.71$,$SE = 0.67$,$t = 5.52$,$p < 0.001$),感知相似性对外群体帮助的直接效应显著($b = 0.16$,$SE = 0.04$,$t = 3.57$,$p < 0.001$),95% 的置信区间为 [0.22,1.08],不包含 0,感知相似性的中介效应显著。以感知相似性为中介变量,群体分类为自变量,内群体帮助偏好为因变量,使用 Bootstrap 法进行中介效应检验,结果发现,群体分类对感知相似性的直接效应显著($a = 3.71$,$SE = 0.67$,$t = 5.52$,$p < 0.001$),感知相似性对内群体帮助偏好的直接效应显著($b = -0.14$,$SE = 0.04$,$t = -3.81$,$p < 0.001$),95% 的置信区间为 [-0.99,-0.17],不包含 0,感知相似性的中介效应显著。

(三)讨论

本研究发现共同内群体认同提升了对内群体和外群体的帮助。共同内群体认同能够提升内群体帮助是因为在共同上位群体分类中,内群体属于亚群体,个体与亚群体的社会距离更近,对亚群体的感情更深,从而更愿意帮助亚群体成员。共同内群体认同提高了外群体帮助是因为建立共同上位群体身份提升了"我们"感(同属于一个群体),并带来了更多的积极行为(Gaertner & Dovidio,2012)。此外,共同身份的建立使群体表征由两个变为一个,一个群体的感知可增加对外群体的帮助(Vezzali et al.,2015)。

共同内群体认同对外群体帮助的提升作用是通过感知相似性实现的。群体之间的相似性是形成共同内群体认同的基础(Jetten, Spears, & Manstead, 2001),而同一群体表征(共同内群体)增加了感知相似性(Vezzali et al.,2015),感知相似性促进了亲社会行为(肖凤秋、郑志伟、陈英和,2014)。此外,关于人际帮助的大量研究发现,个体更关注那些与自己相似的他人的福利,也更容易对这些人产生移情进而实施帮助(Park & Schaller, 2005)。共同内群体认同使外群体与自我相似性增强(Gaertner et al.,1989),同一群体表征增强了群体之间相似性的感知,人们在感知到内群体与外群体的相似性增强时,会变得更为关注与自身相似的外群体的福祉,进而对其产生移情,为其提供帮助(张兰鸽、王磊、张应兰、寇彧,2015)。

四 总讨论

（一）共同内群体认同提升外群体帮助及消减内群体帮助偏好

本研究通过问卷调查和重新范畴化实验两种方法共同证明了共同内群体认同提升了外群体帮助，消减了内群体帮助偏好。根据社会认同理论，内群体为其成员提供了情感意义和价值意义，群体成员将群体身份内化为自我概念的一部分并因而产生内群体偏好（Tajfel，1970），个体更关注内群体的利益，与内群体成员有更多的亲社会行为。对亲社会行为的研究发现，受助者的群体身份差异会使行动者的亲社会意愿和程度有差异，当求助者是内群体成员时，帮助意愿更强（陈阳，2014）。共同内群体认同模型认为通过建立共同上位群体身份将原先的外群体成员知觉为内群体成员，使内群体偏好延伸，从而增加对外群体的积极态度与行为。内群体投射模型则认为上位群体分类可能带来更大的内群体投射，强化了内群体偏好，从而导致更消极的外群体态度与行为。本研究发现建立共同上位群体身份后，提高了外群体帮助，降低了内群体帮助偏好，研究结果支持了共同内群体认同模型对群际关系的解释。

共同内群体认同提高了外群体帮助是因为建立共同上位群体身份改变了内外群体的关系，当群体成员感知到外群体和内群体共享一种群体认同时，他们将更少表示出外群体低估（Gaertner & Dovidio，2012），更喜欢帮助外群体成员（Dovidio et al.，1997）。虽然有研究指出对外群体的帮助可能会对帮助者的社会认同和地位造成威胁（Nadler et al.，2009），从而减少对外群体的帮助，但本研究中采用的民族群体，对其他民族的帮助不会威胁到施助者，反而得到国家和社会政策鼓励，此外，共同内群体身份模糊了群际分类界限，使内群体帮助偏好延伸至外群体，因而提高了对外群体的帮助。

以往对群体帮助的研究大多局限于当地群体对外来群体的帮助视角，缩小了群体帮助的内涵。本研究以壮族、苗族大学生为被试，证明个体对外群体成员帮助的提高是由于共同的群体身份（Dovidio et al.，1997），在民族这个社会分类层面上证明了共同内群体认同能够提高群体帮助，拓宽了共同内群体认同对群体帮助促进作用的适用范围，丰富了亲社会行为领域的研究。

(二) 共同内群体认同改变对外群体态度的潜在机制：内群体的扩大化效应

在共同内群体认同条件下，被试对内群体的帮助与对外群体的帮助无显著差异，而在独立组条件下，被试对内群体的帮助与对外群体的帮助存在显著差异，这一结果证明了共同内群体提高外群体帮助的潜在机制是内群体的扩大化效应。当群体成员感知到外群体和内群体共享一种群体认同时，原来的群体边界消弭，因而更少表示出内群体偏好和外群体低估（Gaertner & Dovidio, 2012），出现了对内群体的帮助与对外群体的帮助无显著差异，实际上是内群体对内群体的帮助；而内群体与外群体边界凸显时（独立组），实际上是内群体对外群体的帮助，因而出现了内群体帮助偏好。

内群体的扩大化效应源于共同内群体身份的建立改变了外群体与自我的关系，通过自我扩展，把外群体纳入自我中，对外群体的帮助成为自动化的自我帮助（张兰鸽等，2015）。此外，在求同与包容动机的驱使下，人们会通过把外群体成员看作与内群体具有共同上位群体的成员，或者把他们扩展到自我中来，从而把外群体帮助转变为内群体帮助。当外群体成员被纳入自我中时，人们将提高对外群体成员的帮助（曾盼盼、俞国良、林崇德，2011）。

(三) 应用启示

当个体具有"我们"和"他们"的分类意识时，亲社会行为就会具有群体身份的选择性，共同内群体是联结"我们"和"他们"的重要心理纽带，能够带来亲社会行为及群体凝聚力和向心力。对内群体的亲和并非一定伴随与外群体的对立和冲突，通过共同群体身份的引入，可以消弭原有两个群体的边界。此外，从生活经历、受教育水平和价值观等多个角度增加群体之间的相似性可促进对外群体的亲社会行为，为现实社会管理提供了有效的实践策略。

对于多民族国家来说，民族之间确实存在历史和现实文化的差异，以此差异为基础，民族的划分容易产生内群体偏好，甚至是群际偏见，进而引发冲突。多民族国家社会和谐的一个重要保障就是族际关系的和谐（王建娥，2006）。共同内群体认同将民族群体成员身份统属到一个更高的上位群体中，可以促使不同族群跨越民族群体边界产生亲和行为。此外，共同内群体认同不仅增加了对其他民族成员的帮助，还增加了对本民族成员的帮助，民族之间和民族内部的相互帮助有利于民族共同繁荣与和谐，共同内群体认同可以作为多民族国家促进民族繁荣与和谐发展的策略。

（四）未来的研究

本研究主要从施助者角度探寻共同内群体认同与群体帮助之间的关系，然而在群体互动过程中，考虑不同群体成员的不同视角和不同偏好非常重要（Dovidio et al., 2002）。尽管帮助他人被视为一种具有积极价值的行为，但寻求和接受他人帮助往往意味着能力不足（Nadler & Chernyak-Hai, 2014）。未来研究可以从受助者的视角出发，探究共同内群体认同对受助者接受帮助的影响。此外，本研究主要关注群体层面的帮助，发现共同内群体认同有效提高了对内群体和外群体的帮助。但是一个人同时拥有群体成员的社会身份和以人际比较为基础的个人身份（Hornsey, 2010），个体在做出帮助决策的时候既会受其个人身份的影响，也会考虑社会身份的因素。未来可以进一步研究个人水平因素和群体水平因素对于帮助的共同影响。

参考文献

崔杨，2009，《感知相似性对高中生共情和利他行为的影响》，硕士学位论文，浙江师范大学心理学系。

方杰、温忠麟、张敏强，2014，《类别变量的中介效应分析》，《心理科学》第 2 期，第 471~477 页。

黄群英，2014，《想象接触降低群际威胁感：感知相似性的作用》，硕士学位论文，西南大学心理学部。

王建娥，2006，《族际政治民主化：多民族国家建设和谐社会的重要课题》，《民族研究》第 5 期，第 1~11 页。

王锦、寇彧，2017，《少数人群体的群体投射对外群体态度的作用机制——以藏族群体为例》，第二十届全国心理学学术会议论文，重庆。

肖凤秋、郑志伟、陈英和，2014，《亲社会行为产生机制的理论演进》，《心理科学》第 5 期，第 1263~1270 页。

严璞，2017，《高中生共同内群体身份激活对和解的影响——宽恕/道歉预期和共情的作用》，硕士学位论文，宁波大学心理学系。

曾盼盼、俞国良、林崇德，2011，《亲社会行为研究的新视角》，《教育科学》第 1 期，第 21~26 页。

秦向荣，2005，《中国 11 至 20 岁青少年的民族认同及其发展》，硕士学位论文，华中师范大学心理学院。

陈阳，2014，《群体身份对亲社会行为的影响》，《辽宁师范大学学报》（社会科学版）第 3 期，第 371～376 页。

张兰鸽、王磊、张应兰、寇彧，2015，《自主定向与依赖定向的群体帮助在动机与后果上的差异》，《心理科学进展》第 9 期，第 1658～1667 页。

周天爽，2017，《共同内群体认同下城市儿童外群体帮助意愿的影响路径》，硕士学位论文，华东师范大学心理学系。

Alves, H., Koch, A., & Unkelbach, C. (2015). My friends are all alike—The relation between liking and perceived similarity in person perception. *Journal of Experimental Social Psychology*, 62, 103–117.

Capozza, D., Vezzali, L., Trifiletti, E., Falvo, R., & Favara, I. (2010). Improving intergroup relationships within and outside the contact situation: The role of common in-group identity and emotions of empathy and anxiety. *Special Issue*, 17, 17–36.

Dovidio, J. F., Gaertner, S. L., Validzic, A., Matoka, K., Johnson, B., & Frazier, S. (1997). Extending the benefits of recategorization: Evaluations, self-disclosure, and helping. *Journal of Experimental Social Psychology*, 33, 401–420.

Dovidio, J. F., Gaertner, S. L., & Validzic, A. (1998). Intergroup bias: Status, differentiation, and a common in-group identity. *Journal of Personality & Social Psychology*, 75, 109–120.

Dovidio, J. F., Gaertner, S. E., Kawakami, K., & Hodson, G. (2002). Why can't we just get along? Interpersonal biases and interracial distrust. *Cultural Diversity & Ethnic Minority Psychology*, 8, 88–102.

Everett, J. A. C., Faber, N. S., & Crockett, M. (2015). Preferences and beliefs in ingroup favoritism. *Frontiers in Behavioral Neuroscience*, 9, 15.

Gaertner, S. L., & Dovidio, J. F. (2012). *Reducing Intergroup Bias: The Common Ingroup Identity Model*. Routledge.

Gaertner, S. L., Dovidio, J. F., Anastasio, P. A., Bachman, B. A., & Rust, M. C. (1993). The common ingroup identity model: Recategorization and the reduction of intergroup bias. *European Review of Social Psychology*, 4, 1–26.

Gaertner, S. L., Mann, J., Murrell, A., & Dovidio, J. F. (1989). Reducing intergroup bias: The benefits of recategorization. *Journal of Personality & Social Psychology*, 57, 239–249.

Halabi, S., Dovidio, J. F., & Nadler, A. (2014). Seeking help from the low status group: Effects of status stability, type of help and social categorization. *Journal of Experimental Social Psychology*, 53, 139–144.

Halloran, M., & Chambers, G. (2011). The effects of a common in-group prime on intentions to help indigenous and homeless Australians. *Australian Psychologist*, 46, 163–170.

Hornsey, M. J. (2010). Social identity theory and self-categorization theory: A historical review. *Social & Personality Psychology Compass*, 2, 204–222.

Jetten, J., Spears, R., & Manstead, A. (2001). Similarity as a source of differentiation: The role of group identification. *European Journal of Social Psychology*, 31, 621–640.

Kunst, J. R., Thomsen, L., Sam, D. L., & Berry, J. W. (2015). "We are in this together": Common group identity predicts majority members' active acculturation efforts to integrate immigrants. *Personality & Social Psychology Bulletin*, 41, 1438–1453.

Layous, K., Nelson, S. K., Oberle, E., Schonert-Reichl, K. A., & Lyubomirsky, S. (2012). Kindness counts: Prompting prosocial behavior in preadolescents boosts peer acceptance and well-being. *PLOS ONE*, 7, e51380.

Leonardelli, G. J., & Toh, S. M. (2011). Perceiving expatriate coworkers as foreigners encourages aid: Social categorization and procedural justice together improve intergroup cooperation and dual identity. *Psychological Science*, 22, 110–117.

Levine, M., Prosser, A., Evans, D., & Reicher, S. (2005). Identity and emergency intervention: How social group membership and inclusiveness of group boundaries shape helping behavior. *Personality & Social Psychology Bulletin*, 31, 443–453.

Nadler, A., & Halabi, S. (2006). Intergroup helping as status relations: Effects of status stability, identification, and type of help on receptivity to high-status group's help. *Journal of Personality & Social Psychology*, 91, 97–110.

Nadler, A., Harpaz-Gorodeisky, G., & Ben-David, Y. (2009). Defensive helping: Threat to group identity, ingroup identification, status stability, and common group identity as determinants of intergroup help-giving. *Journal of Personality & Social Psychology*, 97, 823–834.

Nadler, A., & Chernyak-Hai, L. (2014). Helping them stay where they are: Status effects on dependency/autonomy-oriented helping. *Journal of Personality & Social Psychology*, 106, 58–72.

Nier, J. A., Gaertner, S. L., Dovidio, J. F., Banker, B. S., Ward, C. M., & Rust, M. C. (2001). Changing interracial evaluations and behavior: The effects of a common group identity. *Group Processes & Intergroup Relations*, 4, 299–316.

Park, J. H., & Schaller, M. (2005). Does attitude similarity serve as a heuristic cue for kinship? Evidence of an implicit cognitive association. *Evolution and Human Behavior*, 26, 158–170.

Park, S., & Shin, J. (2017). The influence of anonymous peers on prosocial behavior. *PLOS ONE*, 12, e0185521.

Reysen, S., & Katzarskamiller, I. (2017). Superordinate and subgroup identities as predictors of peace and conflict: The unique content of global citizenship identity. *Peace & Conflict Journal of Peace Psychology*, 23, 405–415.

Riek, B. M., Mania, E. W., Gaertner, S. L., Mcdonald, S. A., & Lamoreaux, M. J. (2010). Does a common ingroup identity reduce intergroup threat? *Group Processes & Intergroup Relations*, 13, 403–423.

Siem, B., Lotz-Schmitt, K., & Stürmer, S. (2014). To help or not to help an outgroup member: The role of target's individual attributes in resolving potential helper's motivational conflict. *European Journal of Social Psychology*, 44, 297–312.

Tajfel, H. (1970). Experiments in intergroup discrimination. *Scientific American*, 223, 96–102.

Vezzali, L., Cadamuro, A., Versari, A., Giovannini, D., & Trifiletti, E. (2015). Feeling like a group after a natural disaster: Common ingroup identity and relations with outgroup victims among majority and minority young children. *British Journal of Social Psychology*, 54, 519–538.

Waldzus, S., & Mummendey, A. (2004). Inclusion in a superordinate category, in-group prototypicality, and attitudes towards out-groups. *Journal of Experimental Social Psychology*, 40, 466–477.

Whitham, M. M. (2018). Paying it forward and getting it back: The benefits of shared social identity in generalized exchange. *Sociological Perspectives*, 61, 81–98.

个人怀旧对群际亲社会行为的影响：
基本心理需要满足的中介作用[*]

常保瑞　谢　天[**]

摘　要　本研究探讨了个人怀旧对群际亲社会行为的影响，并检验了基本心理需要满足的中介作用。研究1以344个有效样本为研究对象，通过问卷法考察了个人怀旧、基本心理需要满足和群际亲社会行为的关系；研究2以148名大学生为研究对象，采用该领域常用的事件回忆任务，通过实验法操纵个人怀旧（VS控制组），并考察其对基本心理需要满足和群际亲社会行为的影响。研究结果发现，个人怀旧显著正向预测群际亲社会行为，并且基本心理需要满足在个人怀旧和群际亲社会行为之间的关系中起到了中介作用。

关键词： 个人怀旧　基本心理需要满足　群际亲社会行为

一　引言

随着群际交互作用的日益增强，群际亲社会行为大量涌现，群际亲社会行为引起了越来越多研究者的关注（Nadler & Halabi, 2006; Van Leeu-

---

[*] 本研究获得2014年度湖北省教育厅人文社会科学专项研究项目（14Z003）、2019年度广西师范大学教育教学改革立项项目一般项目A类（2019JGA09）、广西人文社会科学发展研究中心2019年度科学研究工程·思想政治教育理论与实践专项项目（Sz2019008）和2019年广西师范大学校级科研项目（人文社会科学类）（2019BQ19）的资助。感谢匿名审稿人提出的宝贵意见。

[**] 常保瑞，广西师范大学教育学部心理学系副教授，硕士生导师；谢天，武汉大学哲学学院心理系副教授，硕士生导师，通讯作者，E-mail: thanksky520@126.com。

wen & Täuber，2012；Wakefield，Hopkins，& Greenwood，2014）。群际亲社会行为（intergroup prosocial behavior）是指以外群体（或外群体成员）作为被帮助对象的捐助行为（Everett，Faber，& Crockett，2015）。从进化的角度来看，人类是一种"义务性相互依存"（obligatory interdependence）的物种（Brewer & Caporael，2006）。为了实现长期生存，内群体成员必须愿意依赖外群体成员提供的信息、援助及共享的资源，也必须愿意为外群体成员提供信息、援助，并与其他群体成员共享资源（Brewer & Caporael，2006）。人类作为群居性和社会性生物，需要依赖群际合作和互助，才能很好地适应环境和应对风险（郑晓莹、彭泗清、彭璐珞，2015）。当某个群体深陷困境中而又无法凭借自身力量来摆脱困境时，其他群体的帮助无异于雪中送炭，这对外群体成员，甚至全人类来说都是至关重要的（Leeuwen，2006）。作为一种典型的群际亲社会行为，慈善捐助能很好地帮助弱势群体，能够动用社会力量迅速改善一大批弱势群体的生存环境（辜胜阻，2006），促进社会公平（Frey & Meier，2004），改善群际关系，提高社会的和谐程度（寇彧、付艳、张庆鹏，2007）。但是，近年来，世界上很多国家发现慈善组织越来越难从捐助者手里筹集到所需资金，美国（Eikenberry，2010）和英国（Sargeant，Ford，& West，2000）的慈善事业也面临同样的挑战，表现为捐赠者的数量正在减少，捐赠的平均数额也在下降；尤其是中国的人均捐赠额严重偏低（侯俊东，2009），这意味着慈善组织必须更加努力地增加每个捐助者的捐款，以抵消捐助者数量的减少（Ford & Merchant，2010）。借鉴国外慈善组织发展的规律及趋势可以发现，有效获取和运用个人捐赠资源是慈善组织获取资金的重要途径。但是，有证据表明，许多潜在捐赠者不太乐意成为一个积极的捐赠者（Riedel, Steffi, Andreas, & Reinhold, 2000），那么如何让更多的人自愿参与捐赠、愿意捐出更多的钱物，让捐赠者持续地向一个慈善机构进行捐赠已然成为中外学者关心的一个重大课题（张义，2013）。

那么，我们首先需要清楚影响慈善捐赠的因素有哪些。基于此，大批学者开始将心理学、社会学理论应用于个人捐赠行为研究上，结果发现自我实现、自我认可、社会认可、社会责任、利他主义等个人心理暗示对个人捐赠行为和意识有着直接和间接的影响（Merchant，Ford，& Gopinath，2007）。人口学层面的研究发现年龄、职业、宗教信仰、家庭周期、收入等都会影响个人捐赠的行为和意识（Sargeant & Woodliffe，2007；Bekkers & Wiepking，2007）。还有研究者从人格特质层面进行了研究，如组织领域的研究发现，高宜人性的个体更注重人际和谐，愿意为了他人放弃自己的利益（Graziano, Habashi, Sheese, & Tobin, 2007）；高宜人特质的领导者（高权力）更愿意考虑员工利益，不计回报地为员工服务（de Vries, 2012）；拥有较高集体自尊的个体很少表现出对外群体的偏见（Platow, Byrne, & Ryan, 2010）。来自人际层面的研究也得到类似结果，如一项组织领域的现场研究表明，个人接触可以很好地预测外群体成员的亲社会行为，而任务取向的接触可以预测一般的外群体的亲社会行为（Koschate, Oethinger, Kuchenbrandt, & Dick, 2012）。实验研究也发现，与外群体成员的想象接触可以改善群际态度，如降低群际偏见，对同性恋成员的评价更积极（Crisp, Turner, & Hewstone, 2010）。来自宗教领域的研究也发现，集体宗教仪式也会导致群际亲社会行为的发生。还有研究从自我感受视角出发，发现好心情会提升捐赠行为（Dolinski, Grzyb, Olejnik, Prusakowski, & Urban, 2010; Dyck & Coldevin, 1992），而不捐赠将会给人的自我形象带来内疚、羞愧和不协调感（Konecki, 1972），于是人们会通过捐赠来降低或消除这些感觉（Wilhelm & Bekkers, 2010）。捐赠乐趣会使人获得合意的心理经历，进而促进人们进行捐赠（Tankersley, Stowe, & Huettel, 2007），但人们不情愿捐赠给人为原因造成的受害者，更乐意捐赠给自然灾害造成的受害者（Zagefka, Noor, Brown, Moura, & Hopthrow, 2011），遭受恐怖主义袭击的受害者例外（Piferi, Jobe, & Jones, 2006）。本研究提出个人怀旧可能会影响人们的群际亲社会行为，个人怀旧是对实际的"鲜活"的过去生活的向往（Baker & Kennedy, 1994），它主要是从个人本身的经验出发，个人对过去经历以及生活经验所引发的怀旧情绪（Holak & Havlena, 1998），与个体的生活圈子密切相关（Stern, 1992），因而能为个体的怀旧情绪提供丰富的经验基础，自然能为怀旧变量提供最大的差异解释贡献（Holak, Havlena, & Matveev, 2006）。实验研究提供了支持性证据，如与控制条件下的被试相比，怀旧组的被试表现出朝向外群体成员更多的信任（Tam, Hewstone, Kenworthy, & Cairns, 2009），表现出较强的对虚拟慈善组织的志愿服务和捐赠意图，实际的慈善捐赠行为也更多（Wildschut et al., 2006; Zhou, Wildschut, Sedikides, Shi, & Feng, 2012：studies：2-4）。此外，对特殊群体的评估更有利，比如，个人怀旧可以改善对肥胖群体的态度，减轻体重污名（Turner, Wildschut, & Sedikides, 2012），对精神疾病患者群体的评估更有利（Turner, Wildschut, Sedikides, & Gheorghiu, 2013），降低对老年群体的歧视（Turner, Wildschut, & Sedikides, 2012），降低群际偏见（Abeyta, Routledge, & Juhl, 2015）。最近的研究提供了支持性证据，怀旧可以增加亲社会行为（常保瑞、谢天，2018）。综上，提出假设1：个人怀旧可以正向预测群际亲社会行为。

那么，个人怀旧和群际亲社会行为之间的心理机制是什么？有少数研究者进行了探索，比如研究发现，移情中介了个人怀旧对慈善意愿的影响（Zhou, Wildschut, Sedikides, Shi, & Feng, 2012）；怀旧增加了群体间的信任和想要接触的意图，减少了群际焦虑，从而增加了亲社会行为（Turner et al., 2012：experiment 1）；对非营利组织的承诺在捐助者的怀旧情绪与他的慈善捐赠行为之间的关系中起中介作用（Sargeant, Ford, & West, 2006）；个人怀旧提供情感和家庭效用，这反过来又增强了捐赠的意图（Merchant, Ford, & Rose, 2011）。对老年群体的研究也发现，接纳老年人到自己的体系中（IOGS）中介了个人怀旧与朝向老年群体的积极态度之间的关系（Turner, Wildschut, & Sedikides, 2012）。本研究认为，怀旧可以满足个体的基本心理需要，而基本心理需要得到满足的个体，其亲社会行为就会更多。根据自我决定理论（SDT），当人类满足了能力、自主和关系三个基本心理需要时，就会实现最优功能，获得成长和幸福感。Deci 和 Ryan（2000）的研究进一步表明，在支持性的环境中能够满足能力、自主和关系等基本心理需要的人将更倾向于以亲社会的方式处事。研究者认为，人类从本性上倾向于是亲社会性的动物，适当的养育环境（一个自主-支持性的环境）会促进亲社会行为；反之，当个人缺乏这种养育环境时，他可能通过追逐不能提升亲社会行为的目标作为替换（Gagné, 2003）。以往研究提供了支持性证据，这三个基本心理需要的满足能够预测在工作、健康等各种生活领域中的其他积极结果（Baard, Deci, & Ryan, 2004）。如研究发现，综合的基本需要满足可以正向预测亲社会参与和行为，基本心理需要满足变量可以调节移情与亲社会行为之间的关系（Gagné, 2003；Haivas, Hofmans, & Pepermans, 2013；Tracy & Stasson, 2010）；自主和能力在志愿服务活动中存在显著正效应（Haivas, Hofmans, & Pepermans, 2013）。在对大学生的研究中发现，基本需要满足可以正向预测一般助人行为和基于大学的助人行为（Lucy, 2010：study 1）；从脸书（facebook）和电子邮件（E-mail）上"滚雪球"征募的公开样本的研究发现，能力、自主和关系与一般助人行为呈正相关关系（Lucy, 2010：study 2）。在对居家照顾老人的保姆的研究中发现，基本心理需要得到满足的保姆可以很悉心地帮助照顾好老人（Lucy, 2010：study 3）。Chernyak 和 Kushnir（2013）研究发现，当幼儿的自主需要得到满足时，会表现出更多的亲社会行为，且这种行为还具有跨情境的迁移效应。反过来，自主愿望没有得到满足的青少年表现出道德责任感降低,志愿服务的意愿减弱(Stukas, Snyder, & Clary, 1999)。基本心理需要满足程度越高的青少年亲社会行为表现也更多(Gagné, 2003)。鉴于基本心理需要满足和积极结果(亲社会行为)理论上和实证上的联系,本研究提出假设2:基本心理需要满足可以正向预测群际亲社会行为。

自我决定理论(SDT)提出,个人从本性上讲被激励着依从社会性发展,获得成长和整合,收获个人幸福(Deci & Ryan, 2000)。研究表明,当某个人回忆起亲人的时候,他往往会感受到和被思念的人之间有一种非常亲密的关系(Sargeant et al., 2006)。有研究者认为,怀旧作为一种心理资源,可以提升关系目标,克服关系挑战(Abeyta, Routledge, & Juhl, 2015),早期研究也发现,对怀旧情境的反应满足了人们对某个年代的社会归属感(Goulding, 2001)。Wildschut等(2006, 2010)的研究支持了怀旧具有增强个体社会联系的功能,怀旧条件下的被试表现出更好的社会联结性,他们感到更多的关爱和保护,这种亲密关系和社会归属感满足了人们对关系的基本心理需要;当捐赠者的怀旧倾向被慈善组织唤起而产生一定的怀旧强度时,会提升个体对该组织的承诺,满足人们对自主的心理需要(Ford & Merchant, 2010)。此外,还有研究表明,个人怀旧与自我增强正相关(Luo, Liu, Cai, Wildschut, & Sedikides, 2016),并有更强的人际交往能力(Wildschut et al., 2006, 2010),说明怀旧可以满足能力的基本心理需要。综上,个人怀旧具有增强社会联结、提升归属感、维持和激发自我积极评价、维持自我连续性等功能,这在一定程度上满足了人们的基本心理需要,基本心理需要得到满足之后,根据自我决定理论,人们就会参与更多的群际亲社会行为(Zhou, Wildschut, Sedikides, Chen, Vingerhoets, 2012)。基于上述推理,提出本研究假设3:基本心理需要满足在个人怀旧和群际亲社会行为之间的关系中起中介作用。

二 研究1:个人怀旧与群际亲社会行为的相关研究

(一)方法

1. 研究对象

采取纸质问卷测试和网络问卷调查的方式收集数据,收集到有效问卷344份,其中大学生被试185人(53.78%),税务工作人员40人

(11.63%)，机场边检人员 45 人（13.08%），中学教师 74 人（21.51%）；男性 140 人（40.70%），女性 204 人（59.30%）；城市 168 人（48.84%），农村 176 人（51.16%）。被试平均年龄为 26.76 岁（$SD = 8.16$）。

2. 研究工具

群际亲社会行为量表　本研究对 DeWall、Baumeister、Gailliot 和 Maner（2008）的研究材料进行改编，共包括 4 个虚拟情境，分别是利用腾讯公益平台帮助贫困山区母亲、从税后工资中捐款给慈善事业、为乡村图书馆捐款、为地震灾区捐款。被试阅读完情境材料之后，在 7 点李克特量表上标明自己的帮助意愿，1 代表"非常不愿意"，7 代表"非常愿意"，以平均之后的捐款意愿作为总均分，分数越高表明被试的慈善捐赠意愿也越强。在本研究中，验证性因子分析结果表明该量表的结构效度尚好，整体拟合指数为：$\chi^2/df = 2.53$，$NFI = 0.99$，$RFI = 0.93$，$IFI = 0.99$，$TLI = 0.96$，$CFI = 0.99$，$RMSEA = 0.07$。在本研究中，该测量的内部一致性系数 α 为 0.79。

基本心理需要满足量表　从 Johnston 和 Finney（2010）编制的基本心理需要量表中选出 4 个符合当前情境的条目，其中能力需要的条目 1 个：在捐助过程中，我感到自己很有能力。自主需要的条目 1 个：在捐助过程中，我感到自己能按照自己的意愿行事。关系需要的条目 2 个：在捐助过程中，我有亲密的感受；在捐助过程中，我感到被关心和爱护。采用李克特 7 点计分，1 表示"完全不同意"，7 表示"完全同意"。采用总均分，分数越高表明被试的基本心理需要满足的程度也越高。在本研究中，验证性因子分析结果表明该量表的结构效度尚好，整体拟合指数为：$\chi^2/df = 7.12$，$NFI = 0.96$，$RFI = 0.79$，$IFI = 0.96$，$TLI = 0.81$，$CFI = 0.96$，$RMSEA = 0.13$。在本研究中，该量表的内部一致性系数 α 为 0.78。

个人怀旧量表　采用何佳讯（2010）开发的更具本土化的测量中国人怀旧消费倾向的测量工具（CHINOS）来测量个人怀旧，要求被试根据自己的实际情况对题目中说法的同意程度进行五级评分，采用李克特 5 点计分，1 表示"完全不同意"，5 表示"完全同意"。该量表由 6 个项目组成，如"我经常想起小时候难忘的往事"。在本研究中，验证性因子分析结果表明该量表的结构效度尚好，整体拟合指数为：$\chi^2/df = 6.37$，$NFI = 0.91$，$RFI = 0.86$，$IFI = 0.93$，$TLI = 0.88$，$CFI = 0.93$，$RMSEA = 0.13$。本研究中，个人怀旧的内部一致性系数 α 为 0.80。

（二）统计分析与处理

采用 SPSS 22.0 及 Hayes（2013）开发的 Process 宏（Model 4）来检

验中介效应，以95%的置信区间是否包含0来判断中介效应是否显著（Bootstrap=5000），如果95% CI 不包含0，则说明中介效应显著，反之不显著。

（三）结果

1. 共同方法偏差检验

本研究采用问卷法收集数据，结果可能会受到共同方法偏差的影响。因此，在设计问卷与数据收集过程中采取以下措施进行事前程序控制：（1）统一采用匿名调查，让被试能够根据自己的情况据实填写；（2）采用的量表或问卷具有较高的信效度，尽可能减少或避免测量上的系统误差；（3）问卷中的部分题目使用反向计分题；（4）使用两套问卷以平衡变量在施测过程中的呈现顺序。数据回收后，采用 Harman 单因子检验对共同方法偏差进行事后统计控制。结果表明，特征根大于1的公因子有5个，其累计贡献率为61.83%，第一个公因子的最大解释率为22.73%，小于40%。这表明本研究的测量中不存在显著的共同方法偏差问题。

2. 各变量的相关分析

各变量的平均数、标准差和相关系数如表1所示，其中性别和家庭来源地采用虚拟变量，可以看到个人怀旧与群际亲社会行为存在显著正相关（$r=0.13$, $p<0.05$），这证实了假设1是成立的。个人怀旧与基本心理需要满足（$r=0.24$, $p<0.001$），基本心理需要满足与群际亲社会行为的正相关关系也均显著（$r=0.18$, $p<0.01$），假设2得到证实。该结果表明可以进行下一步的中介效应检验。

3. 中介效应检验

将所有被试数据代入假设3的中介模型中加以检验，根据心理统计学者（Hayes, 2013）建议，使用偏差矫正的非参数百分位 Bootstrap 检验（抽取5000个样本）。结果显示，个人怀旧对群际亲社会行为总的预测效应显著（$\beta=0.33$, $SE=0.11$, $t=3.05$, $p=0.0028<0.01$），95%的置信区间（Confidence Interval, CI）为 [0.1170, 0.5497]，假设1得到验证；个人怀旧对基本心理需要满足的预测作用显著（$\beta=0.34$, $SE=0.15$, $t=2.24$, $p=0.027<0.05$），95% CI 为 [0.0394, 0.6410]；同时纳入个人怀旧和基本心理需要满足后，个人怀旧对群际亲社会行为的预测依然显著但系数降低（$\beta=0.29$, $SE=0.11$, $t=2.55$, $p=0.01<0.05$），95% CI 为 [0.0651, 0.5196]，基本心理需要满足对群际亲社会行为的预测作用显著（$\beta=0.18$, $SE=0.09$, $t=1.89$, $p=0.04<0.05$），95% CI 为 [0.0673, 0.3085]。基本

表 1 各变量的相关分析矩阵

主要变量	$M \pm SD$	1	2	3	4	5	6	7	8	9
1. 性别	0.26 ± 0.44	—								
2. 年龄	26.76 ± 8.16	0.28***	—							
3. 家庭来源地	0.52 ± 0.50	0.18**	0.28***	—						
4. 个人怀旧	4.00 ± 0.77	0.01	0.04	−0.01	—					
5. 基本心理需要满足	4.38 ± 1.10	−0.01	0.05	−0.13	0.24***	—				
6. 能力	3.95 ± 1.55	0.17**	0.19**	0.01	0.22**	0.70***	—			
7. 自主	5.16 ± 1.50	0.11	0.03	−0.10	0.12*	0.64***	0.36***	—		
8. 关系	4.72 ± 1.40	0.21***	0.14	−0.05	0.24***	0.86***	0.47***	0.48***	—	
9. 群际亲社会行为	5.42 ± 1.21	−0.21***	−0.15*	−0.18**	0.13*	0.18**	0.18**	0.24***	0.20***	—

注：* $p < 0.05$，** $p < 0.01$，*** $p < 0.001$。分类变量虚拟化，变量编码：性别：男 = 1，女 = 0；家庭来源地：城市 = 1，农村 = 0。

心理需要满足的中介效应为 0.02, 95% CI 为 [0.0005, 0.0625], 占总效应的 12.36%。以上结果表明基本心理需要满足在个人怀旧预测群际亲社会行为中起部分中介作用, 假设 3 得到支持。

(四) 研究 1 小结

研究 1 采用相关研究, 通过更大样本的调查, 选取不同来源的被试, 验证了个人怀旧对群际亲社会行为的影响及其心理机制, 初步证实了研究假设, 即个人怀旧与基本心理需要满足、群际亲社会行为存在显著的正相关关系, 基本心理需要满足在个人怀旧与群际亲社会行为之间起中介作用, 生态效度较高, 但相关研究难以得出因果关系的推论, 且横断研究设计对中介效应的分析可能存在偏差 (Maxwell & Cole, 2007)。基于本研究的总体考虑, 研究 2 使用实验操纵, 更好地揭示个人怀旧与群际亲社会行为之间的因果关系, 可以在一定程度上对研究 1 的不足加以弥补。研究 1 和研究 2 可以在一定程度上形成互补。

三 研究 2: 个人怀旧与群际亲社会行为的实验研究

研究 1 支持了全部 3 个假设, 但基于本研究的总体考虑, 为了更好地揭示个人怀旧与群际亲社会行为之间的因果关系, 研究 2 以 "为未来活动志愿服务时间" 为背景编制假设情境, 操纵个人怀旧 (个人怀旧组 VS 控制组), 探讨其对基本心理需要满足、群际亲社会行为的影响及其心理机制。

(一) 被试

从广西某高校招募在校大学生作为被试, 他们参加 "文化心理学" "管理心理学" 课程的学习, 参与实验换取学分。剔除不理解实验要求、不认真完成实验任务、怀疑实验真实性的数据, 得到有效数据 84 份, 其中男性 36 人 (42.86%), 女性 48 人 (57.14%); 城市 41 人 (48.81%), 农村 43 人 (51.19%); 独生子女 32 人 (38.10%), 非独生子女 52 人 (61.90%)。平均年龄为 19.27 岁 ($SD = 0.56$)。

(二) 研究程序

采用单因素被试间设计, 自变量是个人怀旧, 使用实验操纵的启动方法, 被试来到实验室之后, 首先, 将其随机分入实验组 (个人怀旧事件)、控制组（普通事件），通过想象写作任务，操纵其产生个人怀旧情绪（VS 控制组），完成3个条目的个人怀旧的操作核查，然后填写基本心理需要满足量表，这是中介变量，使用量表测量获得。其次，让被试填写群际亲社会行为情境材料，这是用来测量因变量：群际亲社会行为。最后，填写性别、年龄等人口统计学资料，以及是否怀疑研究的真实性和独立性。实验结束后给被试解释研究目的。

（三）实验材料

1. 个人怀旧

参照以往研究中使用的指导语（Sedikides, Wildschut, Routledge, Arndt, Hepper, & Zhou, 2015），对其略做修改，得到实验组（个人怀旧组）的指导语："请设法回忆一下中学时代最让你感到怀念的个人事件，并把它写在下面横线上，越详细越好。写完后请花三五分钟时间让自己沉浸在这一个人事件中，然后写出跟这一事件相关的四个关键词。"

控制组（回忆普通事件）的指导语为："请设法回忆一个日常生活中发生的普通生活事件，比如上个礼拜发生的一件事情，并把它写在下面横线上，越详细越好。写完后请花三五分钟时间让自己沉浸在这一事件中，然后写下跟这个普通事件相关的四个关键词。"

2. 基本心理需要满足

采用与研究1相同的基本心理需要满足量表。研究2中的验证性因子分析表明该量表的结构效度尚好，整体拟合指数为：$\chi^2/df = 5.78$，$NFI = 0.92$，$RFI = 0.75$，$IFI = 0.93$，$TLI = 0.78$，$CFI = 0.93$，$RMSEA = 0.24$。本研究中，该量表的内部一致性系数 α 为 0.82。

3. 群际亲社会行为

本研究采用志愿参与调查学生的活动时间来测量群际亲社会行为。以时间和金钱为成本的利他行为是两种最重要的群际亲社会行为类型（李继波、黄希庭，2013；Cnaan, Jones, Dickin, & Salomon, 2011），在研究2中，采用改编版的"在未来研究提供帮助"的情境（Nelson & Norton, 2005）测量被试的群际亲社会行为。实验中告知被试："在本次调查之外，我们将展开一项大学生生活状况的研究，以促进学校和社会对大学生的理解。如果有空闲，你愿意花多长时间来参与我们的研究？"要求被试勾画愿意提供帮助的时间（单位：分钟），"0"表示不愿意提供帮助，"8"表示可以提供30分钟的时间。为避免被试怀疑实验的真实性和猜测实验的目的，会告知被试将根据其个人意愿对接下来的实验进行安排。

（四）预实验

1. 实验程序

个人怀旧的操纵采用该领域常用的回忆任务（the event reflection task）（Sedikides et al., 2015），这个任务就是让被试自由回忆，然后写下令他们怀念的事件，启动个人怀旧或者普通事件回忆。此外，本研究还采用 6 个条目的简版情绪量表测量怀旧启动是否影响情绪体验，其中 3 个条目测量积极情绪（高兴的、兴奋的、坚强的）（α=0.85），3 个条目测量消极情绪（沮丧的、不安的、苦恼的）（α=0.91）。通过无偿方式招募被试，被试在完成任务之前并不知道完成实验任务之后会有礼品奖励，所有被试均在实验结束后被告知实验的真正目的，并接受实验小礼品。

2. 操作核查

遵照先前学者（Shepherd, Kay, Landau, & Keefer, 2011）建议，研究通过预实验来考察个人怀旧的操纵效果，选取 64 名在校大学生（与正式实验样本不同），其中女生 49 人（76.56%），男生 15 人（23.44%），平均年龄为 20.66 岁（$SD=0.76$），被试被随机分配到两个组：个人怀旧组和控制组。为检查个人怀旧操作是否成功，预实验使用状态怀旧量表的 3 个条目：此刻，我感到非常怀念过去；此刻，我有些怀旧想法；此刻，我感到非常怀旧（1=完全不同意，7=完全同意）。这三个条目在预实验中的内部一致性系数 α 为 0.93。结果显示：对怀旧诱发结果进行方差分析发现，在个人怀旧等级评定上个人怀旧主效应显著，$F(2, 61)=3.91$，$p=0.025$，$\eta_p^2=0.16$；独立样本 t 检验显示，个人怀旧组被试自我报告的怀旧评分（$M=5.67$，$SD=1.44$）显著高于控制组的怀旧评分（$M=4.30$，$SD=1.56$），$t=2.75$，$p=0.009$。这表明个人怀旧的启动是成功的。

为了检验个人怀旧对情绪的影响，本研究分别对积极情绪和消极情绪进行单因素方差分析，结果表明，怀旧对积极情绪体验的影响未达显著（$M_{个人怀旧组}=3.43$，$SD=0.81$ VS $M_{控制组}=3.32$，$SD=0.78$），$F(2, 74)=2.34$，$p>0.05$，$\eta_p^2=0.08$；对消极情绪进行同样的研究发现，怀旧对被试的消极情绪体验也未达显著（$M_{个人怀旧组}=2.86$，$SD=0.62$ VS $M_{控制组}=2.12$，$SD=0.78$），$F(2, 74)=2.56$，$p>0.05$，$\eta_p^2=0.13$，所以情绪不可能在个人怀旧与群际亲社会行为之间起中介作用。

(五) 实验结果

1. 描述性统计与相关分析

本研究中各个变量的平均数、标准差和相关系数如表2所示，其中性别和家庭来源地采用虚拟变量，"1"为男生，"0"为女生；"1"为城市来源地，"0"为农村来源地，后同。可以看到个人怀旧与群际亲社会行为存在显著正相关（$r=0.29$，$p<0.05$），假设1得到支持。个人怀旧与基本心理需要满足总均分存在显著正相关（$r=0.28$，$p<0.05$），与分维度能力（$r=0.25$，$p<0.05$）、自主（$r=0.21$，$p<0.05$）、关系（$r=0.24$，$p<0.05$）显著正相关。基本心理需要满足与群际亲社会行为显著正相关（$r=0.30$，$p<0.01$），假设2得到支持。分维度能力、自主和关系与群际亲社会行为分别存在显著正相关（$r=0.36$，$r=0.22$，$r=0.24$，$p_s<0.05$）。这说明可以进行下一步的中介效应分析。

2. 个人怀旧对群际亲社会行为（志愿时间）的影响

对被试在群际亲社会行为中愿意提供帮助的时间进行单因素方差分析发现，个人怀旧的主效应显著，$F(2, 61)=7.25$，$p=0.002<0.01$，$\eta_p^2=0.17$。独立样本t检验结果表明，个人怀旧组（$M=16.43$，$SD=7.95$）显著高于控制组（$M=8.10$，$SD=3.92$），$t=6.08$，$p<0.001$。

3. 基本心理需要满足的中介效应检验

在控制了年龄情况下，以个人怀旧（0=非怀旧事件，1=个人怀旧事件）为自变量，基本心理需要满足总均分为中介变量，群际亲社会行为为因变量，进行中介模型检验。

如图1所示，个人怀旧对志愿时间总的预测效应显著（$\beta=0.29$，$SE=0.09$，$t=2.62$，$p=0.0158<0.05$），95%的置信区间（Confidence Interval，CI）为[0.0418, 0.3909]，假设1得到验证；个人怀旧对基本心理需要满足的预测作用显著（$\beta=0.28$，$SE=0.08$，$t=2.48$，$p=0.0150<0.05$），95%CI为[0.0418, 0.3909]；同时纳入个人怀旧和基本心理需要满足后，个人怀旧对志愿时间的预测依然显著但系数降低（$\beta=0.23$，$SE=0.05$，$t=2.00$，$p=0.049<0.05$），95%CI为[0.0469, 0.9411]，基本心理需要满足对志愿时间的预测作用显著（$\beta=0.23$，$SE=0.06$，$t=2.05$，$p=0.044<0.05$），95%CI为[0.0875, 0.5216]，假设2得到支持。基本心理需要满足的中介效应为0.28，95%CI为[0.0235, 0.8057]，占总效应的22.21%。Sobel检验提供了进一步的支持（$Z=2.59$，$p<0.001$）。以上结果表明基本心理需要满足在个人怀旧预测群际亲社会行为中起部分中介

表 2 各变量描述性统计与相关分析检验

主要变量	$M \pm SD$	1	2	3	4	5	6	7	8	9
1. 性别	1.19 ± 0.39	—								
2. 年龄	20.72 ± 0.70	-0.09	—							
3. 家庭来源地	0.46 ± 0.50	0.08	0.11	—						
4. 个人怀旧	5.33 ± 1.62	-0.24*	0.10	0.14	—					
5. 基本心理需要满足	4.82 ± 1.26	-0.31**	0.02	0.25*	0.28*	—				
6. 能力	4.06 ± 1.68	-0.06	-0.02	0.27*	0.25*	0.83***	—			
7. 自主	5.32 ± 1.66	-0.21	-0.10	0.18	0.21*	0.77***	0.56***	—		
8. 关系	4.98 ± 1.37	-0.41***	0.10	0.13	0.24*	0.88***	0.55***	0.47***	—	
9. 群际亲社会行为	14.52 ± 7.13	-0.12	0.33**	0.15	0.29*	0.30*	0.36***	0.22*	0.24*	—

注：* $p<0.05$，** $p<0.01$，*** $p<0.001$；分类变量虚拟化，变量编码：性别：男 =1，女 =0；家庭来源地：城市 =1，农村 =0。

作用,假设 3 得到支持。

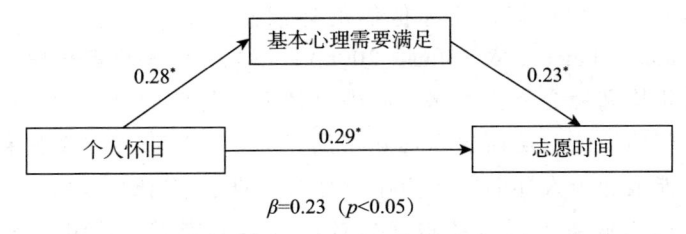

图 1 基本心理需要满足在个人怀旧和群际亲社会行为之间的中介作用

(路径图:个人怀旧 → 基本心理需要满足 0.28*;基本心理需要满足 → 志愿时间 0.23*;个人怀旧 → 志愿时间 0.29*;$\beta=0.23$ ($p<0.05$))

(六)研究 2 小结

研究 2 通过实验法操纵个人怀旧(VS 普通事件回忆),对中介模型进行因果验证。结果表明,与非个人怀旧相比,个人怀旧更能满足大学生的能力、自主和关系三种基本心理需要,进而更能促进大学生的群际亲社会行为。

四 总讨论

在以往文献中,表明个人怀旧与群际亲社会行为之间关系的研究相对较少,且心理机制模糊不清。本研究通过相关研究(研究 1)和实验研究(研究 2)的方法,验证了个人怀旧对群际亲社会行为的正向预测作用,同时揭示了基本心理需要满足是这一预测作用中的中介变量。

(一)个人怀旧对群际亲社会行为的影响

本研究表明,个人怀旧可以正向预测群际亲社会行为。个人怀旧得分越高,其群际亲社会行为得分也越高,即越倾向于帮助处境不利群体,志愿服务他人。本研究以对慈善捐赠不同的方式测量群际亲社会行为。这种群际亲社会行为的帮助对象是一般性的需要帮助的弱势群体,而非局限于一般捐赠。在研究 1 中,我们侧重于具体(具名和匿名)的慈善捐赠的意愿,研究 2 侧重于具体的参与志愿活动的时间(分钟数),结果与以往的理论和实证研究结论是一致的,如许多募集筹款者认为怀旧是慈善捐赠中的主要驱动力(Ford & Merchant,2010)。以往消费领域的研究也表明,以个人怀旧为基础的慈善诉求比非怀旧诉求更能吸引消费者,这反过来又增强了向慈善机构捐款的意愿(Altaf & John,2008)。这给我们的启示有二:第一,某些机构,例如、学校、医院、公共电视台等也可以通过使用唤起怀旧的筹款呼吁而从中受益,已有研究发现,大学可通过各种办法来刺激已毕业学生的学校记忆,唤起他们的怀旧感,从而使他们向学校捐赠(Braun-Latour, Latour, & Loftus, 2006);第二,当某个群体陷入困境之时,慈善机构和社会公益团体在向外群体募集帮助的过程中,应尽可能凸显个人怀旧情绪,从而提高群际帮助行为,促进群际关系的和谐。研究表明,能唤起个人怀旧的慈善呼吁对人们的慈善捐赠意愿有积极影响,募捐的专门职业者可以有效地使用怀旧来刺激捐赠(Ford & Merchant, 2010)。

(二) 基本心理需要满足的中介作用

本研究的一个重要发现,研究1和研究2对中介机制的检验结果都表明:并非积极情绪,而是基本心理需要满足中介了个人怀旧在群际亲社会行为上的效应。个人怀旧的得分越高,被试的基本心理需要越容易得到满足,基本心理需要得到充分满足,个体更可能帮助处境不利群体,更乐意从事群际亲社会行为。该结果与以往研究是一致的,比如研究发现,对自己感到满足的儿童可能会关注其他人的需要,因为他们可能感觉自己有能力帮助他人(Eisenberg, Fabes, & Spinrad, 2007);作为驱动助人行为的心理需要,自我增强在得到满足时能引发积极的社会行为(Weinstein & Ryan, 2010);高自主性与较高水平的志愿帮助行为有关(O'Reilly & Chatman, 1986)。自我决定理论认为,亲社会行为可能源于个体的自主性和与内在价值相一致的动机(Gagné & Deci, 2010)。根据基本心理需要理论,个人怀旧作为一种心理反应和情感投资,使人们在怀旧体验当中寻求心理上的安全感,从而获得温暖、舒适的感觉。在熟悉的情景中,或者沉浸在熟悉情景的想象当中,人们较少会有危机感(柴俊武、赵广志、张泽林,2011),由此推之,怀旧可以满足人们的自主、能力和关系等基本需要。根据自我决定理论(Deci & Ryan, 2000;Weinstein & Ryan, 2010),三种基本需要被满足的程度将影响个体参与积极行为(亲社会行为)的程度。基于自我决定理论的少数研究发现,自主激发的运动员更可能报告亲社会行为(Hodge & Lonsdale, 2011;Ntoumanis & Standage, 2009),回避反社会行为,如不使用提高成绩的兴奋剂(Barkoukis, Lazuras, Tsorbatzoudis, & Rodafinos, 2011)。

(三) 研究不足和展望

本研究结果虽然有一定启发性,但仍然存在一定局限性和需要未来研究进一步探讨的问题。第一，很多理论研究显示怀旧有不同的分类（Baker & Kennedy, 1994; Holak, Havlena, & Matveev, 2006; Stern, 1992），将怀旧区分为个人怀旧和集体怀旧最具现实意义（柴俊武、赵广志、张泽林，2011），后续研究应当尝试更精准的实验操作成功诱发个人怀旧和集体怀旧。第二，过去的研究已经表明，一些个体比其他人更倾向于怀旧（Batcho, 1995; Holbrook, 1993），Batcho（1995）发现，上了年纪的人更容易怀旧，但也有研究者认为，怀旧非老年人的专利，各个生命周期的转换都可能使个体发生怀旧之情（Holak & Havlena, 1998）。根据社会情绪选择理论，老年人应该更容易怀旧，后续研究可以扩展到老年人等其他群体来检验这个矛盾的结果。第三，怀旧的测量方法相对单一，后续研究可以采用多种方法诱发怀旧情绪，如借鉴广告领域的方法启动怀旧情绪，比如音乐、气味和视觉广告等（李斌、马红宇、李爱梅、凌文辁，2015），同时选择更多的客观因素触发怀旧，这也有助于提高外部效度。第四，本研究借助基本心理需要理论提出基本心理需要是个人怀旧影响群际亲社会行为的中介因素，但从理论和数据上看，都不能排除其他中介变量的存在，后续研究应当进一步探索其他心理机制。第五，研究2中通过一道题目来测量群际亲社会行为，可能存在题目较少的问题，且让被试报告参加志愿服务活动的行为意向，并没有考察真实情景中大学生自身的亲社会行为，所以结论的生态效度受到一定的限制。未来研究可以增加测量群际亲社会行为的题目，并考察真实情景中的群际亲社会行为（杨莹、寇彧，2017），如把自己参加研究所得被试费捐赠给公益组织等。

五　结论

本研究采用相关研究（研究1）和实验研究（研究2）两个研究，通过考察个人怀旧对群际亲社会行为的影响及其内在机制，得出以下结论。

（1）个人怀旧与基本心理需要满足及群际亲社会行为均呈显著正相关。

（2）个人怀旧不仅对群际亲社会行为有直接的预测作用，而且会通过基本心理需要满足对群际亲社会行为产生间接作用。

参考文献

柴俊武、赵广志、张泽林，2011，《自我概念对两类怀旧广告诉求有效性的影响》，《心理学报》第43卷第3期，第308~321页。

常保瑞、谢天，2018，《怀旧与亲社会行为的关系：生命意义感的中介作用》，《应用心理学》第24卷第4期，第217~226页。

侯俊东，2009，《非营利组织感知特性对个人捐赠行为影响研究》，博士学位论文，华中科技大学。

寇彧、付艳、张庆鹏，2007，《青少年认同的亲社会行为：一项焦点群体访谈研究》，《社会学研究》第3期，第154~173页。

李斌、马红宇、李爱梅、凌文辁，2015，《怀旧的触发、研究范式及测量》，《心理科学进展》第23卷第7期，第1289~1298页。

辜胜阻，2006，《发展慈善捐赠事业 强化第三次分配》，中国网，3月10日。

何佳讯，2010，《我们如何怀念过去？中国文化背景下消费者怀旧倾向量表的开发与比较验证》，《营销科学学报》第6卷第3辑，第30~50页。

李继波、黄希庭，2013，《时间与幸福的关系：基于跟金钱与幸福关系的比较》，《西南大学学报》（社会科学版）第39卷第1期，第76~82页。

张义，2013，《怀旧倾向对个人捐赠意愿的影响研究》，博士学位论文，东华大学。

杨莹、寇彧，2017，《亲社会自主动机对青少年幸福感及亲社会行为的影响：基本心理需要满足的中介作用》，《心理发展与教育》第33卷第2期，第163~171页。

郑晓莹、彭泗清、彭璐珞，2015，《"达"则兼济天下？社会比较对亲社会行为的影响及心理机制》，《心理学报》第47卷第2期，第243~250页。

Abeyta, A. A., Routledge, C., & Juhl, J. (2015). Looking back to move forward: Nostalgia as a psychological resource for promoting relationship goals and overcoming relationship challenges. *Journal of Personality and Social Psychology*, 109, 1029–1044.

Altaf, M., & John, B. F. (2008). Nostalgia and giving to charity: A conceptual framework for discussion and research. *International Journal of Nonprofit and Voluntary Sector Marketing*, 13 (1), 13–30.

Baard, P., Deci, E., & Ryan, R. (2004). Intrinsic need satisfaction: A motivational basis of performance and well-being in two work settings. *Journal of Applied Social Psycho-logy*, 34, 2045–2068.

Baker, S. M., & Kennedy, P. F. (1994). Death by nostalgia: A diagnosis of context-specific cases. *Advances in Consumer Research*, 21, 169–174.

Barkoukis, V., Lazuras, L., Tsorbatzoudis, H., & Rodafinos, A. (2011). Motivational and sportspersonship profiles of elite athletes in relation to doping behavior. *Psychology of Sport & Exercise*, 12, 205–212.

Batcho, K. I. (1995). Nostalgia: A psychological perspective. *Perceptual & Motor Skills*, 80, 131–143.

Bekkers, R., & Wiepking, P. (2007). Generosity and philanthropy: A literature review. *SSRN Electronic Journal*.

Braun-Latour, K. A., Latour, M. S., & Loftus, E. F. (2006). Is that a finger in my chili? Using affective advertising for postcrisis brand repair. *Cornell Hospitality Quarterly*, 47 (2), 106–120.

Brewer, M. B., & Caporael, L. R. (2006). *Evolution and Social Psychology. An Evolutionary Perspective on Social Identity: Revisiting Groups.* Psychology Press.

Chandler, J. (2012). Responsibility, intent, and donor behavior: Commentary on who helps natural-disaster victims? Assessment of trait and situational predictors. *Analyses of Social Issues and Public Policy*, 12, 280–283.

Chernyak, N., & Kushnir, T. (2013). Giving preschoolers choice increases sharing behavior. *Psychological Science*, 24, 1971–1979.

Cnaan, R. A., Jones, K., Dickin, A., & Salomon, M. (2011). Nonprofit watchdogs: Do they serve the average donor? *Nonprofit Management & Leadership*, 21, 381–397.

Crisp, R. J., Turner, R. N., & Hewstone, M. (2010). Common ingroups and complex identities: Routes to reducing bias in multiple category contexts. *Group Dynamics: Theory, Research, and Practice*, 14 (1), 32–46.

de Vries, R. E. (2012). Personality predictors of leadership styles and the self – other agreement problem. *The Leadership Quarterly*, 23, 809–821.

Deci, E. L. & Ryan, R. M. (2000). The "what" and "why" of goal pursuits: Human needs and the self – determination of behavior. *Psychological Inquiry*, 11, 227–268.

Deci, E., & Ryan, R. (Eds.) (2002). *Handbook of Self-determination Research.* Rochester, NY: University of Rochester Press.

Deci, E. L., & Ryan, R. M. (2000). The "what" and "why" of goal pursuits: Human needs and the self-determination of behavior. *Psychological Inquiry*, 11, 227–268.

DeWall, C. N., Baumeister, R. F., Gailliot, M. T., & Maner, J. K. (2008). Depletion makes the heart grow less helpful: Helping as a function of self – regulatory energy and genetic relatedness. *Personality and Social Psychology Bulletin*, 34, 1653–1662.

Dolinski, D., Grzyb, T., Olejnik, J., Prusakowski, S., & Urban, K. (2010). Let's dialogue about penny: Effectiveness of dialogue involvement and legitimizing paltry contribution techniques. *Journal of Applied Social Psychology*, 35, 1150–1170.

Dyck, E. J., & Coldevin, G. (1992). Using positive vs. negative photographs for third-world fund raising. *Journalism & Mass Communication Quarterly*, 69, 572–579.

Eikenberry, A. M. (2010). Fund-raising or promoting philanthropy? A qualitative study of the massachusetts catalogue for philanthropy. *International Journal of Nonprofit and Voluntary Sector Marketing*, 10, 137–149.

Eisenberg, N., Fabes, R. A., & Spinrad, T. L. (2007). *Prosocial Development. Handbook of Child Psychology.* John Wiley & Sons, Inc.

Everett, J. A. C., Faber, N. S., & Crockett, M. J. (2015). The influence of social preferences and reputational concerns on intergroup prosocial behaviour in gains and losses contexts. *Royal Society Open Science*, 2 (12), 1–12.

Ford, J. B. & Merchant, A. (2010). Nostalgia drives donations: The power of charitable appeals based on emotions and intentions. *Journal of Advertising Research*, 50, 450 – 459.

Frey, B. S., & Meier, S. (2004). Pro-social behavior in a natural setting. *Journal of Economic Behavior & Organization*, 54, 65 – 88.

Gagné, M. & Deci. E. L. (2010). Self – determination theory and work motivation. *Journal of Organizational Behavior*, 26, 331 – 362.

Gagné, M. (2003). The role of autonomy support and autonomy orientation in prosocial behavior engagement. *Motivation and Emotion*, 27, 199 – 223.

Goulding, C. (2001). Romancing the past: Heritage visiting and nostalgia consumer. *Psychology and Marketing*, 23, 565 – 592.

Graziano, W. G., Habashi, M. M., Sheese, B. E., & Tobin, R. M. (2007). Agreeableness, empathy, and helping: A person × situation perspective. *Journal of Personality and Social Psychology*, 93, 583 – 599.

Haivas, S., Hofmans, J., & Pepermans, R. (2013). Volunteer engagement and intention to quit from a self-determination theory perspective. *Journal of Applied Social Psychology*, 43, 1869 – 1880.

Hayes, A. F. (2013). *Introduction to Mediation, Moderation, and Conditional Process Analysis: A Regression-Based Approach*. The Guilford Press.

Hodge, K., & Lonsdale, C. (2011). Prosocial and antisocial behavior in sport: The role of coaching style, autonomous vs. controlled motivation, and moral disengagement. *Journal of Sport & Exercise Psychology*, 33, 527 – 547.

Holak, S. L., & Havlena, W. J. (1998). Feelings, fantasies, and memories : An examination of the emotional components of nostalgia. *Journal of Business Research*, 42, 217 – 226.

Holak, S. L., Havlena, W. J., & Matveev, A. V. (2006). Exploring nostalgia in Russia: Testing the index of nostalgia-proneness. *European Advances in Consumer Research*, 7, 195 – 200.

Holbrook, M. B. (1993). Nostalgia and consumption preferences: Some emerging patterns of consumer tastes. *Journal of Consumer Research*, 20, 245 – 256.

Johnston, M. M., & Finney, S. J. (2010). Measuring basic needs satisfaction: Evaluating previous research and conducting new psychometric evaluations of the Basic Needs Satisfaction in General Scale. *Contemporary Educational Psychology*, 35, 280 – 296.

Konecki, J. (1972). Blood glucose level and liver cell glycogen in rats after administration of thyroxine and guanethidine. *Endokrynologia Polska*, 23, 49 – 55.

Koschate, M., Oethinger, S., Kuchenbrandt, D., & Dick, R. V. (2012). Is an outgroup member in need a friend indeed? Personal and task-oriented contact as predictors of intergroup prosocial behavior. *European Journal of Social Psychology*, 42, 717 – 728.

Leeuwen, E. V. (2006). Restoring identity through outgroup helping: Beliefs about international aid in response to the December 2004 tsunami. *European Journal of Social Psycho-logy*, 37 (4), 661 – 671.

Lucy, G. F. M. (2010). Professional caregiving and pro-social behavior: An exploration within self-determination theory and beyond. Unpublished doctoral dissertation. University of Sussex.

Luo, Y. L. L., Liu, Y., Cai, H., Wildschut, T., & Sedikides, C. (2016). Nostalgia and self-enhancement: Phenotypic and genetic approaches. *Social Psychological & Personality Science*, 7, 1–10.

Marylène Gagné, & Edward L. Deci. (2010). Self-determination theory and work motivation. *Journal of Organizational Behavior*, 26, 331–362.

Maxwell, S. E., & Cole, D. A. (2007). Bias in cross-sectional analyses of longitudinal mediation. *Psychological Methods*, 12, 23–44.

Merchant, A., Ford, J., & Gopinath, M. (2007). Measuring the intensity of the personal nostalgia experience: A conceptual framework. *Society for Marketing Advances Proceedings*.

Merchant, A., Ford, J. B., & Rose, G. (2011). How personal nostalgia influences giving to charity. *Journal of Business Research*, 64, 610–616.

Muehling, D. D., & Sprott, D. E. (2004). The power of reflection: An empirical examination of nostalgia advertising effects. *Journal of Advertising*, 33, 25–35.

Nadler, A., & Halabi, S. (2006). Intergroup helping as status relations: Effects of status stability, identification, and type of help on receptivity to high-status group's help. *Journal of Personality and Social Psychology*, 91, 97–110.

Nelson, L. D., & Norton, M. I. (2005). From student to superhero: Situational primes shape future helping. *Journal of Experimental Social Psychology*, 41, 423–430.

Ntoumanis, N., & Standage, M. (2009). Motivation in physical education classes: A self-determination theory perspective. *Theory & Research in Education*, 7, 194–202.

O'Reilly, C. A., & Chatman, J. (1986). Organizational commitment and psychological attachment: The effects of compliance, identification, and internalization on prosocial behavior. *Journal of Applied Psychology*, 71, 492–499.

Piferi, R. L., Jobe, R. L., & Jones, W. H. (2006). Giving to others during national tragedy: The effects of altruistic and egoistic motivations on long-term giving. *Journal of Social and Personal Relationships*, 23, 171–184.

Platow, M. J., Byrne, L., & Ryan, M. K. (2010). Experimentally manipulated high in-group status can buffer personal self-esteem against discrimination. *European Journal of Social Psychology*, 35, 599–608.

Riedel, Steffi, Andreas, Hinz, and Reinhold, Schwarz (2000). Attitude towards blood donation in germany-results of a representative survey. *Infusion Therapy and Transfusion Medicine-Infusionstherapie und Transfusionsmedizin*, 27, 196–199.

Sargeant, A., & Woodliffe, L. (2007). Gift giving: An interdisciplinary review. *International Journal of Nonprofit and Voluntary Sector Marketing*, 12, 275–307.

Sargeant, A., Ford, J. B., & West, D. C. (2000). Widening the appeal of charity. *International Journal of Nonprofit and Voluntary Sector Marketing*, 5, 318–332.

Sargeant, A., Ford, J. B., & West, D. C. (2006). Perceptual determinants of nonprofit giving behavior. *Journal of Business Research*, 59, 155–165.

Sedikides, C., Wildschut, T., Routledge, C., Arndt, J., Hepper, E., & Zhou, X.

(2015). To nostalgize: Mixing memory with affect and desire. *Advances in Experimental Social Psychology*, 51, 189 - 273.

Shepherd, S., Kay, A. C., Landau, M. J., & Keefer, L. A. (2011). Evidence for the specificity of control motivations in worldview defense: Distinguishing compensatory control from uncertainty management and terror management processes. *Journal of Experimental Social Psychology*, 47, 949 - 958.

Stern, B. B. (1992). Historical and personal nostalgia in advertising text: The fin de siècle effect. *Journal of Advertising*, 21, 11 - 22.

Stukas, A. A., Snyder, M., & Clary, E. G. (1999). The effects of "mandatory volunteerism" on intentions to volunteer. *Psychological Science*, 10, 59 - 64.

Tam, T., Hewstone, M., Kenworthy, J., & Cairns, E. (2009). Intergroup trust in northern Ireland. *Personality and Social Psychology Bulletin*, 35, 45 - 59.

Tankersley, D., Stowe, C. J., & Huettel, S. A. (2007). Altruism is associated with an increased neural response to agency. *Nature Neuroscience*, 10, 150 - 151.

Tracy, M., & Stasson, M. F. (2010). *Does Basic Need Satisfaction Help Predict Prosocial Behavior?* Midwestern Psychological Association.

Turner, R., Wildschut, T., & Sedikides, C. (2017). Fighting ageism through nostalgia. *European Journal of Social Psychology*, 48, 196 - 208.

Turner, R. N., Wildschut, T., & Sedikides, C. (2012). Dropping the weight stigma: Nostalgia improves attitudes toward persons who are overweight. *Journal of Experimental Social Psychology*, 48, 130 - 137.

Turner, R. N., Wildschut, T., Sedikides, C., & Gheorghiu, M. (2013). Combating the mental health stigma with nostalgia. *European Journal of Social Psychology*, 43, 413 - 422.

Van Leeuwen, E., & Täuber, S. (2012). Outgroup helping as a tool to communicate ingroup warmth. *Personality and Social Psychology Bulletin*, 38, 772 - 783.

Wakefield, J. R. H., Hopkins, N., & Greenwood, R. M. (2014). Help-seeking helps: Help-seeking and group image. *Small Group Research*, 45, 89 - 113.

Weinstein, N., & Ryan, R. M. (2010). When helping helps: Autonomous motivation for prosocial behavior and its influence on well-being for the helper and recipient. *Journal of Personality & Social Psychology*, 98, 222 - 244.

Wildschut, T., Sedikides, C., Arndt, J., & Routledge, C. (2006). Nostalgia: Content, triggers, functions. *Journal of Personality and Social Psychology*, 91 (5), 975 - 993.

Wildschut, T., Sedikides, C., Routledge, C., Arndt, J., & Cordaro, F. (2010). Nostalgia as a repository of social connectedness: The role of attachment-related avoidance. *Journal of Personality and Social Psychology*, 98, 573 - 586.

Wilhelm, M. O., & Bekkers, R. (2010). Helping behavior, dispositional empathic concern, and the principle of care. *Social Psychology Quarterly*, 73, 11 - 32.

Zagefka, H., Noor, M., Brown, R., Moura, G. R. D., & Hopthrow, T. (2011). Donating to disaster victims: Responses to natural and humanly caused events. *European Journal of Social Psychology*, 41, 353 - 363.

Zhou, X. Y., Wildschut, T., Sedikides, C., Chen, X. X., & Vingerhoets, A. J. J. M. (2012). Heartwarming memories: Nostalgia maintains physiological comfort. *Emotion*, 12, 678–684.

Zhou, X. Y., Wildschut, T., Sedikides, C., Shi, K., & Feng, C. (2012). Nostalgia: The gift that keeps on giving. *Journal of Consumer Research*, 39, 39–50.

疾病风险感知对群际亲社会行为的影响：
移情的中介作用[*]

路　红　邓雅丹　郭　蕾　张庆鹏[**]

摘　要：根据行为免疫系统理论，个体在进化过程中发展出了抵御潜在传染病威胁的心理和行为机制，这种规避传染病的倾向可能会影响个体亲社会行为互动。本研究采用独裁者游戏范式，博弈游戏的目标对象为不同类型的疾病患者（外群体成员），验证疾病传染性与致死程度对群际亲社会行为决策的影响，并且考察状态移情在疾病类型与群际亲社会行为关系中的中介作用。结果发现：（1）相比于非传染病，个体向服务传染病患者的慈善项目捐献的金额更少；（2）状态移情在不同类型疾病条件下亲社会行为表现中起中介作用：以低致死非传染病为控制组，低致死性传播疾病负向预测状态移情，从而降低亲社会行为表现，而高致死非传染病正向预测状态移情，表现出的亲社会行为更强烈。上述结果表明，感知到强烈的潜在风险可能会触发行为免疫系统，进一步影响后续的互动。

关键词：群际亲社会行为　行为免疫系统理论　疾病风险感知　移情

---

[*] 本研究获得广东省哲学社会科学"十三五"规划2017年度一般项目（GD17CXL02）、广州大学教育教学研究重点项目（2700051410）的资助。感谢匿名审稿人的宝贵意见。

[**] 路红，广州大学教育学院心理系副教授、硕士生导师，通信作者，E-mail：luhong@gzhu.edu.cn；邓雅丹，广州大学教育学院心理系硕士研究生；郭蕾，广州大学教育学院心理学系硕士研究生；张庆鹏，广州大学公共管理学院社会学系讲师、硕士生导师。

一 问题提出

看到台风"天鸽"侵袭珠海的新闻,有人可能第一时间萌生给予援助的念头;看到埃博拉疫情的新闻,有人可能首先考虑的是疾病的防控和避免受感染的问题。同样是需要人道主义帮助的事情,人们对灾情和疫情的感知却存在差异。这可能是由于亲社会行为表现与否很大程度上取决于亲社会目标对象的特征,个体更倾向于向熟悉亲近的对象(Meyer et al.,2013)、可信的对象(Zarolia, Weisbuch, & McRae, 2016)、内群体成员(Mifune, Hashimoto, & Yamagishi, 2010)等表现出亲社会行为。在"施助者"和"受助者"组成的社会互动框架内,群际亲社会行为反映了个体通过社会表征建构出来的积极的、建设性的社会联结。根据共情-利他假设(Buck, 2002),个体会留意到体现他人状态的线索,这些线索会激活相应的共情水平,从而影响群际亲社会行为表现。已有研究表明,相比于那些服务低移情对象的慈善机构,个体对服务高移情对象的慈善机构表现出更多的亲社会行为(Carlson, Aknin, & Liotti, 2016)。前人研究主要能够解释人们面对灾情所表现的亲社会行为水平,仍有必要进一步探讨个体在面对疫情时的亲社会行为表现及其心理机制。疾病风险感知是人们对疾病客观风险进行主观整合后做出的判断评估,包括疾病发生可能和疾病后果严重性两大方面(陈世平、揭满、王晓庄,2017)。因此,本研究探讨的是疾病的传染性(携带该疾病患者威胁到个体身体健康的可能性)和致死程度(患有该疾病的后果严重性)对亲社会行为的影响。

(一)疾病风险感知与亲社会行为

行为免疫系统理论(Behavioral Immune System Theory)(Park, Schaller, & Crandall, 2007)认为人类为了应对传染性病毒,不仅发展出生理上的免疫系统,还形成了规避传染性病毒威胁的心理机制:个体探测到环境中传染性病毒相关的线索,将诱发疾病相关的情绪和认知反应,促使个体做出规避病毒感染风险的行为。相关证据表明,个体将过度概括与病毒传染相关信息,若个体感知到疾病感染风险,则会对携带偏离常态线索的事物持有相对负面的态度,如肥胖群体(Park et al., 2007)、老年人群体等(Duncan & Schaller, 2009);同时还会降低个体探测潜在疾病风险的阈值,更倾向于将平均体重的个体虚报为肥胖个体(Miller & Maner, 2012)。Petersen 等(2017)发现健康外群体成员可能跟患病的内群体成员采用类似的心理表征。该研究团队采用的是 WSW（Who Said What）范式，操纵同种族个体是否具有潜在疾病特征（如皮疹），被试的主要任务是将成员图片与语句进行匹配记忆，结果发现，相比于没有潜在疾病特征的条件，个体在有潜在疾病特征条件下错误率更高，即个体更倾向于将潜在疾病内群体成员与健康外群体成员的面孔与语句错误匹配（Petersen，2017）。由此推测，疾病患者可能会被视为潜在生命安全的威胁，个体一旦感知到疾病传染风险，将遵循行为免疫系统理论的规避准则，并且所面临的风险越大，相应的亲社会行为应当越少。

然而，行为免疫系统理论可能并不能够预测个体在面对非传染情况下的亲社会行为。研究者在面对埃博拉疫情情景中设置了派遣国外救援和安置难民两种人道救援形式，结果发现，相比于控制情景，个体在疫情暴发情景中对安置难民政策的支持程度更低，因为这可能导致个体面临潜在的疾病风险；但派遣国外救援是不会直接接触传染源的，个体在疫情暴发情景和控制情景中的支持程度没有显著差异（Peterson et al.，2017）。

个体在非传染情况下的亲社会行为表现能够归纳到以往的亲社会理论中。根据共情－利他假设，相比于显示出较少帮助需求的个体，同一移情水平的个体会对显示出较高帮助需要的个体展示出更高水平的亲社会行为。个体能够通过自我投射进行移情，即利用自己过去的经历，主动地将自我投射到他人所处的情境中进行间接模拟（岳童、黄希庭、刘光远，2018），并且即使在认知负载的情况下，高移情特质的个体比低移情特质的个体体验到更高强度的移情以及更强烈的内侧前额叶皮层反应，说明移情对高移情特质的个体而言更自动化（Rameson, Morelli, & Lieberman, 2011），这种能力促使个体做出亲社会行为。利他主义者在观察他人接受疼痛刺激和自身承受疼痛刺激时激活了相同的脑区前脑岛（Brethel-Haurwitz et al.，2018），并且个体观察他人遭遇社会排斥时会激活与心理化能力相关的脑区（背内侧前额叶皮层、额中回皮层以及楔前叶），并在之后的互动中有更多的亲社会行为表现（Masten, Morelli, & Eisenberger, 2011）。据此推测，在非传染的情况下，患有高致死疾病的个体比低致死疾病的个体透露出的帮助需求程度更高，个体面对高致死疾病患者应表现更高的移情水平。

基于此，我们提出以下假设：

假设1a：根据行为免疫系统理论，在传染的情况下，个体面临严重性高的对象时捐赠的金额会显著少于严重性低的对象。

假设 1b：基于共情-利他假设，在非传染的情况下，个体面临严重性高的对象时捐赠的金额会显著多于严重性低的对象。

（二）移情的中介作用

面对患病群体，个体可能表现两种相互矛盾的行为之一。一方面，个体通过观点采择、移情等识别到他人的帮助需求，于是产生帮助他人的亲社会动机；另一方面，个体会对患病群体携带的潜在传染风险感到厌恶，可能会产生规避风险的动机（Steinkopf, 2016）。为了厘清面对患病群体时个体的亲社会行为决策，有必要考察疾病风险感知对亲社会行为影响的心理机制，需要考虑移情的中介作用。根据感知行为模型的共情-利他假设（Buck, 2002；Preston & de Waal, 2002）可知，移情对亲社会行为起重要的中介作用，在非传染的情况下，假设与以往的研究并不冲突。在性别和年龄（Rosen, Brand, & Kalbe, 2016）、不同心理距离的条件下（Ein-Gar & Levontin, 2013），亲社会动机（Maner & Gailliot, 2007）与亲社会行为的关系中，移情都起着稳定的中介作用，故在此不再赘述。

在传染条件下，有研究支持个体若感知到外界现实威胁，很可能会诱发规避风险的心理机制，如厌恶情绪和低水平的状态移情等，从而引导个体远离风险源头。这种规避疾病风险的心理机制会影响个体的群际态度和表现出保守的倾向（Terrizzi, Shook, & McDaniel, 2013）。研究通过两个实验考察疾病感知与内外群体态度的关系（Navarrete & Fessler, 2006），实验1通过问卷测量，初步发现疾病易感性（Faulkner, Schaller, Park, & Duncan, 2004）与美国民族优越感呈正相关；为了进一步区分出内外群体的态度，实验2使用厌恶量表（Haidt, McCauley, & Rozin, 1994）测量疾病感知性，操作外国评论家对美国评价的材料，并且要求被试对该外国评论家进行人际交往评估，发现疾病感知与内群体吸引力呈正相关，与外群体态度呈负相关。个体对内外群体移情存在不同的加工机制，对内群体的移情水平高于外群体（Gutsell & Inzlicht, 2012；Mathur, Harada, Lipke, & Chiao, 2010），并且这种效应受到致死显著性的影响，研究者诱发被试的致死显著性感知（MS）或负面情绪（NA），随后向被试呈现本族和异族的疼痛表情以及中性表情，要求被试对图片对象的情绪进行判断。ERP和fMRI的结果显示，相比于NA条件，MS条件的被试在本族移情效应情况下的P3幅值显著大于异族移情效应；MS条件的被试在本族疼痛表情的情况下比异族条件下激活更强的前部和内侧扣带回皮层的反应。这些结果支持致死威胁提高了个体的内群体偏好（Li et al., 2015）。

基于此，我们提出如下假设：

> 假设2a：在传染的情况下，状态移情在疾病类型与亲社会行为的关系中起中介作用，并且疾病类型负向预测状态移情。
>
> 假设2b：在非传染的情况下，状态移情在疾病类型与亲社会行为的关系中起中介作用，并且疾病类型正向预测状态移情。

（三）信息加工方式的调节作用

除了关注亲社会行为对象的性质外，本研究还考虑到亲社会行为实施者的因素，采用不同的决策系统时，个体的亲社会行为表现可能存在差异。早期研究中基线忽略（Kahneman & Tversky, 1973）、合取谬误（Tversky & Kahneman, 1983）等效应和采用三段论的研究（Goel, Buchel, Frith, & Dolan, 2000）体现的是基于信念的信息对基于规则的信息的干扰，这些结果支持分析式系统的效用优于启发式系统的观点；但分析式系统并不总是优于启发式系统，研究者发现面临多个维度的租房或买车任务时，通过时间压力等方式诱发启发式系统所得到的决策效果反而比诱发分析式系统时更好（Dijksterhuis, 2004; Dijksterhuis, Bos, Nordgren, & van Baaren, 2006）。当然也有研究认为某些条件下启发式系统和分析式系统的效用没有差别（Tinghög et al., 2016）。

那么疾病类型对亲社会行为的影响在两种不同系统下是否存在差异？根据行为免疫系统理论，个体存在快速识别病菌威胁环境线索的心理机制，并且通过厌恶情绪促使个体规避相关风险源（Oaten, Stevenson, & Case, 2009；吴宝沛、张雷，2011）。相比于分析式系统，情绪主导的启发式系统可能更快速地加工疾病的传染性信息这种生命安全威胁的线索，从而触发更强烈的行为免疫机制来应对潜在风险。

基于此，我们提出以下假设：

> 假设3：相比于分析式系统，启发式系统下个体受情绪驱动，在一定程度上将增强疾病风险感知对后续亲社会行为的影响。

二 实验1：不同决策系统中疾病类型对群际亲社会行为的影响

（一）方法

1. 被试

广州某大学在校本科生以及研究生共33人，视力正常或矫正视力正常，身体健康，无明显病征。由于按键反应无法记录，删除2名被试，获得有效被试共31人，其中男生9人，女生22人，年龄为20.23±2.17岁。

2. 实验材料

首先由研究生导师和9名研究生形成材料评估小组，对疾病材料进行初步的选择，形成了20种预实验疾病材料。该材料包括从世界卫生组织（WHO）的官网上选取的5种受关注的常见传染疾病和5种受关注的非传染疾病，以及由于WHO主要关注的是致死率高的疾病，额外选择了10种常见非传染疾病。

熟悉性对疾病风险感知的判断准确性有重要影响，因此邀请另外22名大学生对20种疾病材料进行熟悉性评估。熟悉性采用7点评分，1表示非常不熟悉，7表示非常熟悉。排除熟悉性分数与4有显著差异的疾病材料，选取了高致死传染病（禽流感、肺结核、登革热）、高致死非传染病（如心脏病、白血病、中风）以及低致死非传染病（如阿尔茨海默病、帕金森病、自闭症）各3种。

3. 实验设计

采用3（疾病类型：高致死传染病、低致死非传染病、高致死非传染病）×2（决策速度：快速/慢速）的重复测量实验设计。其中因素一疾病类型本应是2（传染性：传染/不传染）×2（致死：高致死/低致死）4种不同的疾病类型，但是针对公共场合中低致死传染病而言，它虽然具有传染性但一般不会严重影响患者的日常生活，如感冒等，因此低致死传染病通常不成为慈善捐助对象，此类型的疾病被排除出本实验材料。因素二为决策速度，分为快速和慢速两种水平，通过时间压力来诱发个体采用不同的决策系统，快速条件诱发的是启发式系统，慢速条件则是分析式系统。本研究中，快速条件下，要求被试在决策阶段立刻决定该次独裁者游戏的分配金额；慢速条件下，告知被试获知目标对象信息的5s内不能进行决策判断，直到"请通过键盘数字反应"出现则提示可以进行反应。因变量为不同实验条件下独裁者游戏的金额分配。

4. 实验程序

实验过程中,被试需要与慈善捐助对象进行独裁者游戏,即每次决策中被试需要决定将总额(9元)的多少分配给该次目标对象(见图1)。首先,在屏幕中央会呈现不同疾病类型作为该次慈善捐助的目标对象,并且目标对象下方将呈现决策速度条件,共呈现2 s;在快速决策条件下,被试将直接进入决策阶段,在慢速决策条件下,被试在目标对象呈现开始的5s之后才将进入决策阶段;在决策阶段,被试需要在3s内通过数字键盘输入分配给目标对象的金额数(0~9元),分配的金额越高则体现其越强烈的亲社会行为。

图1 实验流程

正式实验阶段结束后,被试需要评估对各种类型疾病的移情程度,询问被试"请评估×××疾病患者多大程度上值得同情"(1=非常不值得,7=非常值得),得分越高说明被试将该疾病类型的患者感知为越值得同情,并且评估其感知到的主观致死程度,询问被试"请评估×××这种疾病的致死程度"(1=非常低,7=非常高),得分越高说明被试感知到的该疾病的致死程度越高,上述两个问题作为操作检验。

不同决策速度的条件分block进行,一半被试先接受快速决策条件,一半被试先接受慢速决策条件,共4个block。每个block中包括24个试次,其中,9个试次呈现关键的3种不同类型的疾病,并且为了避免被试过于频繁地面对相同的刺激,实验加入了不符合筛选标准的疾病类型作为填充试次,这些填充试次不纳入后续的统计分析中。

(二)实验1结果与分析

本实验结果分析分为三个部分。第一,先对不同类型疾病的致死程度评估进行分析,即对自变量操纵进行操作检验;第二,在此基础上再分析决策速度与疾病类型对亲社会行为的影响;第三,对不同类型疾病的移情程度进行分析后，进一步按照不同疾病类型分组检验状态移情在疾病类型和亲社会行为表现间的中介作用。

对不同类型疾病的致死程度评价进行单因素重复测量方差分析，结果发现，不同疾病类型主效应显著，$F(2, 60) = 36.71$，$p < 0.001$，$\eta_p^2 = 0.55$，个体对低致死非传染病（$M = 3.82$，$SE = 0.19$）致死程度的评价显著低于高致死非传染病（$M = 5.52$，$SE = 0.13$），$t(30) = 8.18$，$p < 0.001$，$d = 1.88$，以及高致死传染病（$M = 4.61$，$SE = 0.20$），$t(30) = 4.13$，$p < 0.001$，$d = 0.74$，说明疾病致死程度操纵有效；个体对高致死非传染病致死程度的评价显著高于高致死传染病，$t(30) = 4.65$，$p < 0.001$，$d = 0.94$。

对不同疾病类型与决策速度下的独裁者游戏分配金额进行重复测量方差分析，结果发现不同疾病类型的主效应显著，$F(2, 60) = 34.21$，$p < 0.001$，$\eta_p^2 = 0.53$，个体分配给低致死非传染病对象（$M = 7.13$，$SE = 0.24$）和高致死非传染病对象（$M = 7.21$，$SE = 0.28$）的金额没有显著差异，$t(30) = 0.39$，$p = 0.702$，$d = 0.06$，但低致死非传染病对象和高致死非传染病对象获得的捐助金额都显著高于高致死传染病对象（$M = 5.32$，$SE = 0.31$），$t(30) = 5.90$，$p < 0.001$，$d = 1.15$；$t(30) = 7.87$，$p < 0.001$，$d = 1.14$（见图2）。决策速度的主效应不显著，$F(1, 30) = 2.27$，$p = 0.142$，$\eta_p^2 = 0.07$；不同疾病类型与决策速度的交互作用不显著，$F(2, 60) = 0.14$，$p = 0.552$，$\eta_p^2 = 0.02$。该结果不支持启发式系统会增大个体对内外群体亲社会行为表现差异的假设。

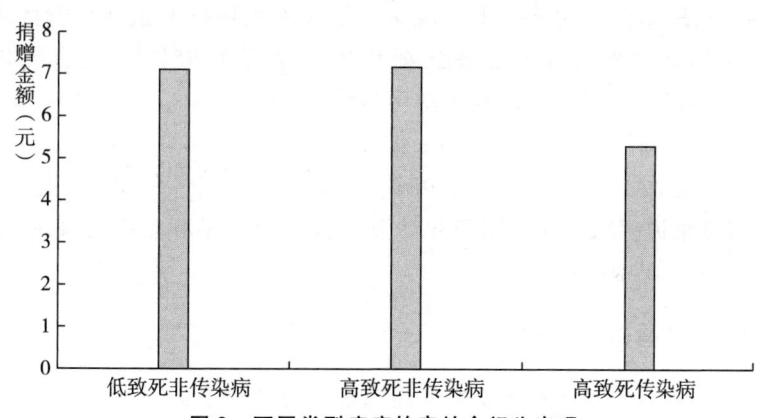

图2 不同类型疾病的亲社会行为表现

对不同类型疾病的移情程度评价进行单因素重复测量方差分析，结果发现，不同疾病类型主效应显著，$F(2, 60) = 10.72$，$p < 0.001$，$\eta_p^2 =$

0.26，个体对低致死非传染病（$M = 5.81$，$SE = 0.13$）的移情程度显著高于高致死非传染病（$M = 5.44$，$SE = 0.15$），$t(30) = 2.34$，$p = 0.026$，$d = 0.47$；对高致死非传染病的移情程度显著高于高致死传染病（$M = 5.09$，$SE = 0.19$），$t(30) = 2.31$，$p = 0.028$，$d = 0.36$；对低致死非传染病的移情程度显著高于高致死传染病，$t(30) = 4.59$，$p < 0.001$，$d = 0.77$。简而言之，相比于非传染病群体，个体对传染病群体的移情程度更低；在非传染病群体中，个体对低致死非传染病的移情程度高于高致死非传染病。致死程度是需要帮助程度的线索之一，致死程度越高，则移情程度越高，但该结果不符合共情－利他假设的预期。

由于移情程度评价结果不能排除移情对群际亲社会行为的影响，本实验进一步分析在不同疾病类型的情况下，状态移情在疾病类型与亲社会行为关系中的中介作用。本实验采用 Hayes 和 Preacher（2014）推荐的 Bootstrap 法进行中介效应分析，以疾病类型为自变量，需要虚拟编码为两个变量，以高致死非传染病为控制组，分别与高致死传染病（高致死非传染病 = 0，高致死传染病 = 1）、低致死非传染病（高致死非传染病 = 0，低致死非传染病 = 1）进行比较。捐款金额为因变量，状态移情为中介变量，自取样 5000 次，通过 Bias Corrected 方法校正偏差。结果发现，相比于高致死非传染病，低致死非传染病情况下 95% CI 为 [0.18，1.10]，区间不包含 0，说明中介效应显著（$a = 0.38$，$b = 0.87$，$a \times b = 0.33$）；但是直接效应 $c' = -0.25$，95% CI 为 [-0.95，0.45]，区间包含 0，并且总效应 $c = 0.08$，95% CI 为 [-0.71，0.87]，区间包含 0，这说明在高致死非传染病和低致死非传染病条件下，疾病类型并不直接影响亲社会行为决策。而相比于高致死非传染病，高致死传染病情况下 95% CI 为 [-0.90，0.06]，区间包含 0，说明中介效应不显著（$a = -0.36$，$b = 0.87$，$a \times b = -0.31$），而直接效应 $c' = -1.51$，95% CI 为 [-2.21，-0.81]，区间不包含 0，并且总效应 $c = -1.82$，95% CI 为 [-2.61，-1.03]，区间不包含 0，该结果说明状态移情不能在高致死传染病情况下在疾病风险感知与亲社会行为中起中介作用。

（三）实验 1 小讨论

本实验发现，在高致死非传染病和低致死非传染病条件下，疾病类型会对亲社会行为出现"遮掩"效应（温忠麟、叶宝娟，2014）：疾病类型不能单独影响亲社会行为，状态移情在疾病类型与亲社会行为中起中介作用。而在高致死传染病条件下，状态移情的中介效应并不显著。个体对高致死传染病患者的亲社会行为表现显著少于高致死非传染病患者，该结果符合行为免疫系统理论的预期，相比于非传染病，个体对传染病这种潜在的身体健康威胁必然会形成规避的心理机制。但状态移情并没有在其中起中介作用，该结果不支持假设 2a。这可能是传染性线索不够显著导致的。以往研究通常采用异常的视觉线索，如面孔上的皮疹（Petersen，2017）、细菌病毒、垃圾桶或者下水道等诱发厌恶的事物（Faulkner et al.，2004），或者异常的嗅觉信息（Olsson et al.，2014）等相对显著的疾病威胁信号，而本研究则只是通过疾病名称来体现传染威胁，可能导致被试对高致死传染病带来的身体健康威胁不够敏感，有必要选用敏感性更高的实验材料再次验证移情的中介作用。

实验 2 采用性传播疾病来探讨移情在疾病类型的传染性与亲社会行为中的中介作用。个体对性传播疾病的风险感知比一般传染病更敏感。前人研究发现个体对疾病风险的感知是直觉式的，Barth 等（2013）的 ERP 研究探讨这种直觉驱动的疾病风险感知是特异于 HIV 还是反映普遍的加工。研究发现，艾滋病条件下个体对低疾病风险的大脑反应显著强于高疾病风险条件，而在白血病条件下个体在不同风险程度下的大脑反应没有显著差异。这说明个体对性传播疾病的加工具有特异性，个体对性传播疾病的感知更敏感（Barth, Schmalzle, Renner, & Schupp, 2013）。

三 实验 2：性传播途径下疾病风险感知对群际亲社会行为的影响

（一）方法

1. 被试

广州某大学在校本科生以及研究生共 28 人，视力正常或矫正视力正常，身体健康，无明显病征。其中男生 8 人，女生 20 人，年龄为 20.14 ± 2.22 岁。

2. 实验材料

实验 2 保留了实验 1 中使用过的高致死非传染病和低致死非传染病的实验材料，并且按照实验 1 采用的方法筛选出熟悉的低致死性传播疾病（梅毒、淋病、性病）。实验 2 本应构成 4 种疾病类型，但熟悉的高致死性传播疾病为艾滋病，而性传播并不是艾滋病唯一的传播途径，因此仅选择了低致死非传染病、低致死性传播疾病以及高致死非传染病 3 种疾病类型。

3. 实验设计

采用单因素三水平（疾病类型：低致死性传播疾病、低致死非传染病、高致死非传染病）重复测量方差分析。实验流程基本与实验1一致。

（二）实验2结果

对不同类型疾病的致死程度评价进行单因素重复测量方差分析，结果发现，不同疾病类型主效应显著，$F(2, 54) = 34.79$，$p < 0.001$，$\eta_p^2 = 0.56$，个体对高致死非传染病（$M = 5.48$，$SE = 0.14$）的致死程度评价显著高于低致死性传播疾病（$M = 4.34$，$SE = 0.21$）以及低致死非传染病（$M = 3.40$，$SE = 0.17$），$t(27) = 7.57$，$p < 0.001$，$d = 1.86$；$t(27) = 3.25$，$p = 0.003$，$d = 0.54$，并且低致死性传播疾病的评分也显著高于低致死非传染病，$t(27) = 5.20$，$p < 0.001$，$d = 1.18$。结果发现致死率高的疾病被评估为致死程度更高，这表明致死程度操作有效。

对不同疾病类型与决策速度下的独裁者游戏分配金额进行重复测量方差分析，结果发现不同疾病类型的主效应显著，$F(2, 54) = 29.85$，$p < 0.001$，$\eta_p^2 = 0.53$，个体分配给低致死非传染病对象（$M = 6.93$，$SE = 0.24$）和高致死非传染病对象（$M = 7.05$，$SE = 0.30$）的金额没有显著差异，$t(27) = 0.51$，$p = 0.617$，$d = 0.09$，结果与实验1一致。此外，低致死性传播疾病患者获得的捐助金额（$M = 4.52$，$SE = 0.51$）显著少于低致死非传染病对象和高致死非传染病对象，$t(27) = 5.41$，$p < 0.001$，$d = 1.07$；$t(27) = 6.49$，$p < 0.001$，$d = 1.06$（见图3）。

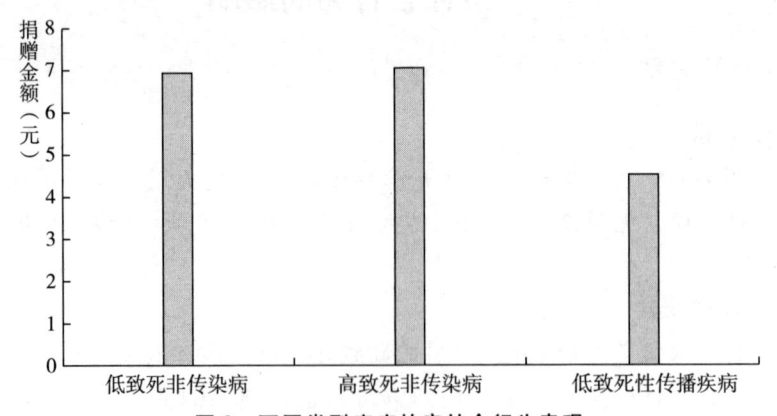

图3 不同类型疾病的亲社会行为表现

对不同类型疾病的移情程度评价进行单因素重复测量方差分析，结果发现，不同疾病类型的主效应显著，$F(2, 54) = 45.03$，$p < 0.001$，$\eta_p^2 = $

0.63，个体对高致死非传染病（$M=5.85$，$SE=0.12$）的移情程度显著高于低致死非传染病（$M=5.40$，$SE=0.16$），$t(27)=2.65$，$p=0.013$，$d=1.36$；对低致死非传染病的移情程度显著高于低致死性传播疾病（$M=3.54$，$SE=0.29$），$t(27)=6.01$，$p<0.001$，$d=1.51$；对高致死非传染病的移情程度显著高于低致死性传播疾病，$t(27)=8.32$，$p<0.001$，$d=1.85$。即便是低致死情况下，相比于非传染病群体，个体对传染病群体的移情程度更低；在非传染病群体中，个体对高致死非传染病的移情程度高于低致死非传染病，此时符合共情－利他假设的预期。

本实验依然采用 Bootstrap 法进行状态移情在疾病类型与亲社会行为关系中的中介效应分析，将疾病类型虚拟编码为两个变量，以低致死非传染病为控制组，分别与高致死非传染病（低致死非传染病 = 0，高致死非传染病 = 1）、低致死性传播疾病（低致死非传染病 = 0，低致死性传播疾病 = 1）进行比较。结果发现，相比于低致死非传染病，低致死性传播疾病情况下 95% CI 为 [-2.39，-0.58]，区间不包含 0，说明中介效应显著（$a=-1.89$，$b=0.73$，$a×b=-1.38$），而直接效应 $c'=-0.97$，95% CI 为 [-2.10，0.16]，区间包含 0，说明直接效应不显著，并且总效应 $c=-2.35$，95% CI 为 [-3.34，-1.36]，区间不包含 0，即在低致死情况下，状态移情在疾病感知中的传染性与亲社会行为表现中起中介作用。而相比于低致死非传染病，高致死非传染病情况下的 95% CI 为 [0.01，0.69]，区间不包含 0，说明中介效应显著（$a=0.38$，$b=0.73$，$a×b=0.27$），而直接效应 $c'=-0.20$，95% CI 为 [-1.12，0.73]，区间包含 0，说明直接效应不显著，并且总效应 $c=0.08$，95% CI 为 [-0.91，1.07]，区间包含 0，这说明在高致死非传染病和低致死非传染病条件下，疾病类型并不直接影响亲社会行为决策。

（三）实验 2 小讨论

以高致死传染病为控制组，高致死非传染病、低致死性传播疾病与亲社会行为之间都发现了状态移情的中介作用，并且两条中介路径的预测方向相反。

相比于高致死传染病，高致死非传染病情况下的中介效应为正：个体对高致死非传染病患者群体所感知到的移情水平更高，从而提高了亲社会行为表现。该结果与基于共情－利他假设的假设 2b 相符。虽然中介效应显著，但是疾病类型会对亲社会行为出现"遮掩"效应（温忠麟、叶宝娟，2014）：疾病类型不能单独影响亲社会行为，状态移情在疾病类型与亲社会行为中起中介作用。此时，需要讨论的是非传染病的情况下致死程度是如何不影响亲社会行为的。疾病类型对亲社会行为的直接效应（c'）为负，而状态移情的间接效应（$a \times b$）为正，两者符号相反，因此产生了"遮掩"效应，但低致死非传染病和高致死非传染病能够通过移情水平影响后续的亲社会行为。

而低致死性传播疾病情况下的中介效应为负：个体面对低致死性传播疾病患者的移情水平更低，从而导致更少的亲社会行为表现。性传播途径具有特异性，个体对其疾病风险感知更敏感（Barth et al., 2013; Renner, Schmalzle, & Schupp, 2012），相比于低致死非传染病，个体感知到性传播疾病带来的现实威胁更大。根据行为免疫系统理论，个体激活规避疾病风险的心理机制，对高风险的对象产生较低水平的移情，进而降低后续的亲社会行为。

四 总讨论

综合实验1和实验2的结果，在非传染病情况下，状态移情在疾病类型和亲社会行为中起中介作用，间接效应为正：感知到该患病群体的病况较严重则移情水平更高，表现出更多的亲社会行为。非传染病条件提供了安全的环境信息，患者很大程度上不会对个体的生命造成威胁，在此基础上，个体对遭遇痛苦的他人具有稳定的移情倾向（Jackson, Brunet, Meltzoff, & Decety, 2006; Singer, Critchley, & Preuschoff, 2009; Singer et al., 2004），疾病患者遭遇的痛苦越严重，个体的移情程度相应地越高，进而增加其后续的亲社会行为。在传染病情况下，状态移情在疾病类型和亲社会行为中起中介作用，间接效应为负：感知到该患病群体情况严重，移情水平反而降低，进而减少亲社会行为表现。该结果与行为免疫系统理论一致。

本研究仍存在一些不足：实验1中以高致死非传染病为对照，状态移情在高致死传染病情况下对亲社会行为的影响中没有显著的中介作用。这可能反映了实验中两个需要完善的问题。第一，虽然亲社会行为确实受到疾病类型的影响，但状态移情在其中确实不起中介作用，可能存在另外的中介变量。而根据行为免疫系统理论，出于规避疾病风险的目的，个体形成了对伤口、瘀血等产生厌恶情绪的机制（Oaten et al., 2009; Schaller & Park, 2011; Tybur, Lieberman, Kurzban, & DeScioli, 2013）。这启示厌恶可能在疾病风险感知与亲社会行为中起中介作用。患有传染病的个体可能会使健康个体患病，这与伤口、瘀血等类似，都是潜在风险源头，个体可能会产生厌恶情绪，规避患有传染病的群体。更重要的是，以厌恶情绪为中介，也有必要关注基于行为免疫系统理论和基于共情-利他假设下的两种不同方向的路径，个体对传染相关刺激的厌恶情绪和对非传染相关刺激的感受存在差异。Kupfer（2018）指出个体面对身体损伤相关刺激与面对病毒相关刺激所体验到的情绪并不是一致的，个体面对身体损伤刺激时会移情地模拟所观察到的损伤，这会产生不愉悦的间接体验，并且缺乏更具体的词汇去形容，因此个体将这种感受称为"厌恶"，但本质上并不是行为免疫系统理论所指的厌恶情绪。实验1就个体对身体损伤条目和病毒相关条目的厌恶程度评分进行因子分析，结果发现这并不是单因子结构；实验2还发现相比于传染相关刺激，身体损伤刺激与移情和替代性疼痛感的评分关系更紧密（Kupfer, 2018）。厌恶情绪具有不同的结构（Tybur et al., 2013），未来研究中若以厌恶情绪为中介变量，需要谨慎地选择相应的厌恶情绪条目去考察厌恶情绪在非传染病情况下的亲社会行为的中介作用。

第二，个体对高致死传染病材料的风险感知不够敏感，没有充分体现移情的中介作用。实验1中虽然状态移情在高致死传染病和高致死非传染病对亲社会行为的影响中不起中介作用，但是其间接效应为负，这与假设相符。因此，实验2选用了低致死性传播疾病作为材料，结果发现状态移情在低致死性传播疾病和低致死非传染病对亲社会行为的影响中起中介作用，并且间接效应为负。该结果与行为免疫系统理论的预期相符，即个体感知到性传播疾病带来的现实威胁，产生了规避风险的心理机制：诱发更低水平的移情，减少接触和帮助的动机。本研究中呈现疾病风险线索的方式是提供疾病名称，虽然本研究事先已对实验材料进行了评估，但是仍无法排除个体对同一疾病的理解可能会存在差异。因此，后续研究中可采用直接提供传染性和致死率等信息的方式去操纵疾病风险感知以重复本研究的结果，通过量化传染性和致死率的客观信息能够更好地分离出传染性和致死程度各自的作用。

同时，实验1中也没有发现启发式系统和分析式系统在亲社会行为决策上的效用差异。没有效用差异有两个潜在可能性。一是在亲社会行为决策领域中启发式系统和分析式系统本就不存在效用差异。以往发现启发式系统和分析式系统存在效用差异的文章采用的是基线忽略、合取谬误等范式，这些研究利用的是启发式系统和分析式系统冲突的情景，而亲社会行为决策中基于信念的信息与基于规则的信息没有冲突，因此这些结果不能直接迁移到亲社会行为决策当中。二是不同加工系统会影响亲社会行为表现，但在本研究情景中没有体现。启发式系统和分析式系统存在时间进程的假设，启发式系统先于分析式系统，启发式系统和分析式系统并不能够通过时间直接分离，分析式系统介入后启发式系统的作用仍然存在。因此，尽管时间压力是诱发启发式系统的经典操作，但仍然可能没有很好地反映两种系统效用的差异，后续研究可以考虑采用认知负载的操作进行探讨。

　　本研究仍未进一步剖析规避传染病的心理机制。一种潜在的可能性是健康个体采用类似于外群体的加工机制来对待患传染病的成员。疾病风险水平会影响个体的内外群体态度，研究发现随着感知到的疾病风险水平上升，个体会增加对外群体的负面态度和对内群体的偏好（Navarrete & Fessler，2006）。在此基础上，有研究发现健康外群体成员可能跟患病的内群体成员采用类似的心理表征（Petersen，2017）。但也有研究认为不同的威胁导致的是不同的态度，这是两种不同的加工机制。以来自欧洲的美国大学生为被试，研究者发现他们对来自墨西哥的美国人与同性恋群体都具有同等的负向偏见，但是对墨西哥 - 美国大学生群体的恐惧评分更高，而对同性恋群体的厌恶评分更高。墨西哥 - 美国大学生群体带来的是身体安全的威胁，而同性恋群体带来的是身体健康方面的威胁（Cottrell & Neuberg，2005）。因此，规避传染病风险的心理机制是否与加工外群体的机制类似是存在争议的，并且非常有价值。若患传染疾病的特征能够促使个体采用类似外群体的心理表征，则说明内外群体划分的界限不仅仅局限于种族（Gutsell & Inzlicht，2012）、政治党派（Gaertner et al.，1999）和地区（Hopkins et al.，2007）等稳定的特征，患传染病这种可变的特征也可能成为内外群体心理标准的线索。这种可能性需要进一步研究去验证。

参考文献

陈世平、揭满、王晓庄，2017，《术语和俗语对疾病风险认知的影响》，《心理科学》第 5 期，第 1260 ~ 1265 页。

温忠麟、叶宝娟，2014，《中介效应分析：方法和模型发展》，《心理科学进展》第 5 期，第 731 ~ 745 页。

吴宝沛、张雷，2011，《疾病的心理防御：人类如何应对病菌威胁》，《心理科学进展》第 3 期，第 410 ~ 419 页。

岳童、黄希庭、刘光远，2018，《催产素对共情反应的影响及其作用机制》，《心理科学进展》第 3 期, 第 442 ~ 453 页。

Barth, A., Schmalzle, R., Renner, B., & Schupp, H. T. (2013). Neural correlates of risk perception: HIV vs. leukemia. *Frontiers in Behavioral Neuroscience*, 7, 166.

Brethel-Haurwitz, K. M., Cardinale, E. M., Vekaria, K. M., Robertson, E. L., Walitt, B., VanMeter, J. W., & Marsh, A. A. (2018). Extraordinary altruists exhibit enhanced self-other overlap in neural responses to distress. *Psychological Science*, 29, 1631 – 1641.

Buck, R. (2002). The genetics and biology of true love: Prosocial biological affects and the left hemisphere. *Psychological Review*, 109, 739 – 744.

Carlson, R. W., Aknin, L. B., & Liotti, M. (2016). When is giving an impulse? An ERP investigation of intuitive prosocial behavior. *Social Cognitive and Affective Neuroscience*, 11, 1121 – 1129.

Cottrell, C. A., & Neuberg, S. L. (2005). Different emotional reactions to different groups: A sociofunctional threat-based approach to "prejudice". *Journal of Personality and Social Psychology*, 88, 770 – 789.

Dijksterhuis, A. (2004). Think different: The merits of unconscious thought in preference development and decision making. *Journal of Personality and Social Psychology*, 87, 586 – 598.

Dijksterhuis, A., Bos, M. W., Nordgren, L. F., & van Baaren, R. B. (2006). On making the right choice: The deliberation-without-attention effect. *Science*, 311, 1005 – 1007. doi: 10. 1126/science. 1121629.

Duncan, L. A., & Schaller, M. (2009). Prejudicial attitudes toward older adults may be exaggerated when people feel vulnerable to infectious disease: Evidence and implications. *Analyses of Social Issues and Public Policy*, 9, 97 – 115.

Ein-Gar, D., & Levontin, L. (2013). Giving from a distance: Putting the charitable organization at the center of the donation appeal. *Journal of Consumer Psychology*, 23, 197 – 211.

Faulkner, J., Schaller, M., Park, J. H., & Duncan, L. A. (2004). Evolved disease-avoidance mechanisms and contemporary xenophobic attitudes. *Group Processes & Intergroup Relations*, 7, 333 – 353.

Gaertner, S. L., Dovidio, J. F., Rust, M. C., Nier, J. A., Banker, B. S., Ward, C. M., Mottola, G. R., & Houlette, M. (1999). Reducing intergroup bias: Elements of intergroup cooperation. *Journal of Personality and Social Psychology*, 76, 388 – 402.

Goel, V., Buchel, C., Frith, C., & Dolan, R. J. (2000). Dissociation of mechanisms underlying syllogistic reasoning. *NeuroImage*, 12, 504 – 514.

Gutsell, J. N., & Inzlicht, M. (2012). Intergroup differences in the sharing of emotive states: Neural evidence of an empathy gap. *Social Cognitive and Affective Neuroscience*, 7, 596 – 603.

Haidt, J., McCauley, C., & Rozin, P. (1994). Individual differences in sensitivity to disgust: A scale sampling seven domains of disgust elicitors. *Personality and Individual Differences*, 16, 701 – 713.

Hayes, A. F., & Preacher, K. J. (2014). Statistical mediation analysis with a multicategorical independent variable. *British Journal of Mathematical and Statistical Psychology*, 67, 451–470.

Hopkins, N., Reicher, S., Harrison, K., Cassidy, C., Bull, R., & Levine, M. (2007). Helping to improve the group stereotype: On the strategic dimension of prosocial behavior. *Personality and Social Psychology Bulletin*, 33, 776–788.

Jackson, P. L., Brunet, E., Meltzoff, A. N., & Decety, J. (2006). Empathy examined through the neural mechanisms involved in imagining how I feel versus how you feel pain. *Neuropsychologia*, 44, 752–761.

Kahneman, D., & Tversky, A. (1973). On the psychology of prediction. *Psychological Review*, 80, 237–251.

Kupfer, T. R. (2018). Why are injuries disgusting? Comparing pathogen avoidance and empathy accounts. *Emotion*, 18, 959–970.

Li, X., Liu, Y., Luo, S., Wu, B., Wu, X., & Han, S. (2015). Mortality salience enhances racial in-group bias in empathic neural responses to others' suffering. *Neuroimage*, 118, 376–385.

Maner, J. K., & Gailliot, M. T. (2007). Altruism and egoism: Prosocial motivations for helping depend on relationship context. *European Journal of Social Psychology*, 37, 347–358.

Masten, C. L., Morelli, S. A., & Eisenberger, N. I. (2011). An fMRI investigation of empathy for "social pain" and subsequent prosocial behavior. *Neuroimage*, 55, 381–388.

Mathur, V. A., Harada, T., Lipke, T., & Chiao, J. Y. (2010). Neural basis of extraordinary empathy and altruistic motivation. *Neuroimage*, 51, 1468–1475.

Meyer, M. L., Masten, C. L., Ma, Y., Wang, C., Shi, Z., Eisenberger, N. I., & Han, S. (2013). Empathy for the social suffering of friends and strangers recruits distinct patterns of brain activation. *Social Cognitive and Affective Neuroscience*, 8, 446–454.

Mifune, N., Hashimoto, H., & Yamagishi, T. (2010). Altruism toward in-group members as a reputation mechanism. *Evolution and Human Behavior*, 31, 109–117.

Miller, S. L., & Maner, J. K. (2012). Overperceiving disease cues: The basic cognition of the behavioral immune system. *Journal of Personality and Social Psychology*, 102, 1198–1213.

Navarrete, C. D., & Fessler, D. M. T. (2006). Disease avoidance and ethnocentrism: The effects of disease vulnerability and disgust sensitivity on intergroup attitudes. *Evolution and Human Behavior*, 27, 270–282.

Oaten, M., Stevenson, R. J., & Case, T. I. (2009). Disgust as a disease-avoidance mechanism. *Psychological Bulletin*, 135, 303–321.

Olsson, M. J., Lundstrom, J. N., Kimball, B. A., Gordon, A. R., Karshikoff, B., Hosseini, N., ..., & Lekander, M. (2014). The scent of disease: Human body odor contains an early chemosensory cue of sickness. *Psychological Science*, 25, 817–823.

Park, J. H., Schaller, M., & Crandall, C. S. (2007). Pathogen-avoidance mechanisms and the stigmatization of obese people. *Evolution and Human Behavior*, 28, 410–414.

Petersen, M. B. (2017). Healthy out-group members are represented psychologically as infected in-group members. *Psychological Science*, 28, 1857–1863.

Peterson, J. C., Gonzalez, F. J., & Schneider, S. P. (2017). Effects of disease salience and xenophobia on support for humanitarian aid. *Politics and the Life Sciences*, 36, 17–36.

Preston, S. D., & de Waal, F. B. M. (2002). Empathy: Its ultimate and proximate bases. *Behavioral and Brain Sciences*, 25, 1–72.

Rameson, L. T., Morelli, S. A., & Lieberman, M. D. (2011). The neural correlates of empathy: Experience, automaticity, and prosocial behavior. *Journal of Cognitive Neuroscience*, 24, 235–245.

Renner, B., Schmalzle, R., & Schupp, H. T. (2012). First impressions of HIV risk: It takes only milliseconds to scan a stranger. *PLOS ONE*, 7, e30460.

Rosen, J. B., Brand, M., & Kalbe, E. (2016). Empathy mediates the effects of age and sex on altruistic moral decision making. *Frontiers in Behavioral Neuroscience*, 10, 67.

Schaller, M., & Park, J. H. (2011). The behavioral immune system (and why it matters). *Current Directions in Psychological Science*, 20, 99–103.

Singer, T., Critchley, H. D., & Preuschoff, K. (2009). A common role of insula in feelings, empathy and uncertainty. *Trends in Cognitive Science*, 13, 334–340.

Singer, T., Seymour, B., O'Doherty, J., Kaube, H., Dolan, R. J., & Frith, C. D. (2004). Empathy for pain involves the affective but not sensory components of pain. *Science*, 303, 1157–1162.

Steinkopf, L. (2016). Disgust, empathy, and care of the sick: An evolutionary perspective. *Evolutionary Psychological Science*, 3, 149–158.

Terrizzi, J. A., Shook, N. J., & McDaniel, M. A. (2013). The behavioral immune system and social conservatism: A meta-analysis. *Evolution and Human Behavior*, 34, 99–108.

Tinghög, G., Anderson, D., Bonn, C., Johansson, M., Kirchler, M., Koppel, L., & Västfjäll, D. (2016). Intuition and moral decision-making—The effect of time pressure and cognitive load on moral judgment and altruistic behavior. *PLOS ONE*, 11, e0164012.

Tversky, A., & Kahneman, D. (1983). External versus intuitive reasoning: The conjunction fallacy in probability judgment. *Psychological Review*, 90, 293–315.

Tybur, J. M., Lieberman, D., Kurzban, R., & DeScioli, P. (2013). Disgust: Evolved function and structure. *Psychological Review*, 120, 65–84.

Zarolia, P., Weisbuch, M., & McRae, K. (2016). Influence of indirect information on interpersonal trust despite direct information. *Journal of Personality and Social Psychology*, 112, 39–57.

少数人群体精神需求的满足促进对多数人群体的积极态度

王 锦 寇 彧[*]

摘 要：根据内群体投射模型理论，认为内群体比其他群体更能代表上位群体的程度即相对内群体原型（Relative Ingroup Prototypicality，RIP）。RIP 受到群体规模的影响，当少数人群体认为多数人群体比自身群体更能代表上位群体（例如中国人）时，就会表现出外群体投射（outgroup projection）和较低的 RIP。以往研究发现，少数人群体较低的外群体投射（较高的 RIP）可促进其对多数人群体的积极态度。本研究要探索少数人群体内群体需求的满足程度是否可以降低外群体投射，促进其对多数人群体的积极态度。以有独特文化的少数人群体为被试（$N=118$），通过图片分类任务操纵他们的内群体需求（精神需求组/物质需求组/控制组），探讨其对外群体投射和对多数人群体态度的影响。实验结果表明，少数人群体内群体需求的满足程度能够降低外群体投射，并促进其对多数人群体的积极态度。少数人群体精神需求的满足比物质需求的满足更能降低外群体投射，促进其对多数人群体的积极态度。

关键词：内群体需求 外群体投射 相对内群体原型 群际态度

---

[*] 王锦，教育部人文社会科学重点研究基地天津师范大学心理与行为研究院、国民心理健康评估与促进协同创新中心讲师、硕士生导师；寇彧，北京师范大学心理学部教授，博士生导师，通信作者，E-mail：yu_kou1@163.com。

一 引言

在多元文化社会中，不同文化群体之间会不可避免地相互接触。人们会根据自身的特点，如性别、民族、宗教信仰、职业等将接触到的人进行"分类"，将与自身特点相似的人归为"我们"这一类，将与自身特点不同的人归为"他们"那一类。例如，当多数人群体与少数人群体接触时，就会认为多数人群体是一类，少数人群体是另一类。这种"我们"或"内群体"、"他们"或"外群体"的类别化过程是影响群际冲突的心理基础（Tajfel & Turner, 1979）。尽管根据共同内群体认同模型（Common Ingroup Identity Model），即更具包含性的上位类别会带来子群体之间的积极态度（例如，人们如果认为少数人群体与多数人群体都是中国人，利益与共，荣辱与共的话，两类群体就会对彼此的态度更加积极）。但是，上位类别也会提供典型成员的普遍参考标准（a common reference frame）（Kessler & Mummendey, 2009），即典型的中国人所具备的特征。不同的子群体会在这个参考标准上进行相互比较，判断谁更能代表这个上位群体。

这种子群体之间的相互比较可能会影响群际关系。例如，对于少数人群体来说，较小的群体规模使他们觉得自身群体对上位群体的代表性没有多数人群体强，发生"外群体投射"（outgroup projection），即认为外群体（多数人群体）比自身群体更能代表上位群体。例如，IT业的女工程师，在IT业中属于少数人群体，她们也不得不认为男工程师更能代表IT业工程师（上位群体），发生"外群体投射"。但是，少数人群体自身的特性又使他们渴望在上位群体中体现自身群体的特点，从而获得积极的社会认同。根据内群体投射模型理论（Ingroup Projection Model）（Mummendey & Wenzel, 1999），内群体比其他群体更能代表上位群体的程度即相对内群体原型（Relative Ingroup Prototypicality, RIP）。同时，RIP也可以作为外群体投射的指标，即RIP越高，外群体投射越低。研究发现，少数人群体较低的外群体投射（较高的RIP）能促进其对多数人群体的积极态度（Wang, Wang, & Kou, 2018）。那么如何降低少数人群体的外群体投射，进而促进其对多数人群体的积极态度呢？内群体需求的满足是否可以降低少数人群体的外群体投射，提高对多数人群体的积极态度？精神需求和物质需求的满足在降低少数人群体的外群体投射，以及提高对多数人群体的积极态度方面是否具有同等的效果？这是本研究主要探讨的问题。

（一）少数人群体的群体投射特点

社会现实制约了少数人群体的内群体投射，少数人群体的群体规模相对较小，群体地位相对较低，因此不能违背社会现实而宣称内群体更能代表上位群体，否则就会有荒谬之感（Wenzel et al.，2007）。因此，少数人群体可能会表现出较低的相对内群体原型（RIP）和发生"外群体投射"。例如，在1990年两德统一之后，东德人认为西德人更能代表德国人（Waldzus et al.，2004）。甚至在内隐层面，美国黑人也认为美国白人更能代表美国人，即"美国人 = 美国白人"（Devos & Banaji，2005）。但是，Ng Tseung-Wong 和 Verkuyten（2010）针对毛里求斯人的研究发现，Creoles 人（毛里求斯人中的少数人群体）会表现出较高的相对内群体原型，这是因为毛里求斯人普遍使用的语言大部分根植于 Creoles 人的民族语言。这个研究提示我们，少数人群体的文化在上位群体中的原型程度可能会影响少数人群体的RIP，这种影响甚至可能会突破群体规模的限制，而使少数人群体有机会表现出较高的RIP。因此，文化所表征的内容可能会以一种内群体"精神需求"的方式来呈现，内群体精神需求的满足可能会提高少数人群体的RIP。

此外，有研究表明，少数人群体的上位认同要显著低于内群体认同（Elkins & Sides，2007；Staerklé, Sidanius, Green, & Molina，2010）。特别是有宗教信仰的群体，宗教认同是在10种社会认同（例如，社会阶层）中最为凸显的（Freeman，2003）。因此，少数人群体的上位认同越低，可能反映了少数人群体在上位群体中的代表性越低，外群体投射可能会越显著。因此，上位认同会影响少数人群体的外群体投射和RIP。

（二）少数人群体的群体投射影响其对外群体的态度

Sindic 和 Reicher（2008）发现，苏格兰被试较低的 RIP 和外群体投射与消极的群际关系有关。与多数人群体不同，对于有独特文化的少数人群体，较低的 RIP 和外群体投射会导致对外群体的消极态度（Wang et al.，2018）。因为较低的 RIP 意味着上位群体更多地体现了多数人群体的特征，较低的 RIP 和外群体投射可能阻碍了少数人群体从上位群体中获得积极的内群体认同，增加了群际威胁（Hornsey & Hogg，1999；Leonardelli, Pickett, & Brewer，2010；Reicher，2004；Sindic & Reicher，2009；Wohl et al.，2011）。

反之，少数人群体较高的 RIP 和较低的外群体投射则会促进对外群体的积极态度（Wang et al.，2018）。较高的 RIP 可能意味着少数人群体较强的原型程度，与多数人群体拥有同样的机会或同等的地位。换句话说，少数人群体就能够从上位群体中获得积极的认同。的确，少数人群体关注的问题是，他们能否被上位群体和多数人群体所接纳和尊重（Bergsieker, Shelton, & Richeson, 2010; Van Oudenhoven, Prins, & Buunk, 1998）。例如，IT业的女工程师，医护职业中的男护士，幼儿园保育工作中的男老师，由于与传统性别角色不同，他们在各自群体中都属于少数人群体。但是他们都希望在工作和个人发展中与占主流的多数人群体拥有同等的机会，受到同等的重视。Ufkes 等（2012）的研究发现，少数人群体只有感知到较高的内群体原型时，他们的上位认同才会促进对多数人群体的积极态度。Waldzus 等（2005）的研究发现，上位类别的复杂表征能够促进多数人群体对外群体的积极态度，可能也有助于形成多数人群体和少数人群体的平等地位，从而促进积极的群际关系。较高的内群体原型和上位类别的复杂表征可能都会降低外群体投射，从而带来对外群体的积极态度。

因此，降低少数人群体的外群体投射能够提高对外群体的积极态度，那么如何降低少数人群体的外群体投射，促进其对外群体的积极态度？这是群体投射理论极少关注的问题。为此，我们从内群体需求的角度，尝试探讨其是否可以作为干预方式从而降低少数人群体的外群体投射，提高其对外群体的积极态度。

（三）内群体需求的满足对外群体投射和对外群体态度的作用

根据前面的论述，可以推论少数人群体的外群体投射会导致其对外群体的消极态度。原因可能与外群体投射的工具性动机有关（the instrumental motivation of outgroup projection）（Sindic & Reicher, 2008），即外群体投射可能会成为一种宣称内群体需求没有得到重视和很好满足的手段或方式。而获得内群体积极的社会认同，以及与多数人群体一样拥有平等的社会地位可能都与少数人群体的内群体需求有关。当少数人群体的内群体需求没有得到充分满足的时候，他们就可能会有意地宣称这个群体代表着外群体（多数人群体）的利益，从而发生外群体投射。Huynh、Devos 和 Altman（2015）研究发现，当亚裔美国人和拉丁裔美国人（两者均为美国的少数人群体）在强调他们值得获得和所有美国人一样的权利时，他们就会表现出外群体投射。另外，外群体投射可能会引发群际威胁（Riek et al., 2006）。而 Effron 和 Knowles（2015）认为，只有当一个群体的行为损害了另一个群体的集体利益（collective interests）时，例如，损害另一个群体获得福祉和实现目标的需求，这个行为才构成群际威胁。获得积极的社会认同是每个群体渴望实现的目标，拥有与其他群体平等的社会地位也涉及内群体的福祉。因此，内群体需求受损可能会引发群际威胁，导致外群体投射。

已有研究仅指出，少数人群体的内群体需求与外群体投射有关。但是，并没有具体区分不同性质的内群体需求对外群体投射和对外群体态度的作用。例如，积极的社会认同可能更多与内群体的精神需求有关，而获得平等的社会地位则不仅关系到内群体的文化价值和民主需求是否在上位群体中得到重视，也关系到内群体的经济需求是否在上位群体中得到满足，即这些需求可能既与内群体的精神需求有关，也与内群体的物质需求有关。为此，本研究将争取内群体需求作为少数人群体发生外群体投射的工具性动机，将内群体需求分为物质需求和精神需求，探讨不同类型的内群体需求满足程度对外群体投射和对外群体态度的作用。

本研究界定，内群体的物质需求与内群体的物质和经济收益相关，是内群体发展的基础。内群体的精神需求与内群体的文化和价值相关，是内群体积极独特性的主要体现。因此，内群体需求受损不同于现实威胁，因为现实威胁将群体利益的受损限定在物质或经济层面（Jackson，1993）。但是内群体需求受损也会与独特性威胁和象征威胁有关（Riek et al.，2006），独特性威胁和象征威胁可能都危及了内群体的精神需求。英国的少数人群体——苏格兰人，当他们特有的生活方式和文化习俗在英国没有得到体现和满足时，他们就会表现出对英格兰人（英国的多数人群体）的消极态度（McClure，1988；Sindic & Reicher，2009）。因此，精神需求的满足可能会让少数人群体感到更被上位群体所接纳和重视，更能与多数人群体一样代表上位群体（降低少数人群体的外群体投射）。我们假设，对于有独特文化的少数人群体，内群体精神需求的满足可能比物质需求的满足更能降低外群体投射，更能促进对外群体的积极态度。

内群体需求与内群体认同有关（Sonnenberg，2003），内群体认同指群体成员对内群体的肯定和依附程度。以往群际关系的研究表明，内群体认同高的个体对有利于内群体的因素更为敏感，同时也对不利于内群体的因素更为敏感。例如，内群体认同越高，感受到的群际冲突越强烈（Riketta，2005），也越容易受到独特性威胁的影响（Jetten，Spears，& Manstead，2001）。Bizman 和 Yinon（2001）在有关以色列人对俄罗斯新移民的态度研究中也发现，对于高内群体认同的被试，群际威胁更能预测对外来移民的偏见。因此，内群体认同很强的少数人群体成员，可能会对内群体的利益是否在上位群体中得到了很好体现非常关注。本研究假设，内群体认同高的少数人群体成员,当感知到内群体需求得到满足时,会显著降低外群体投射,提高对外群体的积极态度。

(四) 研究目的与研究假设

本研究探讨的关键问题是,如何通过不同性质的内群体需求的满足来降低少数人群体的外群体投射。本研究假设:(1) 少数人群体内群体需求的满足能够降低外群体投射,进而促进对外群体的积极态度;(2) 少数人群体精神需求的满足比物质需求的满足更能降低外群体投射,促进对外群体的积极态度;(3) 内群体认同在内群体需求影响外群体投射的过程中起到调节作用。当少数人群体的内群体认同较高时,内群体需求的满足才能显著降低外群体投射。

二　方法

本研究通过图片启动的实验方法操纵内群体需求为物质需求组、精神需求组和控制组,检验内群体需求满足对外群体投射和对外群体态度的作用。

(一) 被试

118 名来自西南地区某省的大学生参加了实验,其中 78 名女性,40 名男性,平均年龄为 21.15 岁 (SD = 1.18)。被试均未参加过类似研究。所有被试都属于少数人群体,在全国总人口中所占比例不足 1%,且有自己独特的宗教信仰。

(二) 研究过程

实验开始前,告诉被试我们正在调查大学生对一些社会问题的看法,之后测量了被试的内群体认同、上位群体认同和社会赞许性。然后,将被试随机分到 3 种内群体需求条件下:物质需求组(N = 40)、精神需求组(N = 39) 和控制组 (N = 39)。内群体需求满足程度的操纵方法是让被试完成图片归类任务。之后进行对物质需求和精神需求感知程度的操纵检验,并测量对外群体的态度,即对多数人群体的态度(多数人群体在全国总人口中所占比例超过 90%,且以儒释道传统为主,没有特定的宗教信仰)。当被试完成实验之后,询问被试本次实验的目的是什么,结果表明没有被试猜到实验的真正目的。在实验结束之后向被试解释实验目的和实验过程,表达感谢,并付 15 元被试费。

1. 操纵内群体需求

将被试随机分配到 3 种实验条件下，分别为物质需求组、精神需求组和控制组。要求被试完成图片归类任务。具体为每组有 12 张图片，图片分属 4 个类别，每个类别有 3 张图片。告诉被试校刊要出版一期关于少数人群体发展现状的专栏，让被试将图片（编号）归类在最能体现该图片所反映内容的类别下。物质需求组和精神需求组的图片反映的是新中国成立以来少数人群体取得的成就，控制组的图片是自然景物。物质需求组图片包括的 4 个类别为"交通发展"、"农工业发展"、"新能源发展"和"生活水平提高"；精神需求组图片包括的 4 个类别为"民主政治发展"、"教育发展"、"传统文化保护与发展"和"传统娱乐活动发展"；控制组图片包括的 4 个类别为"天空"、"树木"、"花"和"地貌"。

2. 测量

操纵检验。操纵检验题目包括物质需求感知和精神需求感知。物质需求感知包括 2 个题目："我感到我们群体的生活水平有很大提高"，"我感到我们群体居住的地方越来越发达"。内部一致性信度较好，Cronbach's α = 0.90。精神需求感知包括 3 个题目："我感到我们群体的语言文化得到了很好的传承"，"我感到我们群体的风俗习惯受到了尊重"，"我感到我们群体的特有文化受到了保护"。内部一致性信度较好，Cronbach's α = 0.87。采用 7 点评分，从"1 = 非常不符合"到"7 = 非常符合"，分数越高代表感知到的物质需求和精神需求的满足程度越高。

外群体投射。我们采用 2 个题目直接测量群体原型，多数人群体原型的题目是"多数人群体很能代表中国人"，少数人群体原型的题目是"少数人群体很能代表中国人"。外群体投射 = 外群体原型/内群体原型，如果外群体投射显著大于 1，则外群体投射显著。采用 7 点评分，从"1 = 非常不符合"到"7 = 非常符合"，分数越高代表群体原型越高。

对外群体的态度。在本研究中，对外群体的态度就是对多数人群体的态度。采用 Waldzus 等（2003）编制的测量对外群体态度的 11 个题目。分为 4 个子量表：对外群体喜好程度（例如，"我喜欢多数人群体的精神品质"）、交往意愿（例如，"我认为和多数人群体交往是很重要的"）、对外群体积极行为的倾向（例如，"如果我的经济条件允许，我会为增进少数人群体和多数人群体的友谊捐钱给社会"）和对内外群体差异的容忍程度（例如，"我能够很容易地接受多数人群体与我们不同的地方"）。在本研究中，主成分因子分析显示所有题目可以归属为一个因子结构（特征根为 5.05），能够解释 45.92% 的变异，并且所有题目的因子载荷都高于 0.47。因此，我们采用所有题目的平均值作为对外群体态度的测量指标，问卷的内部一致性信度较好，Cronbach's $\alpha = 0.83$。分数越高代表对外群体的态度越积极。

内群体认同和上位群体认同。我们采用 Bianchi 等人编制的群体认同问卷（Bianchi, Mummendey, Steffens, & Yzerbyt, 2010）测量被试对内群体和上位群体的认同。对内群体认同和上位群体认同的测量题目的内容是相同的，只是针对的群体不同，例如，对于少数人群体被试，内群体认同的题目是"我觉得自己是典型的少数人群体"。而上位群体认同的题目是"我觉得自己是典型的中国人"。在本研究中，内群体认同问卷的内部一致性信度（Cronbach's $\alpha = 0.75$）和上位群体认同问卷的内部一致性信度（Cronbach's $\alpha = 0.94$）较好。

社会赞许性量表（SDR）。我们采用 Schuessl 等人编制的对态度和意见的期望性应答量表（Response Desirably on Attitudes and Opinions）（Schuessler, Hittle, & Cardascia, 1978）测量社会赞许性。量表共有 16 个题目，例如，"我发现自己可以用很多方式来帮助他人"。在本研究中，量表的内部一致性信度尚可，Cronbach's $\alpha = 0.56$。

对外群体的态度、内群体认同、上位群体认同、社会赞许性量表都采用 7 点评分，从"1 = 非常不符合"到"7 = 非常符合"。

三　结果

（一）操纵检验

在控制内群体认同、上位群体认同和社会赞许性之后，方差分析的结果表明，精神需求组的精神需求感知（$M = 4.61$, $SD = 1.23$）显著高于控制组（$M = 3.90$, $SD = 1.18$），$F(1, 73) = 4.72$, $p = 0.03$, $\eta_p^2 = 0.06$。而物质需求组的物质需求感知（$M = 4.76$, $SD = 1.33$）显著高于控制组（$M = 4.15$, $SD = 1.21$），$F(1, 74) = 7.75$, $p = 0.01$, $\eta_p^2 = 0.10$。我们对于内群体需求满足程度的操纵是有效的。

（二）内群体需求的满足程度对外群体投射的作用

在控制内群体认同、上位群体认同和社会赞许性之后，方差分析的结果表明，内群体需求的主效应显著，$F(2, 112) = 6.37$, $p = 0.002$, $\eta_p^2 = 0.10$。事后比较（Post Hoc）表明，精神需求组（$M = 1.18$, $SD = 0.55$）的外群体投射显著低于控制组（$M = 2.04$, $SD = 1.42$），$p < 0.001$；

物质需求组（$M=1.60$，$SD=1.00$）的外群体投射边缘显著低于控制组，$p=0.06$。而且，精神需求组的外群体投射边缘显著低于物质需求组，$F(1,72)=3.31$，$p=0.07$。进一步对外群体投射与1的差异进行检验，结果表明，精神需求组的外群体投射与1的差异边缘显著，$t(38)=2.01$，$p=0.07$，说明精神需求组没有发生显著的外群体投射。但是物质需求组和控制组的外群体投射都显著大于1，$t(39)=3.78$，$p=0.001$；$t(38)=4.58$，$p<0.001$。这说明两组都发生了显著的外群体投射（见图1）。

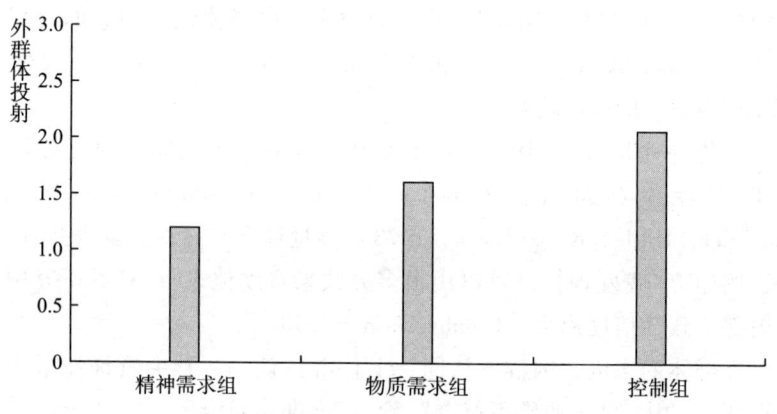

图1 内群体需求对外群体投射的作用

同时，我们也假设内群体认同在内群体需求影响外群体投射的过程中起到调节作用。我们用回归分析检验这个假设，首先我们将内群体需求进行编码，控制组编码为-1，物质需求组编码为0，精神需求组编码为1，之后将内群体需求、内群体认同、上位群体认同和社会赞许性进行标准化（Z分数）。然后使用层次回归检验假设，第一层纳入控制变量"上位群体认同"和"社会赞许性"，第二层纳入自变量"内群体需求"和调节变量"内群体认同"，第三层纳入交互作用项"内群体需求×内群体认同"。因变量为"外群体投射"。结果表明，内群体需求的主效应显著，$\beta=-0.31$，$t(113)=-3.43$，$p=0.001$；内群体认同的主效应边缘显著，$\beta=0.16$，$t(113)=1.77$，$p=0.08$。与预期一致的是内群体需求与内群体认同的交互作用边缘显著，$\beta=-0.27$，$t(112)=-1.99$，$p=0.05$（见表1）。

进一步的简单斜率分析（Simple Slopes Analyses）（Aiken & West，1991）表明，对于高内群体认同者（+1 SD），内群体需求负向预测外群体投射，$\beta=-0.55$，$t(112)=-3.89$，$p<0.001$；而对于低内群体认同者（-1 SD），内群体需求对外群体投射的负向预测作用不显著，$\beta=-0.02$，$t(112)=-1.15$，$p>0.05$。

表 1　检验调节模型的回归分析结果

变量	模型 1 β	模型 1 t	模型 2 β	模型 2 t	模型 3 β	模型 3 t
上位群体认同	-0.41	-4.25***	-0.38	-4.13***	-0.36	-4.03***
社会赞许性	0.07	0.74	0.03	0.27	0.02	0.21
内群体需求			-0.31	-3.43**	-0.28	-3.10**
内群体认同			0.16	1.77+	0.13	1.45
内群体需求×内群体认同					-0.27	-1.99+ ($p=0.05$)
ΔR^2	0.14		0.10		0.03	
ΔF	9.56***		7.23**		3.94+ ($p=0.05$)	

注：自变量是内群体需求（根据实验条件进行编码：控制组编码为 -1，物质需求组编码为 0，精神需求组编码为 1）；调节变量是内群体认同；因变量是外群体投射；控制变量是上位群体认同和社会赞许性。+ $p<0.10$，* $p<0.05$，** $p<0.01$，*** $p<0.001$。

（三）内群体需求的满足对外群体态度的作用

在控制内群体认同、上位群体认同和社会赞许性之后，方差分析的结果表明，内群体需求的主效应显著，$F(2, 112) = 8.72$，$p<0.001$，$\eta_p^2 = 0.14$。事后比较（Post Hoc）表明，精神需求组（$M=4.86$，$SD=0.71$）对外群体的积极态度显著高于物质需求组（$M=4.23$，$SD=0.92$）和控制组（$M=4.05$，$SD=0.86$），$ps=0.001$。但是，物质需求组与控制组在对外群体态度上差异不显著，$p=0.36$（见图 2）。

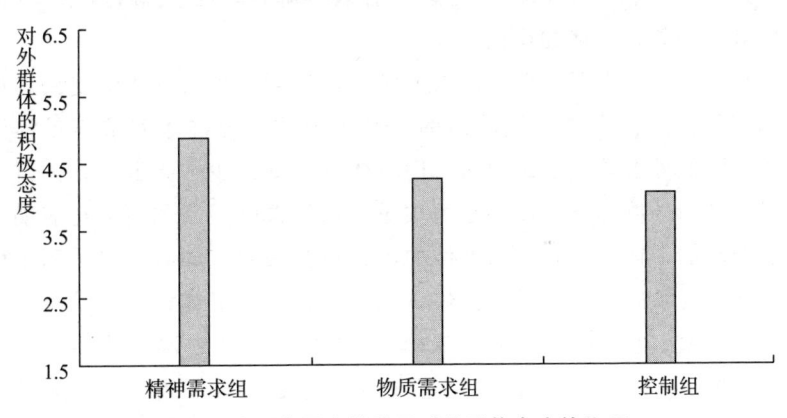

图 2　内群体需求的满足对外群体态度的作用

四 讨论

（一）少数人群体内群体需求的满足与对多数人群体态度的关系

本研究发现少数人群体内群体需求的满足能够降低外群体投射和促进对多数人群体的积极态度，而且精神需求的满足比物质需求的满足更能够降低外群体投射，促进对多数人群体的积极态度。让少数人群体感到国家对他们独特文化的尊重和保护，少数人群体就会感到自身群体对上位群体的代表性增强了，从而降低外群体投射，促进对多数人群体的积极态度。但是，与假设不一致的是，单纯的物质需求的满足并不能非常显著地降低外群体投射，也不能非常有效地促进对外群体的积极态度。或许对于有独特文化的少数人群体，精神需求的满足比物质需求的满足更能促进群体自尊和社会认同，避免独特性威胁和社会认同威胁。因此，相对于物质需求的满足，少数人群体可能会更重视自身群体的精神需求是否得到了满足。尽管IT业的女工程师收入较高（满足物质需求），但是职业发展中的性别歧视是伤害她们心理福祉的重要因素（卿石松，2011）。因此，促进职业中的性别平等，满足处于少数人群体的女性群体的精神需求，才能使女性群体更喜爱这样的职业。而对于有独特文化的少数人群体，对于精神需求的重视可能也反映了他们对于物质和精神需求的敏感程度是不同的。少数人群体的独特文化使得他们对于"幸福"及其获得方式有特殊的理解，他们对于物质生活的追求可能相对较弱。因此，如果更多地关注有独特文化的少数人群体的精神需求，可能会更有效地降低少数人群体的外群体投射，促进对多数人群体的积极态度。

而且，我们也发现内群体需求的满足对外群体投射的影响受到内群体认同的调节作用：内群体认同高的少数人群体，内群体需求满足程度越高，越会降低外群体投射；而对于内群体认同低的少数人群体，内群体需求满足程度与外群体投射没有显著关系。以往群际关系的研究也表明，内群体认同高的个体对有利于内群体的因素更为敏感，同时也对不利于内群体的因素更为敏感。例如，内群体认同越高，对外群体评估越消极，感受到的群际冲突越强烈（Riketta，2005）。因此，那些内群体认同很强的少数人群体成员，就会对内群体的利益是否在上位群体中得到了很好体现非常关注。当他们认为自身群体的精神和物质需求得到了很好的满足时，就会降低外群体投射。

（二） 内群体需求满足方式与群际帮助的关系

精神与物质这两种内群体需求满足方式的作用差别可能也反映了少数人群体将这两种满足方式看作两种不同类型的群际帮助：少数人群体可能将内群体物质需求的满足方式看作多数人群体提供的一种"依赖定向的帮助"，而将精神需求的满足方式看作一种"自主定向的帮助"。

"依赖定向的帮助"（dependency-oriented help）（Nadler，2002）是"授人以鱼"式的，向受助者提供问题的答案。"依赖定向的帮助"会让接受帮助者感到自身群体缺乏能力解决问题，会引发自尊威胁和自我认同威胁（Nadler & Halabi，2015；Schneider，Major，Luhtanen，& Crocker，1996），从而导致对外群体成员表现出较高的消极情绪和群际偏见（Wakefield et al.，2012）。

然而，"自主定向的帮助"（autonomy-oriented help）（Nadler，2002）是"授人以渔"式的，向受助者提供解决问题的方法和工具，使其独立自主地解决问题。精神需求的满足方式体现在帮助少数人群体保护他们自身群体的语言和文化，延续文化的传承，提高他们在民主生活中的参与性，这些方式会让少数人群体感到自身群体的积极独特性受到了尊重，并通过民主生活参加到本民族事业的发展中来，增强了积极的社会认同，提升了群体自尊。这种让受助者感到自己被尊重和有能力的帮助方式正是"自主定向的帮助"所带来的积极作用（Alvarez & van Leeuwen，2011）。"自主定向的帮助"会让受助群体对外群体的帮助更感恩，进而对外群体的态度更积极友善（Weinstein，DeHaan，& Ryan，2010）。因此，精神需求的满足可能会提高少数人群体的主人翁意识，让他们对国家的归属感更强，降低外群体投射，促进对多数人群体的积极态度。

（三） 本研究结论的应用价值

对于有独特文化的少数人群体，内群体需求的满足方式应偏重精神需求的满足。中华人民共和国成立 70 年来，我们国家的一系列政策都体现了对少数人群体文化的尊重、继承、保护和发展（张爱琴，2010）。例如，尊重少数人群体的风俗习惯，对其教育和文化事业给予大力支持和发扬（吴仕民、王铁志，2003）。

通过这些政策，国家帮助少数人群体更好地继承和发扬了本群体的文化，更好地学习本群体的语言和文字，传承特有的生活方式和习俗。在多数人群体与少数人群体的关系中，通过增进少数人群体精神需求的满足，让他们感到国家对其文化的尊重，使他们增加对国家的归属感和认同感，降低外群体投射，促进对多数人群体的积极态度。这些政策不仅繁荣了少数人群体的文化，而且促进了少数人群体与多数人群体的和谐关系。因此，本研究从群体投射的角度，为我国有关政策对群际关系和谐的促进作用提供了社会心理学的理论支持。

（四）研究局限

首先，被试的代表性问题。本研究的被试都是某少数人群体中的大学生，他们有着不同于多数人群体的独特文化，同时也是某少数人群体中文化程度较高、上位认同较高和双重认同较高的群体。我们没有在非大学生的少数人群体中检验外群体投射模型的适用性，因此未来研究可以探索非大学生的少数人群体的内群体需求对于对外群体态度的作用。

其次，其他有独特文化的少数人群体，研究结论的适用性问题。本研究也没有在其他有独特文化的少数人群体中检验该模型。同时，研究也没有选取其他类型的少数人群体，例如理工科院校的女学生、IT业的女工程师、幼儿保育工作中的男老师等。因此，未来研究可以选取其他有独特文化的少数人群体，以及其他类型的少数人群体作为研究对象，检验本研究结论的适用性。同时，未来研究也需要探讨没有独特文化的少数人群体的群体投射特点，以及与内群体需求满足程度的关系。

五 结论

第一，对于少数人群体，内群体需求的满足程度能够降低外群体投射，并促进对多数人群体的积极态度。

第二，精神需求的满足比物质需求的满足更能够降低外群体投射和促进对外群体的积极态度。

第三，内群体认同在少数人群体内群体需求影响外群体投射中起到调节作用。

参考文献

卿石松，2011，《职位晋升中的性别歧视》，《管理世界》第11期，第23~28页。
吴仕民、王铁志，2003，《中国民族政策读本》，中央民族大学出版社。

张爱琴, 2010,《我国少数民族非物质文化遗产学校教育传承的政策分析》,《民族教育研究》第 1 期, 第 19 ~ 23 页.

Aiken, L. S., & West, S. G. (1991). *Multiple Regression*: *Testing and Interpreting Interactions*. Newbury Park, CA: Sage Publishing House.

Alvarez, K., & van Leeuwen, E. (2011). To teach or to tell? Consequences of receiving help from experts and peers. *European Journal of Social Psychology*, 41, 397 – 402.

Bergsieker, H. B., Shelton, J. N., & Richeson, J. A. (2010). To be liked versus respected: Divergent goals in interracial interactions. *Journal of Personality and Social Psychology*, 99, 248 – 264.

Bianchi, M., Mummendey, A., Steffens, M., & Yzerbyt, V. (2010). What do you mean by European? Spontaneous ingroup projection: Evidence from sequential priming *Personality and Social Psychology Bulletin*, 36, 960 – 974.

Bizman, A., & Yinon, Y. (2001). Intergroup and interpersonal threats as determinants of prejudice: The moderating role of in-group identification *Basic and Applied Social Psychology*, 23, 191 – 196.

Devos, T., & Banaji, M. R. (2005). American = White? *Journal of Personality and Social Psychology*, 88, 447 – 466.

Effron, D., & Knowles, E. D. (2015). Entitativity and intergroup bias: How belonging to a cohesive group allows people to express their prejudices. *Journal of Personality and Social Psychology*, 108, 234 – 253.

Elkins, Z., & Sides, J. (2007). Can institutions build unity in multiethnic states? *American Political Science Review*, 101, 693 – 708.

Freeman, M. A. (2003). Mapping multiple identities within the self-concept: Psychological constructions of Sri Lanka's ethnic conflict. *Self and Identity*, 2, 61 – 83.

Hornsey, M. J., & Hogg, M. A. (1999). Subgroup differentiation as a response to an overly inclusive group: A test of optimal distinctiveness theory. *European Journal of Social Psychology*, 29, 543 – 550.

Huynh, Q., Devos, T., & Altman, H. R. (2015). Boundaries of American identity: Relations between ethnic group prototypicality and policy attitudes. *Political Psychology*, 36, 449 – 468.

Jackson, J. W. (1993). Realistic group conflict theory: A review and evaluation of the theoretical and empirical literature. *Psychological Record*, 43, 395 – 413.

Jetten, J., Spears R., & Manstead, A. (2001). Similarity as a source of differentiation: The role of group identification. *European Journal of Social Psychology*, 31, 621 – 640.

Kessler, T., & Mummendey, A. (2009). Why do they not perceive us as we are? Ingroup projection as a source of intergroup misunderstanding. In Demoulin, S., Leyens, J. P., & Dovidio, J. F. (Eds), *Intergroup misunderstandings*: Impact of Divergent Social Realities (pp. 135 – 148). New York: Psychology Press.

Leonardelli, G. J., Pickett, C. L., & Brewer, M. B. (2010). Optimal distinctiveness theory: A framework for social identity, social cognition, and intergroup relations. *Advances in Experimental Social Psychology*, 43, 63 – 113.

McClure, J. D. (1988). *Why Scots Matters*. Edinburgh: The Saltire Society.

Mummendey, A., & Wenzel, M. (1999). Social discrimination and tolerance in intergroup relations: Reactions to intergroup difference. *Personality and Social Psychology Review*, 3, 158 – 174.

Nadler, A. (2002). Inter-group helping relations as power relations: Maintaining or challenging social dominance between groups through helping. *Journal of Social Issues*, 58, 487 – 502.

Nadler, A., & Halabi, S. (2015). Helping relations and inequality between individuals and groups. In M. Mikulincer, P. R. Shaver, J. F. Dovidio, & J. Simpson (Eds.), *The APA Handbook of Personality and Social Psychology, Volume 2: Group Processes* (pp. 371 – 393). Washington, DC: American Psychological Association.

Ng Tseung-Wong, C., & Verkuyten, M. (2010). Intergroup evaluations, group indispensability and prototypicality judgments: A study in Mauritius. *Group Processes & Intergroup Relations*, 13, 621 – 638.

Reicher, S. (2004). The context of social identity: Domination, resistance, and change. *Political Psychology*, 25, 921 – 945.

Riek, B. M., Mania, E. W., & Gaertner, S. L. (2006). Intergroup threat and outgroup attitudes: A meta-analytic review. *Personality and Social Psychology Review*, 10, 336 – 353.

Riketta, M. (2005). Cognitive differentiation between self, ingroup, and outgroup: The roles of identification and perceived intergroup conflict. *European Journal of Social Psychology*, 35, 97 – 106.

Schuessler, K., Hittle, D., & Cardascia, J. (1978). Measuring responding desirably with attitude-opinion items. *Social Psychology*, 41, 224 – 235.

Schneider, M. E., Major, B., Luhtanen, R., & Crocker, J. (1996). Social stigma and the potential costs of assumptive help. *Personality and Social Psychology Bulletin*, 22, 201 – 209.

Sindic, D., & Reicher, S. D. (2008). The instrumental use of group prototypicality judgments. *Journal of Experimental Social Psychology*, 44, 1425 – 1435.

Sindic, D., & Reicher, S. D. (2009). "Our way of life is worth defending": Testing amodel of attitudes towards superordinate group membership through a study of Scots' attitudes towards Britain. *European Journal of Social Psychology*, 39, 114 – 129.

Sonnenberg, S. (2003). Money and self: Towards a social psychology of money and its usage. University of St. Andrews, Unpublished Ph. D. Thesis.

Staerklé, C., Sidanius, J., Green, E. G. T., & Molina, L. E. (2010). Ethnic minority-majority asymmetry in national attitudes around the world: A multilevel analysis, *Political Psychology*, 31, 491 – 519.

Tajfel, H., & Turner, J. C. (1979). An integrative theory of intergroup conflict. In W. G. Austin & S. Worchel (Eds.), *The Social Psychology of Intergroup Relations* (pp. 33 – 47). Monterey, CA: Brooks/Cole. Thesis, University of Missouri, Columbia.

Ufkes, E. G., Otten, S., Zee, V. D., Giebels, E., & Dovidio, J. F. (2012). Urban district identity as a common ingroup identity: The different role of ingroup prototypicality for minority and majority groups. *European Journal of Social Psychology*, 42, 706 – 716.

Van Oudenhoven, J. P., Prins, K. S., & Buunk, B. P. (1998). Attitudes of minority and majority members towards adaptation of immigrants. *European Journal of Social Psychology*, 28, 995 – 1013.

Wakefield, J. R. H., Hopkins, N., & Greenwood, R. M. (2012). Thanks, but no thanks: Women's avoidance of help-seeking in the context of a dependency-related stereotype. *Psychology of Women Quarterly*, 36, 423 – 431.

Waldzus, S., & Mummendey, A. (2004). In-clusion in a superordinate category, ingroup prototypicality, and attitudes towards out-groups. *Journal of Experimental Social Psychology*, 40, 466 – 477.

Waldzus, S., Mummendey, A., Wenzel, M., & Boettcher, F. (2004). Of bikers, teachers and Germans: Groups' diverging views about their prototypicality. *British Journal of Social Psychology*, 43, 385 – 400.

Waldzus, S., Mummendey, A., & Wenzel, M. (2005). When "different" means "worse": Ingroup prototypicality in changing intergroup contexts. *Journal of Experimental Social Psychology*, 41, 76 – 83.

Waldzus, S., Mummendey, A., Wenzel, M., & Weber, U. (2003). Towards tolerance: Representations of superordinate categories and perceived ingroup prototypicality. *Journal of Experimental Social Psychology*, 39, 31 – 47.

Wang, Jin, Wang, Lei, & Kou, Yu. (2018). The different roles of relative ingroup prototypicality in outgroup attitudes for majority and minority groups. *Group Processes and Intergroup Relations*, 21, 319 – 335.

Weinstein, N., DeHaan, C. R., & Ryan, R. M. (2010). Attributing autonomous versus introjected motivation to helpers and the recipient experience: Effects on gratitude, attitudes, and well-being. *Motivation and Emotion*, 34, 418 – 431.

Wenzel, M., Mummendey, A., & Waldzus, S. (2007). Superordinate identities and intergroup conflict: The ingroup projection model. *European Review of Social Psychology*, 18, 331 – 372.

Wohl, M. J. A., Giguère, B., Branscombe, N. R. & Mcvicar, D. N. (2011). One day we might be no more: Collective angst and protective action from potential distinctiveness loss. *European Journal of Social Psychology*, 41, 289 – 300.

想象接触改善群际态度：民族观的中介作用[*]

于海涛　李嘉诚[**]

摘　要： 想象接触是群际接触研究的新兴范式，可以有效提高对外群体的内隐态度。本研究通过三个系列研究，以 A 民族大学生为被试，探索想象接触对 B 民族内隐群际态度的影响，并检验民族观在其中的中介作用。研究结果表明，被试对 B 民族的内隐群际态度受想象接触类型的影响；积极想象接触能影响被试的民族观；民族观在积极想象接触影响内隐群际态度的过程中起部分中介作用。

关键词： 想象接触　内隐群际态度　民族观　民族本质论

一　前言

随着全球化的不断推进，地理上的距离已不再是不同群体交流接触的阻碍，不同文化包融互鉴越来越普遍。人们享受不同群体互相促进、共享文化的便利时，群际互动产生的一系列问题也逐渐受到人们的重视，群际态度的问题就是其中之一。群际态度（intergroup attitude）对人类社会的影响无疑是巨大的，它犹如一把双刃剑，既可以造成区域性或全球范围的冲

---

[*] 本研究获得国家自然科学基金（31460253 和 71640030）、新疆维吾尔自治区人文社会科学重点研究基地项目（XJEDU020315B01）的资助。感谢香港中文大学康萤仪教授和匿名审稿人提出的宝贵意见。

[**] 于海涛，温州大学教育学院教授，硕士生导师，通信作者，E-mail: 20190011@wzu.edu.cn；李嘉诚，北京百度网讯科技有限公司。

突、动荡，威胁社会和平稳定，也可以促进群际友好合作，维护和谐平等的社会环境（Stangor & Leary, 2006；张琦、冯江平、王二平，2009）。以往的研究表明，良好的群际接触能有效地减少对外群体的偏见，从而影响群际态度，在群际交往中产生积极作用（Pettigrew & Tropp, 2006）。

自 1954 年 Allport 首次提出群际接触假说，研究者们开始不断探索群际接触的方式和机制。早期的群际接触研究主要关注群体间直接的、面对面的接触，但由于直接接触在很多情况下很难实现，研究者们开始寻找一种更合适的方式。有研究表明，想象能引发与现实情境接近的情感与动机过程（Dadds, Bovbjerg, Redd, & Cutmore, 1997）。同时神经心理学研究发现想象与感知觉、情绪、记忆等有相同的神经基础（Kosslyn, Ganis, & Thompson, 2001）。基于此，Turner、Crisp 和 Lambert（2007）提出了想象接触（imagined contact），即个体通过想象来代替面对面直接接触，对外群体成员进行心理模拟互动的过程。通过在一定时间内对外群体成员的积极想象，可以改善个体对外群体的认知，从而改善群际态度。

想象接触影响群际态度的研究在国内外已取得一些研究进展。Turner 等（2007）以老年人和同性恋为想象对象，发现想象接触能显著改善人们对该群体的偏见。Husnu 和 Crisp（2010a）发现对穆斯林陌生人进行精细想象接触的被试的外群体态度比控制组更积极。West 和 Keon 发现积极的想象接触改善群际态度的结果，可以推广到精神分裂症患者群体（于海涛、秦秋霞、张澜，2015）。以往研究认为，想象接触是面对面接触的一种替代形式（Crisp & Turner, 2009），有助于为面对面接触铺平道路（Birtel & Crisp, 2012）。而尧丽等（2015）研究发现，即使是已经发生过面对面接触的个体，也可以通过想象接触来提高对外群体的内隐态度。想象接触并不是直接接触的简单替代，而应该是整个接触体系中必不可少的一环。自此，想象接触以其广泛的群体适用性、时空便利性、简易操作性等优点，在群际接触的研究中愈加受到重视。

既然众多的研究结果表明想象接触能有效改善群际态度，那么探索其作用机制将为后续研究拓展更多方向。Crisp 等（2010）提出了想象接触效应的双路径模型，具体包括情感机制和认知机制两个方面。以往研究主要集中于对想象接触改变群际态度的情感机制的研究，如自我暴露（Vezzali, Capozza, Giovannini, & Stathi, 2012）、外群体信任（Vezzali et al., 2012）、群际焦虑（Turner et al., 2007; Husnu & Crisp, 2010a; West et al., 2011）在想象接触减少偏见效应中起中介作用。只有 Husnu 和 Crisp（2010a）的研究偏重于认知机制，发现想象情景的生动性也是想象接触改善群际态度的一个中介变量。认知因素在想象和群际知觉的过程中起着重要作用，从而影响着群际态度的发生和变化。所以本研究将重点探究民族观这一认知因素在想象接触改善群际态度中的中介作用。

民族观，也称作民族的心理本质观（psychological essentialism of ethnicity），是指人们对于民族类别所具有的本质特征信念。Hong 和 No 等人区分了两种不同的民族观，即民族本质论和民族社会建构论。民族本质论认为民族是由不可改变的、根深蒂固的本质所决定的，民族差异不仅真实存在，而且具有其物质基础，个体所属民族是判断人类特征的重要标准；民族社会建构论认为民族是动态可变的，是在历史情境中由于历史和社会因素建构而成的，群体间的本质差异并非民族差异（Hong et al., 2009; No et al., 2008）。

研究表明，本质论影响个体的群际态度。个体关于性别、种族等社会类别的心理本质论越强，对外群体的刻板印象和偏见越强（Bastian & Haslam, 2006），污名化越强（Andrew, Brittany, & Heather, 2011）。高承海和万明钢（2013）的研究发现，个体的民族本质论程度越高，所感知到的群体差异越大，对外群体所持有的偏见和消极刻板印象也越强烈。本质论还会影响跨民族交往，个体持有的种族本质论程度越高，与外种族群体的交往兴趣越小（Williams & Eberhart, 2008）。

民族本质论和民族社会建构论作为个体的内在知识结构，遵循知识启动的基本规律。通过提供支持某种观点的材料，可以暂时提高该观点的可获得性（Chao, Hong, & Chiu, 2013）。如通过跨文化训练课程学习改变了个体的本质论，使个体能够更敏锐地觉察到不同文化群体中存在文化差异（Fischer, 2011）；通过为期14周的课程教育提高了少数民族大学生的社会建构论认同水平（于海涛、金盛华，2017）。

想象接触和民族观都能影响群际态度，并且通过课程训练或教育，呈现不同群体和谐相处的新闻故事会降低民族本质论的可获得性（于海涛、张雁军、金盛华，2014）。因此，本研究假设积极的想象接触作为一种有效干预策略，也可以改变个体的民族观，并且民族观在想象接触改善群际态度中起中介作用。

基于以往研究的总结和思考，本研究将通过三个系列研究达到以下目标。

（1）检验想象接触能否影响个体的内隐群际态度。
（2）探讨想象接触能否影响个体的民族观。
（3）探讨民族观在想象接触和内隐群际态度中的中介作用。

二 研究一

内隐态度受过去经验的影响，具有稳定性和隐蔽性等特点，能较为真实地反映个体的态度特性。想象接触作为一种有效的干预措施，可以提高对外群体的内隐态度。Turner 和 Crisp（2010）的研究表明，想象接触能提高年轻人对年老者、非穆斯林群体对穆斯林群体的内隐群际态度。尧丽等（2015）发现，先前接触经验对外群体外显态度的影响要大于想象接触的效果，而想象接触对内隐态度的影响并不受先前接触经验的干扰。因此，本研究选择内隐态度作为群际态度的测量。

（一）方法

1. 被试

在西北某多民族综合大学随机招募 40 名 A 民族大学生参加研究（男性 20 人，女性 20 人，年龄范围 21.16±1.53 岁），所有被试视力或矫正视力正常，且均未参加过类似研究。

2. 研究工具

本研究采用 Karpinski 和 Steinman（2006）提出的单类内隐联结测验（SC-IAT）范式，该范式弥补了经典内隐联结测验（IAT）无法测量单一对象内隐态度的不足，具有较好的信效度，在国内外研究中被广泛应用（Greenwald, Poehlman, Uhlmann, & Banaji, 2009；艾传国、佐斌，2011）。因此，本研究在测量 A 民族大学生对 B 民族的内隐群际态度中将使用 SC-IAT 范式。

3. 研究设计

研究一采用单因素（想象接触类型：积极想象接触 VS 中性想象风景）设计，因变量为内隐群际态度。

4. 研究材料与程序

（1）实施想象接触。本研究将被试的想象接触分为积极想象组和中性想象组，尧丽等（2015）研究发现被试能有效地进行 1 分钟的积极想象接触。因此，本研究将想象接触的时间定为 1 分钟，并借鉴尧丽等（2015）对大学生想象接触的范式，其中积极想象组的指导语为："请你花 1 分钟的时间想象一下，在一辆公交车上，你身边坐了一位陌生的 B 民族人，你们交谈得很愉快。在交谈的过程中，你发现了不同民族的人所具有的一些快乐有趣的东西。"

将户外风景想象用于中性想象组被试,时限同样为 1 分钟(Turner et al., 2007; Husnu & Crisp, 2010b; Stathi & Crisp, 2008; Turner & Crisp, 2010)。指导语为:"请你花 1 分钟的时间想象一下,在一辆公交车上,你在看窗外的风景,想象一下你都看到了什么。"

确认被试理解指导语后,让其先进行 1 分钟的想象,并将想象内容写出来以检验想象接触的有效性并加深想象接触效果。

(2)测量内隐群际态度。使用 Inquisit 4.0 对本研究所需要的 SC-IAT 程序进行编程。SC-IAT 概念词为 "B 民族姓名",属性词为 "消极词汇"和 "积极词汇"。通过对大学生进行调查,筛选出 A 民族大学生联想到的频率最高的 8 个 B 民族姓名作为概念词,并筛选出以姓名联想到的积极、消极形容词各 8 个作为属性词。

正式测验分为两个部分,第一部分积极词汇和姓名出现在屏幕左上方需按左(E)键,消极词汇出现在屏幕右上方需按右(I)键;第二部分积极词汇出现在屏幕左上方需按左(E)键,消极词汇和姓名出现在屏幕右上方需按(I)键。同时为减少反应误差,第一部分中,姓名、积极词汇、消极词汇按照 7:7:10 的比率呈现,以保证左键的正确反应率为 58%,右键的正确反应率为 42%;第二部分中,姓名、积极词汇、消极词汇按照 7:10:7 的比率呈现,以保证左键的正确反应率为 42%,右键的正确反应率为 58%。具体程序模式见表 1。

靶目标词在屏幕中央最多呈现 1500 ms 供被试进行反应,被试在每次按键反应后会得到及时反馈。如判断正确会提示绿色 "√",持续 150 ms;判断错误会提示红色 "×",持续 150 ms;如果被试的反应时间超过 1500 ms,会有加快反应的提示并进入下一靶目标词。

计算机将登记被试的判断正误情况及反应时,并通过已编制的程序得出内隐群际态度 D 值。

表 1 内隐群际态度 SC-IAT 程序模式

步骤	实验次数	功能	左键(E)	右键(I)	词汇比例 (姓名:积极:消极)
1	24	练习	积极 + 姓名	消极	7:7:10
2	72	测验	积极 + 姓名	消极	7:7:10
3	24	练习	积极	消极 + 姓名	7:10:7
4	72	测验	积极	消极 + 姓名	7:10:7

(3) 询问被试是否了解研究的目的，确认研究结果的有效性。在研究结束后询问被试对 B 民族的整体印象，以做参考。

5. 数据处理

依据 Karpinski 和 Steinman（2006）提出的数据分析方法，练习实验不记入结果，删除反应时低于 350 ms、高于 1500 ms 和极端（±3 个标准差以外）D 分数的数据。同时根据被试写下的想象内容，剔除想象不充分和没有达到积极效果的被试数据。然后计算机根据下面的公式计算出 D 值：

$$D = (M_{异} - M_{容})/SD_{正确}$$

其中，$M_{异}$ 为相异任务反应时平均值；$M_{容}$ 为相容任务反应时平均值；$SD_{正确}$ 为正确反应的反应时标准差。

本研究中 D 分数代表被试对目标群体的内隐群际态度，正值表示积极，负值表示消极，0 表示中立，且数值与内隐群际态度呈正比。最终剔除无效数据 2 个，使用 SPSS 21.0 对剩余 38 个数据进行统计分析。

（二）结果分析

对积极想象组和中性想象组的内隐群际态度 D 值进行独立样本 t 检验，结果发现，方差齐性 [$F(36) = 0.53$, $p > 0.05$]，两组差异显著（$t = 4.31$, $p < 0.001$），积极想象组 D 值显著高于中性想象组。表明想象接触能提高 A 民族对 B 民族的内隐群际态度（见表 2）。

表2　内隐群际态度在不同想象接触类型上的差异分析

想象接触类型	N	D 值 Mean	D 值 SD	t
积极想象组	19	0.39	0.35	4.31***
中性想象组	19	-0.06	0.29	

注：* $p < 0.05$，表示存在显著差异；** $p < 0.01$，表示差异极其显著；*** $p < 0.001$，表示差异非常显著。以下各表同。

（三）讨论

研究一表明，想象接触能影响被试的内隐群际态度，积极想象组的 A 民族被试对 B 民族的内隐群际态度相对于中性想象组态度更为积极。这一结果与尧丽等（2015）的研究结果一致，表明想象接触确实能够提高个体对外群体的内隐群际态度。

有研究表明，积极想象接触提高被试对外群体的内隐群际态度并不受先前经验的影响（尧丽、于海涛、段海军、乔亲才，2015）。内隐群际态度在群际交往中不易察觉，有的被试对 B 民族的内隐群际态度较为消极，报告时，自身并未察觉，但往往会表现在与外群体接触时的行为中。基于此本研究推断，想象接触在影响被试对外群体的内隐群际态度时，并非受被试对先前经验的影响，而可能根据被试对先前接触过程的认知影响想象接触时内隐群际态度的改变，这一认知是被试本身不易察觉的。

所以，对想象接触改善内隐群际态度中认知因素的深入研究，将是十分必要的。民族观是个体对民族的认知和信念，能影响群际态度的发生和发展（高承海、万明钢，2013；杨晓莉、刘力、赵显、史佳鑫，2014；Jayaratne et al.，2006），且和内隐群际态度都是个体持有的较为稳定和潜在的心理倾向。想象接触既然能改变内隐群际态度，那么是否对民族观这一认知因素也有影响呢？因此，本研究将通过第二个研究来检验想象接触对个体民族观的影响，为接下来探索想象接触影响内隐群际态度的作用机制做铺垫。

三　研究二

（一）方法

1. 被试

在西北某多民族综合大学随机招募 68 名 A 民族大学生参加研究（男性 32 人，女性 36 人，年龄范围 20.77±1.85 岁），所有被试视力或矫正视力正常，且均未参加过类似研究，与研究一不是同一批被试。

2. 研究工具

民族观量表，采用 No 等（2008）编制的种族观量表，并根据中国的本土情况稍做修改。本量表包括 8 个项目，前 4 个项目评定被试的民族本质论（例如，"民族对一个人的影响是深层次的，根深蒂固的，不会发生变化"）；后 4 个项目评定被试的民族社会建构论（例如，"一个人的民族身份是可以改变、可以调整的"）。该量表使用 6 点评分，程度从 1（完全不同意）至 6（完全同意）。后 4 个项目反向计分，总分越高表示被试的民族观越倾向民族本质论。测量结果显示，该量表民族本质论部分内部一致性 α 系数为 0.71，民族社会建构论部分内部一致性 α 系数为 0.74。

3. 研究设计

研究二采用单因素（想象接触类型：积极想象接触 VS 中性想象风景）

设计，因变量为民族本质论。

4. 研究材料与程序

研究程序与研究一大致相同，但是将测量被试内隐群际态度的过程更换为使用民族观量表对被试进行测量，以被试的民族本质论分数表示测量结果。

5. 数据处理

首先根据被试写下的想象内容，剔除想象不充分和没有达到积极效果的被试数据，再筛除不认真填写、漏填及具有明显反应倾向的问卷。最终剔除无效数据8个，使用SPSS 21.0对剩余60个数据进行统计分析。

（二）结果分析

对积极想象组和中性想象组的民族本质论分数进行独立样本 t 检验，结果发现，方差齐性 [$F(58) = 0.26, p > 0.05$]，两组差异显著 ($t = 4.31, p < 0.001$)，积极想象组民族本质论分数显著低于中性想象组。表明想象接触能影响被试的民族观，积极想象降低了个体的民族本质论程度（见表3）。

表3 民族本质论分数在不同想象接触类型上的差异分析

想象接触类型	N	民族本质论分数 Mean	SD	t
积极想象组	31	24.71	3.88	-2.84**
中性想象组	29	27.31	3.47	

（三）讨论

研究二的研究结果表明，想象接触能影响被试的民族观，积极想象组被试相比于中性想象组具有较低程度的民族本质论。被试所持民族本质论的程度越低，说明被试认为民族是动态变化的，并不以个人的民族身份来固定其本质属性。

对于研究结果的解释，其一，中国本土国情与外国的种族文化不同，中国自古为多民族聚居的国家，随着国家的不断发展，不同民族之间已经拥有较好的交往和融合。而积极的想象接触，能给个体与外群体创造出一个较为平等的接触环境，被试与外群体的心理互动也将保持相对平等和稳定，因此其所持有的民族本质论的程度也将有所降低。

其二，积极的想象接触能提高被试的交往意愿（Husnu & Crisp, 2010a）。在想象的过程中，被试更倾向于将所想象的对象当成一个具有民族性的独立个体而不是针对其民族整体的特性。对独立个体的交往意愿强，则可能会将民族性认知为个体本身所具有的特性，而并非其民族固有不变的本质。所以积极想象接触被试的民族本质论程度更低。

研究一和研究二的研究结果显示，想象接触既能影响内隐群际态度又能影响民族观，所以本研究将通过研究三进一步检验民族观在想象接触改善内隐群际态度中的作用机制。

四 研究三

（一）方法

1. 被试

在西北某多民族综合大学随机招募52名A民族大学生参加研究（男性25人，女性27人，年龄范围19.99±1.36岁），所有被试视力或矫正视力正常，且均未参加过类似研究，与研究一、研究二不是同一批被试。

2. 研究工具

（1）民族观量表。同研究二。

（2）SC-IAT。同研究一。

3. 研究设计

研究三采用单因素（想象接触类型：积极想象接触 VS 中性想象风景）设计，因变量为内隐群际态度的D分数，中介变量为民族观。

4. 研究材料与程序

研究过程为先对被试进行想象接触，然后测量内隐群际态度，最后测量民族观。具体程序与研究一、研究二相同。

5. 数据处理

根据研究一、研究二对数据处理的方法，剔除无效数据6个，使用SPSS 21.0对剩余46个数据进行相关分析和中介效应分析。其中对中介效应的检验使用温忠麟和叶宝娟（2014）根据Baron和Kenny（1986）的因果逐步法和Bootstrap法修改的中介效应检验方法。

（二）结果分析

1. 想象接触、民族观和内隐群际态度的相关分析

对想象接触、民族观和内隐群际态度进行相关分析（见表4），结果显示，想象接触与民族观（民族本质论分数）呈显著负相关（$r = -0.52$，$p < 0.01$），且与内隐群际态度（D 分数）呈显著正相关（$r = 0.40$，$p < 0.01$）；民族观（民族本质论分数）与内隐群际态度（D 分数）呈显著负相关（$r = -0.59$，$p < 0.01$）。

表4 想象接触、民族观和内隐群际态度相关矩阵

	1	2	3
1. 想象接触			
2. 民族观（民族本质论分数）	-0.52**		
3. 内隐群际态度（D 分数）	0.40**	-0.59**	

2. 民族观在想象接触和内隐群际态度间的中介作用检验

（1）回归分析

根据温忠麟和叶宝娟（2014）提出的中介效应检验方法，本研究采用线性回归对三个变量进行回归分析。首先，分析想象接触对于内隐群际态度的直接作用，线性回归结果表明，想象接触对于内隐群际态度的回归系数（系数 c）非常显著（$\beta = -0.30$，$p < 0.001$），能够进行进一步中介效应分析。

其次，经回归分析检验，想象接触对民族观（民族本质论分数）的回归系数（系数 a）极其显著（$\beta = 3.49$，$p < 0.01$），同时以内隐群际态度为结果变量即因变量、想象接触为自变量、民族观为中介变量建立回归模型，模型拟合度较好（$R = 0.66$，$R^2 = 0.44$，$F = 16.92$，$p < 0.001$）。在此模型中，想象接触对内隐群际态度的回归系数（系数 c'）极其显著（$\beta = -0.20$，$p < 0.01$）；民族观（民族本质论分数）对内隐群际态度的回归系数（系数 b）非常显著（$\beta = -0.03$，$p < 00.001$）。ab 与 c 符号相同，说明民族观在想象接触和内隐群际态度间起部分中介作用，中介效应占总效应的34.8%（见表5）。

（2）中介效应检验

采用方杰等（2012）提出的 Bootstrap 法对本研究的三个变量进行进一步的中介效应检验。使用误差修正法（Bias Corrected）对 5000 个 Bootstrap 样本在99%的置信区间进行中介效应检验。结果表明想象接触和内隐群际态度中介效应99%的置信区间为 [-0.21，-0.01]，此区间不包含0，因此民族观在想象接触和内隐群际态度间的中介效应极其显著（$p < 0.01$）。

表 5 模型中三个变量的回归分析

回归方程		整体拟合指数			回归系数显著性	
结果变量	预测变量	R	R^2	F	β	t
内隐群际态度	想象接触	0.52	0.27	16.41***	-0.30 (c)	-4.05***
民族观	想象接触	0.40	0.16	8.33**	3.49 (a)	2.89**
内隐群际态度	想象接触	0.66	0.44	16.92***	-0.20 (c')	-2.75**
	民族观				-0.03 (b)	-3.60***

注：由于需要使用 Bootstrap 方法，所有路径系数均为非标准化系数（β）。

根据对变量间中介效应的分析，本研究的三个变量间的路径模型如图 1 所示。

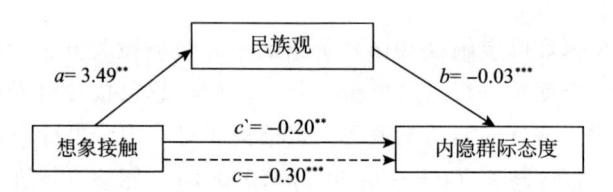

图 1 想象接触、民族观和内隐群际态度的路径模型

（三）讨论

根据研究三的研究结果，发现民族观在想象接触和内隐群际态度间起部分中介作用。积极想象接触使个体持有较低的民族本质论，从而提高对 B 民族的内隐群际态度。

民族观的中介作用可以从认知的角度解释。民族观反映个体对民族的观念和看法，作为一个认知因素，在想象接触的心理模拟互动过程中，影响个体的认知。而态度的特点包括认知、情感和行为倾向，认知的特点和方式同样影响态度的发生和发展。在想象接触影响内隐群际态度的过程中，民族观充当认知媒介，从而产生中介效应。

民族观本身也影响群际态度，持有民族本质论的个体会具有更强烈的偏见和刻板印象（Jayaratne et al., 2006；Verkuyten, 2003；Keller, 2005）。所以想象接触影响内隐群际态度时，民族观也同样产生作用，共同决定内隐群际态度的变化。

五 总讨论

想象接触能影响内隐群际态度，同样能影响个体的民族观，并且民族观在其中起着中介作用。但需要注意，对于我国的民族特性而言，民族社会建构论和民族本质论是民族观的两个维度，而不是一个维度的两极（于海涛、金盛华，2015）。所以在研究中，我们不应单纯地注重民族观的程度差异，更应该注重两个维度在结构上的区别，以此对想象接触影响群际态度时，民族观发挥的中介作用做出更好的解释。

民族观的中介作用表明，民族观的差异既能促进群际接触中不同群体的交流和互动，也能阻碍群体之间的和谐共处。在中国尤其是在其西北地区，各个民族相互杂居，在生活中无时无刻不在进行着群际接触，而不同民族群际接触的结果也直接影响社会的稳定发展。所以，本研究的研究成果也为西北这种多民族聚居的地区如何实现各民族平等交流、和谐发展提供了科学的理论依据——关注个体民族观的发展及合理地利用想象接触的方法，能更好地改善各民族间的内隐群际态度，从而为各民族的良好互动奠定基础。

六 研究局限与展望

虽然研究结果基本上都验证了先前提出的假设，但是仍有不足之处。首先，在研究取样中，由于本研究采取随机取样的方法，所抽取被试的随机性较大，被试在想象力、表达能力和与B民族的接触经验等方面都有着不同程度的差异，可能会对研究造成一定的影响。

其次，由于外显态度不像内隐态度，容易受先前接触经验、心理防御等各方面因素的影响，本研究只研究了A民族大学生对B民族的内隐群际态度，而没有关注外显态度。

最后，对于今后相关研究的开展，可以更多地关注民族观的结构差异对想象接触和群际态度的影响，同时也希望能有更新更合适的方法来研究外显态度的发生和发展，以丰富想象接触理论。

七 结论

第一，积极想象接触可以显著提高对外群体的内隐群际态度。

第二，积极想象接触可以显著降低个体的民族本质论。

第三，民族观在想象接触与内隐群际态度间起部分中介作用。

参考文献

艾传国、佐斌，2011，《单类内隐联结测验（SC-IAT）在群体认同中的初步应用》，《中国临床心理学杂志》第 4 期，第 476~478 页。

方杰、张敏强、邱皓政，2012，《中介效应的检验方法和效果量测量：回顾与展望》，《心理发展与教育》第 1 期，第 105~111 页。

高承海、万明钢，2013，《民族本质论对民族认同和刻板印象的影响》，《心理学报》第 2 期，第 231~242 页。

辛素飞、明朗、辛自强，2013，《群际信任的增进：社会认同与群体接触的方法》，《心理科学进展》第 2 期，第 290~299 页。

温忠麟、叶宝娟，2014，《中介效应分析：方法和模型发展》，《心理科学进展》第 5 期，第 731~745 页。

于海涛、金盛华，2015，《新疆少数民族大学生的民族观及其影响因素》，《教育学术月刊》第 5 期，第 82~88 页。

于海涛、金盛华，2017，《课程教育对大学生民族观影响的实验研究》，《心理技术与应用》第 5 期，第 281~286 页。

于海涛、秦秋霞、张澜，2015，《想象交往：减少对精神分裂症患者偏见的新策略》，《医学与哲学》（A）第 8 期，第 42~44 页。

于海涛、张雁军、金盛华，2014，《种族内隐理论：回顾与展望》，《心理科学》第 5 期，第 762~766 页。

尧丽、于海涛、段海军、乔亲才，2015，《想象接触对大学生内隐态度和外显态度的影响》，《心理科学》第 5 期，第 1074~1080 页。

杨晓莉、刘力、赵显、史佳鑫，2014，《民族本质论对跨民族交往的影响——以中国内地的藏族大学生为例》，《心理科学》第 2 期，第 394~399 页。

张琦、冯江平、王二平，2009，《群际威胁的分类及其对群体偏见的影响》，《心理科学进展》第 3 期，第 473~480 页。

Andrew, J. H., Brittany, A. W., & Heather, L. D. (2011). Psychological essentialism and its association with stigmatization. *Personality and Individual Differences*, 50, 95.

Baron, R. M., & Kenny, D. A. (1986). The moderator-mediator variable distinction in social psychological research: Conceptual, strategic, and statistical considerations. *Journal of Personality and Social Psychology*, 51, 1173–1182.

Bastian, B., & Haslam, N. (2006). Psychological essentialism and stereotype endorsement. *Journal of Experimental Social Psychology*, 42, 228.

Birtel, M. D., & Crisp, R. J. (2012). Imagining intergroup contact is more cognitively difficult for people higher in intergroup anxiety but this does not detract from its effective-

ness. *Group Processes and Intergroup Relations*, 15, 744.

Chao, M., Hong, Y., & Chiu, C. (2013). Essentializing race: Its implications on racial categorization. *Journal of Personality and Social Psychology*, 104, 619.

Crisp, R. J., Husnu, S., Meleady, R., & Turner, R. N. (2010). From imagery to intention: A dual route model of imagined contact effects. *European Review of Social Psychology*, 21, 188.

Crisp, R. J., & Turner, R. N. (2009). Can imagined interactions produce positive perceptions? Reducing prejudice through simulated social contact. *American Psychologist*, 64, 231.

Dadds, M. R., Bovbjerg, D. H., Redd, W. H., & Cutmore, T. R. H. (1997). Imagery in human classical conditioning. *Psychological Bulletin*, 122, 89.

Fisher, R. (2011). Cross-cultural training effects on cultural essentialism beliefs and cultural intelligence. *International Journal of Intercultural Relations*, 35, 767.

Greenwald, A. G., Poehlman, T. A., Uhlmann, E. L., & Banaji, M. R. (2009). Understanding and using the Implicit Association Test: III. Meta-analysis of predictive validity. *Journal of Personality and Social Psychology*, 97, 17.

Hong, Y. Y., Chao, M. M., & No, S. (2009). Dynamic interracial/intercultural processes: The role of lay theories of race. *Journal of Personality*, 77, 1283.

Husnu, S., & Crisp, R. J. (2010a). Elaboration enhances the imagined contact effect. *Journal of Experimental Social Psychology*, 46, 943.

Husnu, S., & Crisp, R. J. (2010b). Imagined intergroup contact: A new technique for encouraging greater interethnic contact in Cyprus. *Peace and Conflict: Journal of Peace Psychology*, 16, 97.

Jayaratne, T. E., Ybarra, O., Sheldon, J. P., Brown, T. N, Feldbaum, M., Pfeffer, C. A., & Petty, E. M. (2006). White Americans' genetic lay theories of race differences and sexual orientation: Their relationship with prejudice toward Blacks, and gay men and lesbians. *Group Processes & Intergroup Relations*, 9, 77.

Karpinski, A., & Steinman., R. B. (2006). The single category implicit association test as a measure of implicit social cognition. *Journal of Personality and Social Psychology*, 91, 16.

Keller, J. (2005). In genes we trust: The biological component of psychological essentialism and its relationship to mechanisms of motivated social cognition. *Journal of Personality and Social Psychology*, 88, 686.

Kosslyn, S. M., Ganis, G., & Thompson, W. L. (2001). Neural foundations of imagery. *Nature Reviews Neuroscience*, 2, 635.

No, S., Hong, Y. Y., Liao, H. Y., Lee, K., Wood, D., & Chao, M. M. (2008). Lay theory of race affects and moderates Asian Americans' responses toward American Culture. *Journal of Personality and Social Psychology*, 95, 991.

Pettigrew, T. F., & Tropp, L. R. (2006). A meta-analytic test of intergroup contact theory. *Journal of Personality and Social Psychology*, 90, 751.

Stathi, S., & Crisp, R. J. (2008). Imagining intergroup contact promotes projection to outgroups. *Journal of Experimental Social Psychology*, 44, 943.

Stangor, C., & Leary, S. P. (2006). Intergroup beliefs: Investigations from the social side. *Advances in Experimental Social Psychology*, 38, 243.

Turner, R. N., Crisp, R. J., & Lambert, E. (2007). Imagining intergroup contact can improve intergroup attitudes. *Group Processes and Intergroup Relations*, 10, 427.

Turner, R. N., & Crisp, R. J. (2010). Imagining intergroup contact reduces implicit prejudice. *The British Journal of Social Psychology*, 49, 129.

Verkuyten, M. (2003). Discourses about ethnic group (de-) essentialism: Oppressive and progressive aspects. *The British Journal of Social Psychology*, 42, 371.

Vezzali, L., Capozza, D., Giovannini, D., & Stathi, S. (2012). Improving implicit and explicit intergroup attitudes using imagined contact: An experimental intervention with elementary school children. *Group Processes and Intergroup Relations*, 15, 203.

West, K., Holmes, E. A., & Hewstone, M. (2011). Enhancing imagined contact to reduce prejudice against people with schizophrenia. *Group Processes and Intergroup Relations*, 14, 407.

Williams, M. J., & Eberhardt, J. L. (2008). Biological conceptions of race and the motivation to cross racial boundaries. *Journal of Personality and Social Psychology*, 94, 1033.

社会认同和群际威胁对群际态度的影响：基于语言群际偏差的指标[*]

夏瑞雪　李　诺　牛百灵　苏婉茹　李世峰　邵宏宏　刘冰华[**]

摘　要：群际态度是群际关系的指示器，预测着群际行为与群际和谐。已有研究从社会认同、群际威胁等方面分别探讨了对群际态度的影响，存在两方面的不足。第一，关于社会认同如何影响群际态度，研究结果并不一致；第二，群际态度受多种因素交互影响并未涉及。基于此，本研究以大学生为研究对象，探讨社会认同、群际威胁对群际态度是否存在交互影响。研究结果显示，无群际威胁且社会认同程度高时，A 文化群组被试表现了对内群体积极行为的偏爱，而 B 文化群组被试对内群体消极行为表现出了保护的倾向。研究结果提示群体成员对内群体的态度发生了变化，并未出现无条件的内群体偏爱。而当群际威胁出现时，无论社会认同程度高低，A 文化群组被试表现出了显著的内群体偏爱和外群体偏见，提示 A 文化群组成员更容易表现出对内群体的亲社会行为；而 B 文化群组被试只有在高社会认同时，才会出现明显的内群体偏爱。因此，社会认同程度、群际威胁交互影响了人们的群际态度。这些研究结果对预测群际行为与群际和

---

[*] 教育部人文社会科学研究西部和边疆地区青年基金项目"藏汉双文化者的社会认同及其神经机制——基于群体间语言偏差的策略"（14XJC190005）、西北师范大学青年教师科研能力提升计划骨干项目（SKGG16011）。

[**] 夏瑞雪，西北师范大学心理学院教授，硕士生导师，通信作者，E-mail: xrx9391@163.com；李诺，西北师范大学心理学院硕士研究生；牛百灵，兰州财经大学工商管理学院助教；苏婉茹，西北师范大学心理学院硕士研究生；李世峰，西北师范大学心理学院讲师；邵宏宏，西北师范大学心理学院硕士研究生；刘冰华，西北师范大学心理学院硕士研究生。

谐具有重要的启示意义。

关键词： 社会认同　群际态度　群际威胁　语言群际偏差

一　问题提出

群际关系一直是社会心理学研究关注的重要课题。伴随全球一体化的发展，不同群体之间的交往越来越频繁。群际交往促使个体对内群体和外群体产生更多的认识，同时也受已有群际关系等多种因素的影响，使得群际态度不断发生动态变化，进而影响群际行为。群际态度就像一把双刃剑，既有可能促进群际交往，促进经济发展与文化繁荣，也有可能破坏群际关系，甚至引发冲突和暴力，阻碍社会和谐发展（Stangor & Leary, 2006）。最常见的群际态度是群际偏见，即个体对自己所属的内群体表现出偏爱和保护，而对外群体表现出厌恶和贬损的现象（Hewstone, Rubin, & Willis, 2002）。

（一）社会认同及其认同启动

社会认同理论（Tajfel & Turner, 1979）认为，人天生具有分类的需要，并倾向于将自己划分到某一群体当中，以便与他人区别开来，从而用这种群体成员资格来建构身份，获得自尊，提高安全感，满足归属感和个性发展的需要。个体一旦获得某个群体的群体成员身份，即使获得了虚假或随机的身份，也会自觉地将内群体与外群体进行利我比较，并产生对内群体的积极认同，且倾向于给内群体成员更多资源和积极的评价（许科、赵来军，2012）。

社会认同既可以为个体和群体带来积极的效应，如提高群体凝聚力，提升群际容忍度、工作满意度和主观幸福感（Hogg, 2004; Bettencourt, Charlton, Eubanks, Kernahan, & Fuller, 1999; Wegge, Van Dick, Fisher, Wecking, & Moltzen, 2006），也有助于提高个体的个人自尊、集体自尊及积极情绪，诱发个体的爱国主义情怀（Amiot & Aubin, 2013），缓解群际威胁感知带来的心理不适，促进个体对内群体成员的亲社会行为（Simon, Sturmer, & Steffens, 2000），还可以在群体地位受到威胁时对内群体进行维护（Spears, Doosje, & Ellemers, 1997）。然而，社会认同也可能导致消极的结果，如极端的民族主义（认为本民族比其他民族具有优越性）或认同冲突感（Amiot & Aubin, 2013）。

在日常生活中，每个人拥有多种不同的社会身份，不同的社会情景会激发个体不同的社会身份，如在两难困境中，突出企业家身份，个体会做出更多的捐助行为（Chen, Wasti, & Triandis, 2007）。因此，在研究中，启动技术也常用于操纵被试的身份，进而影响个体的情感、认知以及行为。Shih 和 Ambady（1999）的研究表明，启动亚裔美国女性的女性身份，其数学能力测试中的成绩显著降低；然而，在启动其亚洲人身份后，数学成绩显著升高。

Jetten 等（1997）运用语言操纵的方式凸显积极或者消极的特征来启动社会认同。相对消极的评价和非常积极的评价能激发低的社会认同，相对积极的评价和非常消极的评价能激发高的社会认同。有研究者用这种启动范式对英国人的国家认同进行了启动，如启动高的国家认同时，会用"一般来说，我很开心自己是英国人"这种相对积极的描述，以及"英国人毫无共同之处"这种极端消极的描述；启动低的国家认同时，会用相对消极的描述如"英国的天气是欧洲最潮湿的"，或者极端积极的描述如"不管我如何定义我自己，英国人都是我最重要的身份"。

（二）群际威胁与社会认同威胁

群际威胁是群际关系中的重要话题。群际威胁是指一个群体的目标、发展、生存及幸福感等受到另外一个群体的行动、信念及各种特征挑战的威胁（Riek, Mania, Gaertner, Mcdonald, & Lamoreaux, 2010）。群际威胁广泛存在于各种社会群体间，当感知到他群会给自身所属群体带来危害时，个体会产生消极的内心体验，这种体验就是群际威胁的感知（Stephan, Ybarra, & Morrison, 2009）。Stephan 等（2000）将群际威胁分为现实威胁、象征性威胁、群际焦虑以及群际负面刻板印象。后来，他们又将这四种群际威胁修正为两种基本威胁：现实威胁和象征性威胁。现实威胁指对一个群体的领土、政治权利、经济利益、人身安全以及社会公共福利等产生的威胁；象征性威胁指对一个群体的宗教信仰、价值感、信念体系、意识形态、哲学、道德以及世界观等产生的威胁（Stephan & Renfro, 2002）。

在国内，研究者根据群际威胁的理论来源及其内容，将群际威胁整合为三种威胁：现实威胁、文化威胁和社会认同威胁（张婍、冯江平、王二平，2009）。张婍等（2009）定义的现实威胁和文化威胁与 Stephan 等（2009）定义的现实威胁和象征性威胁相对应。现实威胁会使个体对外群体产生消极的态度及情感，无论现实威胁是否客观存在，只要个体在主观上感知到了现实威胁带来的冲突，意识到外群体成员会对自身所属群体存在威胁，个体对外群体的消极态度就会产生（Stephan et al., 2000）。文化威胁会引起个体对外群体的偏见，如在有关移民的研究中发现，当主流文化群体感受到移民对自身所处的文化和价值观产生威胁时，就会对移民产生消极的态度和行为（Stephan, Ybarra, Martnez, Schwarzwald, & Tur-kaspa, 1998）。社会认同威胁指通过群体间的比较而产生的威胁。Tajfel 和 Turner（1979）提出，在自我认同中有一部分来自对群体的认同，积极的社会认同是指内群体与外群体相比具有独特性且处于积极位置，一旦个体感知到自己所属的群体处于较低地位，社会认同威胁就会产生。社会分类后，人们会进行社会比较，且通常会进行积极的利我比较，以满足自身内心需求，形成积极的自我评价，促进个体对内群体的社会认同并维护内群体。然而，现实情境中，群体拥有的各种社会资源并不对等，甚至差异巨大。当个体进行群际比较时，发现内群体处于劣势地位，而外群体是优势群体，且各种社会资源都容易被外群体所获取，这种社会比较会让较低社会阶层的群体无法获得肯定的评价和积极的社会认同，而且个体感受到外群体不利于内群体的方面，进而将外群体视为威胁的来源。Tajfel 和 Turner（1979）将这种威胁定义为社会认同威胁，即个体将内、外群体进行社会比较时，无法得到肯定的、积极的评价，从而对个体的社会认同造成威胁。

当个体感知到外群体威胁存在时，对外群体的评价会显著降低（Brewer, 2001）。刘华（2008）的研究表明，当引入群际威胁后，社会认同和内群体偏爱之间的相关程度显著增强，且在社会认同威胁条件下，个体的内群体偏爱表现得更为强烈，对内群体的评价显著提高而对外群体的评价显著降低。Schmid 和 Muldoon（2015）的研究发现，在群际情境中，当个体知觉到外群体对内群体的威胁时，会增加个体对内群体的社会认同感，进而影响个体的社会行为和社会态度。也有研究者指出，单独呈现内群体信息（Otten & Moskowitz, 2000; Schmid & Muldoon, 2015）或单独呈现外群体信息（Morrison, Fast, & Ybarra, 2009）都可诱发个体对内群体的社会认同感，而同时呈现内、外群体的信息激发的社会认同感最为强烈（Randolph-Seng, Reich, & Demarree, 2012），因为社会认同感建立在个体的社会比较的基础上，Hunter 等（2005）的研究结果表明，当个体认为外群体成员对内群体存在消极评价或内群体的形象受到外群体威胁时，个体会表现出强烈的内群体偏爱甚至是外群体贬损倾向或行为。

（三）群际态度的良好指标：语言群际偏差

Maass 等研究语言如何在刻板印象的传递及维持中产生作用时，发现了语言群际偏差现象（Linguistic Intergroup Bias，简称 LIB）（Maass, Salvi, Arcuri, & Semin, 1989）。其理论假设为，个体对内群体成员的积极行为和外群体成员的消极行为会使用抽象水平较高的词语来描述，而使用抽象水平较低的语言描述内群体成员的消极行为和外群体成员的积极行为。根据语言范畴模型，抽象水平较高的词语描述稳定且持久的人格特质（Semin & Fiedler, 1988）。基于对内群体的偏爱，个体对内群体成员的积极行为使用更为抽象的词语描述，暗示内群体成员拥有积极的人格特质；由于对外群体成员持有偏见，个体对外群体成员的负向行为做更为抽象的描述，暗示外群体成员拥有消极的人格特质。

已有研究证明，群际偏见可以增强内群体认同并提升自尊（Kreidie & Monroe, 2002）。群际语言交流过程中，个体会以语言群际偏差的形式表现并维持这种偏见，即使用更为抽象的语言描述内群体的积极行为和外群体的消极行为，赞扬内群体、贬损外群体，从而对内群体的积极行为和外群体的消极行为进行特质推论，以加强内群体的积极形象和外群体的消极印象；而对于内群体成员的消极行为和外群体成员的积极行为则会选择较为具体的语言进行描述，以对内群体的消极行为和外群体的积极行为进行情境推论，进而维持内群体的积极形象和外群体的消极刻板印象。例如，同样是扶老人过马路的行为，当这个行为是由内群体成员发出时，个体会认为这个行为发出者是"善良的，或者有爱心的"；而当这个行为是由外群体成员做出时，个体会认为该行为发出者仅仅"正在扶老人过马路"。

个体对内群体认同程度的高低影响个体评价性语言的抽象水平，如果个体对内群体的认同度高，对外群体的评价会表现出极端的消极语言偏向，凸显对内群体的偏爱和对外群体的贬损（Shulman et al., 2011）。如果对内群体文化认同程度较低，则对内群体的偏爱程度也较低，内群体语言积极偏向也比较弱（佐斌、徐同洁，2015）。

通过以上文献回顾，人们倾向于对内群体做出积极正面的评价，而对外群体做出消极负面的评价，通过提升群体形象来提升自身形象并维持高自尊。也有研究认为，个体群际态度的差异仅会在其社会认同受到威胁时表现出来（Spears, Doosje, & Ellemers, 1997）。比如，当个体知觉到外群体对内群体的威胁时，会增加个体对内群体的社会认同感，进而影响个体的社会态度和社会行为（Schmid & Muldoon, 2015）；当个体认为外群体成员对内群体存在消极评价或内群体的形象受到外群体威胁时,个体会表现出强烈的内群体偏爱甚至是外群体贬损倾向或行为(Hunter et al.,2005)。这就是说,社会认同和群际威胁都会影响群际态度,那么,这两个变量是如何交互对群际态度产生影响的?已有研究在探讨群际态度时,大多采用群体参照效应的范式,并未区分行为效价,如果区分行为效价,能更清晰地探测到人们对内群体、外群体不同行为的态度,也能更准确地预测群际行为。

二 研究方法

(一) 材料与问卷

1. 语言群际偏差范式材料的修订

(1) 材料制作

参考 LIB 研究范式中所用的实验材料(Maass, Salvi, Arcuri, & Semin, 1989;杜卫、闫春平、孙晓敏,2009),首先选取日常行为情景(如给老人让座、向老师问好、闯红灯、随地吐痰等),并邀请美术专业人员针对这些行为场景制作了 50 张卡通图片,包括 25 张积极行为图片和 25 张消极行为图片。为了避免服饰等可能带来的社会身份信息,图片主角均为火柴人。由 10 名心理学研究生对图片内容进行描述,删除了 12 幅内容不清晰、有歧义的图片。最后,根据语言范畴模型,为剩余 38 幅图片分别匹配四个描述语句,对应四种抽象水平,并对描述语句进行评定及修改,确定语言表达的清晰性以及与语言范畴模型中词语层次分类的一致性。

(2) 材料评定

由 64 名本科生对实验材料进行评定,分为两部分,第一部分是对图片的内容做自由描述,主要确保图片描述内容准确无误。根据自由描述内容,与图片设定内容一致记"1",不一致记"0",卡方检验结果表明,得到 38 张图片都极其符合设定内容($ps < 0.001$)。第二部分要求 64 名本科生在四个描述中做迫选,一半实验材料中先假定图片中的人物是朋友——内群体,另一半实验材料先假定图片中的人物是讨厌的人——外群体,以检验四个描述句子是否符合 LIB 假设中的四种抽象水平,即对内群体积极和外群体消极的行为更多使用抽象的描述,内群体消极和外群体积极的行为更多使用具体的描述。结果表明四个描述句子符合 LIB 假设,具

体见表1。以上材料图片均使用 Adobe Fireworks CS 6 进行绘制和修订，文字描述图片像素为 351×206，行为图片像素为 306×216。当前研究中，挑选了30个日常行为图片及描述作为实验材料，其中积极行为图片和消极行为图片各15张。

表1 实验材料评定结果

	M	SD	t
内群体积极	2.643	0.515	13.208***
外群体积极	1.710	0.648	
内群体消极	2.218	0.602	−7.423***
外群体消极	2.792	0.753	

注：*** $p < 0.001$。

2. 社会认同启动问卷的修订

参考已有研究（Jetten, Spears, & Manstead, 1997; Tarrant, Calitri, & Weston, 2012）中社会认同启动的方式，改编 A 文化群组、B 文化群组高/低社会认同启动问卷。对 A 文化群组和 B 文化群组分别从语言、环境、文化等方面进行了相对积极和极端消极的描述来启动被试的内群体高认同，用极端积极和相对消极的描述来启动被试的内群体低认同。问卷改编后，邀请了两位专家及20名心理学硕士研究生对问卷内容进行评定及修改。根据已有研究（Tarrant et al., 2012）确定社会认同启动的操纵检验方法：（1）根据被试选择的相对评价项目和极端评价项目数目的多少来进行操纵检验，当相对评价项目数大于极端评价项目数时认为操纵成功；（2）问卷最末题项如"A 文化群组/B 文化群组/……身份对你的重要性"分数大于5分，认为操纵成功（7级评分，1表示非常重要，7表示非常不重要）。

（二）假设与设计

1. 假设

在无威胁情景下，社会认同程度越高，个体对内群体越偏爱，对外群体越贬损；社会认同程度越低，个体对内群体偏爱越低，对外群体贬损越低。在威胁情景下，无论社会认同程度高或低，个体对内群体更偏爱，对外群体更偏见。

2. 设计

采用2（社会认同程度：高、低）×2（被评价群体：内群体、外群体）×2（行为效价：积极、消极）的混合设计，以LIB为因变量。其中社会认同程度为组间变量，被评价群体以及行为效价为组内变量。

（三）研究一

目的：探讨社会认同和群际威胁对A文化群组群际态度的影响。

实验1：在无威胁情景下，社会认同对A文化群组群际态度的影响

被试：56名A文化群组（该文化群组在全国总人口中所占比例不足5‰，有自己文化群组独有的宗教信仰）的大学生参与了实验。其中男性26人，女性30人，年龄在18~23岁，$M=20.40$，$SD=1.27$。所有被试均身体健康，无精神疾病。

流程（实验材料的呈现顺序）：（1）A文化群组的被试完成社会认同启动问卷；（2）采用E-Prime 2.0软件呈现LIB范式，代表内群体和外群体成员行为的图片各30张，积极行为、消极行为各半。要求被试选择适合描述图片的句子。

数据处理：采用SPSS 24.0进行数据分析。

实验2：在威胁情景下，社会认同对A文化群组群际态度的影响

被试：54名A文化群组的大学生参与了实验。其中男性25人，女性29人，年龄在18~23岁，$M=20.41$，$SD=1.31$。所有被试均身体健康，无精神疾病。

材料：（1）A文化群组高/低社会认同启动问卷，同实验1；（2）参考已有研究（Renfro, Duran, Stephan, & Clason, 2006），编写了群际威胁材料，由两位专家及20名心理学硕士研究生对问卷内容进行评定及修改。研究表明，群际威胁可以引发个体的负性认知和多种消极情绪反应（Stephan, Ybarra, & Morrison, 2009），包括生气、害怕、焦虑、厌恶、憎恨、恐惧、无助感等。当前研究对群际威胁的操纵检验采用测量个体认知和情绪的方法。包括两个项目：（1）你在多大程度上可以接受B文化群组对A文化群组的评价（1=完全不能接受，7=完全能接受）？（2）B文化群组对A文化群组的评价带给你的感受如何（1=非常不舒服，7=非常舒服）？平均分小于4分，说明威胁启动成功，得分越低说明被试感受到的威胁越明显。

流程（实验材料的呈现顺序）：（1）被试完成社会认同启动问卷，启动被试社会认同。（2）被试完成威胁感知的启动。请被试阅读威胁材料，内容为："我们曾进行过一次大范围的问卷调查，调查的主题为'你对A文化群组的人有什么评价'。我们邀请了350多名B文化群组的人对A文化群组的人进行评价,要求至少写出3项评价。统计结果显示,排名前三的评价是不思进取、野蛮无礼和唯利是图。而他们认为B文化群组的人不具有这些特点。"然后进行威胁感知评定。参与者的威胁感知均小于等于4分,说明威胁启动的操作成功。(3)完成LIB实验操作,同实验1。(4)实验结束后,解除被试的威胁启动。请被试阅读一段材料:"为了研究需要,我们在实验开始时改变了前期问卷调查中B文化群组对A文化群组的真实评价!该调查中B文化群组的人对A文化群组的人的评价是:善良勇敢、热情爽朗和能歌善舞!"

数据处理:同实验1。

(四) 研究二

目的:探讨社会认同和群际威胁对B文化群组群际态度的影响

实验3:在无威胁情景下,社会认同对B文化群组群际态度的影响

被试:57名B文化群组(该文化群体在全国总人口中所占比例超过90%,以儒释道传统为主,没有特定的宗教信仰)的大学生参与了实验。其中男性26人,女性31人,年龄在19~24岁,$M = 21.42$,$SD = 1.10$。所有被试均身体健康,无精神疾病。

材料:B文化群组高/低社会认同启动问卷,操纵检验方式同实验1。

流程及数据处理:同实验1。

实验4:在威胁情景下,社会认同对B文化群组群际态度的影响

被试:56名B文化群组的大学生参与了实验。其中男性28人,女性28人,年龄在19~24岁,$M = 21.48$,$SD = 1.14$。所有被试均身体健康,无精神疾病。

材料:(1)B文化群组社会认同启动问卷,同实验1;(2)威胁启动材料,内容为:"我们曾进行过一次大范围的问卷调查,调查的主题为'你对B文化群组的人有什么样的评价'。我们邀请了350多名A文化群组的人对B文化群组的人做评价,要求至少写出3项评价。统计结果显示,排名前三的评价是霸道自私、不思进取和蛮横无理。而他们认为A文化群组的人不具有这些特点。"然后进行威胁感知评定。参与者的威胁感知均小于等于4分,说明威胁启动的操作成功。

流程:同实验2。第4步解除威胁启动的材料为:"为了研究需要,我们在实验开始时改变了前期问卷调查中A文化群组的人对B文化群组的真实评价!该调查中A文化群组的人对B文化群组的人的评价是:智慧、勤奋、有文化!"

数据处理：同实验1。

三 结果与分析

（一）研究一

实验1探讨在无威胁情景下，社会认同对A文化群组个体群际态度的影响。对实验1的数据做2（社会认同程度：高、低）×2（被评价群体：内群体、外群体）×2（行为效价：积极、消极）的重复测量方差分析。结果表明，行为效价的主效应显著，$F(1, 56) = 24.56$，$p < 0.05$，$\eta^2 = 0.31$；群体、行为效价、社会认同三阶的交互效应显著，$F(1, 56) = 4.26$，$p < 0.05$，$\eta^2 = 0.07$。其余主效应及交互效应均不显著，$ps > 0.13$。简单效应分析结果如表2所示。

表2 不同社会认同条件下A文化群组被试LIB的平均数（无威胁）

社会认同	行为效价	群体	M	SD	p
高	积极	内群体	3.18	0.13	0.01
		外群体	2.78	0.15	
	消极	内群体	2.53	0.11	0.27
		外群体	2.71	0.14	
低	积极	内群体	3.04	0.13	0.64
		外群体	2.96	0.15	
	消极	内群体	2.83	0.11	0.31
		外群体	2.66	0.14	

实验2探讨在威胁情景下，社会认同对A文化群组个体群际态度的影响，对实验2的数据做2（社会认同程度：高、低）×2（被评价群体：内群体、外群体）×2（行为效价：积极、消极）的重复测量方差分析。结果表明，行为效价的主效应显著，$F(1, 54) = 11.85$，$p < 0.05$，$\eta^2 = 0.19$；群体和行为效价的交互效应显著，$F(1, 54) = 24.68$，$p < 0.05$，$\eta^2 = 0.32$；行为效价和社会认同的交互效应边缘显著，$F(1, 54) = 3.61$，$p = 0.06$，$\eta^2 = 0.07$。其余主效应及交互效应均不显著，$ps > 0.28$。简单效应分析结果如表3所示。

表 3 不同社会认同条件下 A 文化群组被试 LIB 的平均数（启动威胁）

社会认同	行为效价	群体	M	SD	p
高	积极	内群体	3.30	0.11	0.00
		外群体	2.50	0.17	
	消极	内群体	2.20	0.12	0.00
		外群体	2.88	0.13	
低	积极	内群体	3.27	0.11	0.00
		外群体	2.67	0.17	
	消极	内群体	2.64	0.12	0.03
		外群体	3.10	0.13	

简单效应分析结果表明，对于 A 文化群组的个体，在威胁情景下，社会认同高，且行为效价为积极时，个体对内群体和外群体的评分差异显著。社会认同高，且行为效价为消极时，个体对内群体和外群体的评价得分差异显著，对外群体的消极评价更抽象。社会认同低，行为效价为积极时，个体对内、外群体评价得分差异显著，个体对内群体的积极行为评价更为抽象。社会认同低，行为效价为消极时，个体对内群体和外群体的评价得分差异显著。

（二）研究二

实验 3 探讨在无威胁情景下，社会认同对 B 文化群组被试群际态度的影响。2（社会认同程度：高、低）×2（被评价群体：内群体、外群体）×2（行为效价：积极、消极）的重复测量方差分析结果表明，社会认同的主效应显著，$F(1, 57) = 5.07$，$p < 0.05$，$\eta^2 = 0.08$；社会认同、群体以及行为效价的交互效应显著，$F(1, 56) = 4.55$，$p < 0.05$，$\eta^2 = 0.09$。其余主效应和交互效应均不显著，$ps > 0.11$。简单效应分析结果如表 4 所示。

表 4 不同社会认同条件下 B 文化群组被试的 LIB 平均数（无威胁）

社会认同	行为效价	群体	M	SD	p
高	积极	内群体	2.84	0.14	0.10
		外群体	2.59	0.15	
	消极	内群体	2.63	0.14	0.04
		外群体	2.94	0.12	

续表

社会认同	行为效价	群体	M	SD	p
低	积极	内群体	2.32	0.14	0.41
		外群体	2.45	0.15	
	消极	内群体	2.37	0.14	0.35
		外群体	2.51	0.12	

简单效应分析结果表明，在无威胁情景下，高社会认同的 B 文化群组个体，对内、外群体的消极行为评价差异显著。其他条件下，对内、外群体的评价差异均不显著。

实验4探讨在威胁情景下，社会认同对 B 文化群组个体群际态度的影响。对实验4的数据做2（社会认同程度：高、低）×2（被评价群体：内群体、外群体）×2（行为效价：积极、消极）的重复测量方差分析。结果表明，社会认同的主效应显著，$F(1, 56) = 5.01$，$p < 0.05$，$\eta^2 = 0.09$；行为效价的主效应显著，$F(1, 57) = 5.16$，$p < 0.05$，$\eta^2 = 0.09$；群体和行为效价的交互效应显著，$F(1, 56) = 11.38$，$p < 0.05$，$\eta^2 = 0.17$；群体、行为效价、社会认同三阶交互作用显著，$F(1, 56) = 21.55$，$p < 0.05$，$\eta^2 = 0.29$。其余主效应及交互效应均不显著，$ps > 0.30$。简单效应分析结果如表5所示。

表5 不同社会认同条件下 B 文化群组被试 LIB 的平均数（启动威胁）

社会认同	行为效价	群体	M	SD	p
高	积极	内群体	3.15	0.14	0.00
		外群体	2.27	0.15	
	消极	内群体	2.25	0.13	0.00
		外群体	2.95	0.12	
低	积极	内群体	2.49	0.14	0.92
		外群体	2.51	0.15	
	消极	内群体	2.40	0.13	0.16
		外群体	2.17	0.12	

简单效应分析结果表明，B 文化群组的被试在威胁情境且社会认同程度高的条件下，对内、外群体的行为评价均表现出显著差异。而在威胁情景且社会认同低的条件下对内、外群体的行为评价差异均不显著。

四 讨论

当前研究以语言群际偏差为指标,通过两个研究,四个系列实验,探讨了社会认同和群际威胁对群际态度的交互影响。研究一探讨了不同社会认同水平下,有无威胁的群际情景中,A文化群组成员对内、外群体成员的态度。研究二探讨了不同社会认同水平下,有无威胁的群际情景中,B文化群组成员对内、外群体成员的态度。研究结果表明,群际态度受到社会认同、群际威胁、群体成员行为效价的交互影响。

(一) 各美其美:内群体偏爱的稳健性

在无威胁情景且高社会认同条件下,A文化群组被试对内群体的积极行为做出较为抽象的描述,B文化群组被试对内群体的消极行为做出较为抽象的描述,这都表现了内群体偏爱的特点。与B文化群组相比,A文化群组个体的民族身份更容易凸显,感受到本文化群组在宗教与文化方面具有更多的独特性,因而表现出更多的内群体偏爱 (Yang, Liao, & Huang, 2008)。B文化群组被试并未对内群体的积极行为表现出明显的内群体偏爱,这与大多相关研究结果相似。B文化群组作为主流民族,在社会自我图式中,其身份是默认的民族分类,很少引起个体的关注,在记忆提取和编码过程中精细化和组织化加工更少 (Yang, Liao, & Huang, 2008; Li, Wang, Jin, & Wu, 2016)。同时更倾向于将A文化群组的人和B文化群组的人同时知觉为更上位的群体概念,因此,B文化群组的被试并未表现出在积极行为上两个文化群组之间的分离。而对消极行为的描述表现出了内、外群体之间的显著差异,对内群体的消极行为描述较为具体,表现出内群体偏爱的特征。根据语言群际偏差假设,无论是A文化群组对内群体积极行为的偏爱,还是B文化群组对内群体消极行为的保护,其实质都表现了群体成员对内群体稳定的偏私现象。

态度是行为及行为意向的重要预测变量。研究表明,群体成员对内群体越偏爱,越有可能去帮助与自己属于同一群体的人,也越有可能去帮助外群体成员 (Everett, Faber, & Crockett, 2015)。当今社会,随着沟通交流的发展,不同文化之间的交融程度越来越高,群体成员更容易认识到不同文化的相似性,也更能包容不同文化的差异。这个变化过程可能出现跨群际的友谊或者在更高的集体身份水平上进行自我归类。研究表明,通过跨群体友谊的发展,外群体成员逐渐被纳入自我中,这使得个体对该外群体及其成员持积极的态度，进而提供更多的助人行为（Wright, Aron, & Tropp, 2002；曾盼盼、俞国良、林崇德，2011）。在群体间助人情境中，助人者在集体身份水平上做自我归类，并在集体水平上考虑外群体成员，把以前的外群体成员重新归类为一个共同的内群体成员以增加帮助。用共同的内群体身份代替独立的内群体身份通常会增强亲社会互动（Penner, Dovidio, Piliavin, & Schroeder, 2005）。

（二）不过度保护内群体：群际态度的理性变化

两个文化群组的被试在高社会认同条件下，分别对内群体积极和消极的行为表现出偏爱，并非对积极、消极行为无条件保护；相应地，在低社会认同条件下，两个文化群组的被试均未表现出内群体偏爱，这些结果提示群体成员的群际态度可能出现了新的变化：对内群体或者外群体的态度都更为理性。害群之马效应认为，当群体成员的行为过度偏离了群体原型，对群体形象造成损害时，个体会认为该行为不能代表内群体的典型行为，且会通过对该行为贬损的策略来维护内群体的积极形象（Leeuwen, Bosch, Castano, & Hopman, 2010；Marques, 1990）。当个体对自身所属群体的社会认同低时，内群体偏爱也相应减少，群体成员能较为客观地评价内群体成员的消极行为。文化会聚主义的观点认为群际偏见很大程度上是群际交流与互动不足所造成的（Prashad, 2003）。全球一体化使得不同群体之间的接触越来越多，这可能也是个体对内群体消极行为认知更为理性的原因。

（三）群际威胁与社会认同交互影响群际态度

对于 A 文化群组的被试，在启动威胁情景后，无论被试社会认同高低，无论内群体行为积极与否，个体都会表现出对内群体的偏爱与保护。对于 B 文化群组的被试，在启动威胁情景后，高社会认同的被试对内群体的积极行为和消极行为产生内群体偏爱与保护，低社会认同的被试对内群体的积极行为和消极行为均未表现出内群体保护。由此可见，威胁情景对于两个文化群组具有不同的作用。对 A 文化群组的被试来说，群际威胁出现时，社会认同对群际态度不再产生影响，个体表现出一味的内群体保护。这和已有研究结果相似，群际威胁引起了个体对外群体的负性认知（Stephan, Ybarra, & Morrison, 2009），使得个体表现出更明显的内群体偏爱（Hunter et al., 2005；Schmid & Muldoon, 2015）。少数民族更少获得健康方面的资源（Mourão & Bernardes, 2014），在涉及欺凌行为时会表现出更多无助（Llorent, Ortega-Ruiz, & Zych, 2016）。这可能对 A 文化群组的个体而言都是潜在的威胁，因此被试面对威胁时表现出了更明显的内群体保护。而 B 文化群组的被试感知到的群际威胁分化了社会认同对群际态度的影响。仅在高社会认同条件下 B 文化群组的被试表现出内群体偏爱，结合研究一的结果，说明即使是主流文化群组，群际威胁依然能改变个体的群际态度。

综上所述，无威胁情景下，社会认同程度高低能很好地预测个体的群际态度。对于高社会认同的个体来说，群体身份对自己非常重要，个体通过内群体偏爱和外群体贬损的策略来满足自身归属需要（Van Bavel & Cunningham, 2012），维持群体高自尊（Tajfel, 1986），以提升自我的自尊水平。而对于低社会认同的个体来说，现有社会身份并不重要，甚至会排斥现有社会身份。当群际威胁出现时，社会认同与群际威胁交互影响群体成员的群际态度。此外，两个文化群组在不同的条件下群际态度表现出了差异。这些研究结果对预测群际行为和构建和谐的群际关系具有重要的启示作用。

五　未来研究展望

当前研究还存在一些不足。研究只测量了个体对内群体的社会认同，没有控制个体对外群体的认同水平，未来的研究应该同时控制个体内、外群体的社会认同程度，进一步探讨社会认同对群际态度的作用，而且，应该采用行为指标检验群际态度的变化。

参考文献

杜卫、闫春平、孙晓敏，2009，《社会认知中归纳推论—演绎推论的不对称性现象》，《心理科学进展》第 5 期，第 1075~1080 页。

刘华，2008，《社会认同和内群体偏私的关系模型的实证研究》，硕士学位论文，陕西师范大学。

许科、赵来军，2012，《临时团队成员内群体认同对合作行为的影响——一个被调节的中介模型》，《软科学》第 10 期，第 116~120 页。

张婍、冯江平、王二平，2009，《群际威胁的分类及其对群体偏见的影响》，《心理科学进展》第 2 期，第 473~480 页。

佐斌、徐同洁，2015，《低地位群体的内/外群体偏好：基于 SC-IAT 的检验》，《心理研究》第 1 期，第 26~30 页。

曾盼盼、俞国良、林崇德，2011，《亲社会行为研究的新视角》，《教育科学》第 1 期，第 21~26 页。

Amiot, C. E., & Aubin, R. M. (2013). Why and how are you attached to your social group? Investigating different forms of social identification. *British Journal of Social Psychology*, 52, 563-586.

Brewer, M. B. (2001). Ingroup identification and intergroup conflict. *Social Identity, Intergroup Conflict, and Conflict Reduction*, 3, 17-41.

Bettencourt, B. A., Charlton, K., Eubanks, J., Kernahan, C., & Fuller, B. (1999). Development of collective self-esteem among students: Predicting adjustment to college. *Basic and Applied Social Psychology*, 21, 213-222.

Chen, X. P., Wasti, S. A., & Triandis, H. C. (2007). When does group norm or group identity predict cooperation in a public goods dilemma? The moderating effects of idiocentrism and allocentrism. *International Journal of Intercultural Relations*, 31, 259-276.

Everett, J. A. C., Faber, N. S., & Crockett, M. J. (2015). The influence of social preferences and reputational concerns on intergroup prosocial behavior in gains and losses contexts. *Royal Society Open Science*, 2, 150-546.

Hewstone, M., Rubin, M., & Willis, H. (2002). Intergroup bias. *Annual Review of Psychology*, 53, 575-604.

Hogg, M. A. (2004). Social identity, self categorization, and communication in small groups. *Language Matters Communication, Culture, and Social Identity*, 221, 243.

Hunter, J. A., Cox, S. L., O'Brien, K., Stringer, M., Boyes, M., Banks, M., Hayhurst, G. J., & Crawford, M. (2005). Threats to group value, domain-specific self-esteem and intergroup discrimination amongst minimal and national groups. *British Journal of Social Psychology*, 44, 329-353.

Shulman, L. J., Katherine A. Collins, & Richard Clément. (2011). In consideration of social context: Re-examining the linguistic intergroup bias paradigm. *Journal of International & Intercultural Communication*, 4, 310-332.

Jetten, J., Spears, R., & Manstead, A. S. (1997). Distinctiveness threat and prototypicality: Combined effects on intergroup discrimination and collective self-esteem. *European Journal of Social Psychology*, 27, 635-657.

Kreidie, L. H., & Monroe, K. R. (2002). Psychological boundaries and ethnic conflict: How identity constrained choice and worked to turn ordinary people into perpetrators of ethnic violence during the lebanese civil war. *International Journal of Politics Culture & Society*, 16, 5-36.

Leeuwen, E. V., Bosch, M. V. D., Castano, E., & Hopman, P. (2010). Dealing with deviants: The effectiveness of rejection, denial, and apologies on protecting the public image of a group. *European Journal of Social Psychology*, 40, 282-299.

Li, H., Wang, E. X., Jin, S., Wu, S. (2016). Ethnic identity salience improves recognition memory in tibetan students via priming. *Cultural Diversity & Ethnic Minority Psy-*

chology, 22, 229.

Llorent, V. J. , Ortega-Ruiz, R. , & Izabela Zych. (2016). Bullying and cyber bullying in minorities: Are they more vulnerable than the majority group? *Frontiers in Psychology*, 7, 1507.

Maass, A. , Salvi, D. , Arcuri, L. , & Semin, G. R. (1989). Language use in intergroup contexts: The linguistic intergroup bias. *Journal of Personality and Social Psychology*, 57, 981–993.

Marques, J. D. C. M. (1990). The black sheep effect: Outgroup homogeneity in social comparison settings. In *Social Identity Theory: Constructive and Critical Advances*.

Morrison, K. R. , Fast, N. J. , & Ybarra, O. (2009). Group status, perceptions of threat, and support for social inequality. *Journal of Experimental Social Psychology*, 45, 204–210.

Mourão, S. S. M. , & Bernardes, S. G. D. C. F. (2014). Ethnic minorities and immigrants therapeutic (non) adherence: What is the role of social and cultural contexts? *Análise Psicológica*, 32, 341–351.

Otten, S. , & Moskowitz, G. B. (2000). Evidence for implicit evaluative in-group bias: Affect-biased spontaneous trait inference in a minimal group paradigm. *Journal of Experimental Social Psychology*, 36, 77–89.

Penner, L. A. , Dovidio, J. F. , Piliavin, J. A. , & Schroeder, D. A. (2005). Prosocial behavior: Multilevel perspectives. *Annual Review of Psychology*, 56, 365–392.

Prashad, V. (2003). Bruce lee and the anti-imperialism of kung fu: A polycultural adventure. *Positions East Asia Cultures Critique*, 11, 51–90.

Riek, B. M. , Mania, E. W. , Gaertner, S. L. , Mcdonald, S. A. , & Lamoreaux, M. J. (2010). Does a common ingroup identity reduce intergroup threat? *Group Processes & Intergroup Relations*, 13, 403–423.

Randolph-Seng, B. , Reich, D. A. , & Demarree, K. G. (2012). On the nonconscious antecedents of social identification: Ingroup salience, outgroup salience, or both? *Social Cognition*, 30, 335–349.

Renfro, C. L. , Duran, A. , Stephan, W. G. , & Clason, D. L. (2006). The role of threat in attitudes toward affirmative action and its beneficiaries. *Journal of Applied Social Psychology*, 36, 41–74.

Shih, M. , & Ambady, P. N. (1999). Stereotype susceptibility: Identity salience and shifts in quantitative performance. *Psychological Science*, 10, 80–83.

Stangor, C. , & Leary, S. P. (2006). Intergroup beliefs: Investigations from the social side. *Advances in Experimental Social Psychology*, 38, 243–281.

Schmid, K. , & Muldoon, O. T. (2015). Perceived threat, social identification, and psychological well-being: The effects of political conflict exposure. *Political Psychology*, 36, 75–92.

Spears, R. , Doosje, E. J. , & Ellemers, N. (1997). Self-stereotyping in the face of threats to group status and distinctiveness: The role of group identification. *Personality & Social Psychology Bulletin*, 23, 538–553.

Stephan, W. G., Ybarra, O., Martnez, C. M., Schwarzwald, J., & Tur-Kaspa, M. (1998). Prejudice toward immigrants to Spain and Israel: An integrated threat theory analysis. *Journal of Cross-Cultural Psychology*, 29, 559–576.

Stephan, W. G., Diaz-Loving, R., & Duran, A. (2000). Integrated threat theory and intercultural attitudes: Mexico and the United States. *Journal of Cross-Cultural Psychology*, 31, 240–249.

Stephan, W. G., & Renfro, C. L. (2002). From prejudice to intergroup emotions: Differentiated reactions to social groups. *Asian Journal of Social Psychology*, 7, 119–122.

Stephan, W. G., Ybarra, O., & Morrison, K. R. (2009). Handbook of prejudice. In *Handbook of Prejudice, Stereotyping, and Discrimination*.

Semin, G. R., & Fiedler, K. (1988). The cognitive functions of linguistic categories in describing persons: Social cognition and language. *Journal of Personality & Social Psychology*, 54, 558–568.

Simon, B., Sturmer, S., & Steffens, K. (2000). Helping individuals or group members? The role of individual and collective identification in aids volunteers. *Personality & Social Psychology Bulletin*, 26, 497–506.

Tajfel, H., & Turner, J. (1979). An integrative theory of intergroup conflict. *The Social Psychology of Intergroup Relations*, 33, 94–109.

Tajfel, H. (1986). The social identity theory of intergroup behavior. *Psychology of Intergroup Relations*, 13, 7–24.

Tarrant, M., Calitri, R., & Weston, D. (2012). Social identification structures the effects of perspective taking. *Psychological Science*, 23, 973–978.

Van Bavel, J. J., & Cunningham, W. A. (2012). A social identity approach to person memory: Group membership, collective identification, and social role shape attention and memory. *Personality and Social Psychology Bulletin*, 38, 1566–1578.

Wegge, J., Van Dick, R., Fisher, G. K., Wecking, C., & Moltzen, K. (2006). Work motivation, organizational identification, and well-being in call centre work. *Work & Stress*, 20, 60–83.

Wright, S. C., Aron, A., & Tropp, L. R. (2002). Including others (and groups) in the self. In *The Social Self: Cognitive, Interpersonal and Intergroup Perspectives*.

Yang, H., Liao, Q., & Huang, X. (2008). Minorities remember more: The effect of social identity salience on group-referent memory. *Memory*, 16, 910–917.

群体本质主义与群际刻板印象：自然类别和群体实体性如何预测热情和能力？

韦庆旺　董文兰　武心丹　周欣彤　唐楠棋[**]

摘　要： 以往研究发现群体本质主义增强群际刻板印象，并对群际关系具有负面作用。但这些研究多采用单一维度界定群体本质主义。本研究从群体本质主义包含自然类别和群体实体性的两维度视角出发，结合刻板印象内容模型，用两个研究考察群体本质主义与群际刻板印象的关系。研究1发现群体的自然类别和群体实体性对热情均有显著的负向预测作用，研究2发现对于不同的群体，个体对其自然类别和群体实体性的知觉与对其能力和热情的知觉之间的关系也不同。最后，就群体本质主义的两维结构、刻板印象内容模型所定义的群体刻板印象，以及两者之间的关系进行了讨论。

关键词： 本质主义　刻板印象　自然类别　群体实体性

一　引言

在我们的社会中，存在很多人们看得见或看不见的社会类别，如男女

---

[*] 中国人民大学科学研究基金（中央高校基本科研业务费专项资金资助）项目（15XNQ038）成果。
[**] 韦庆旺，中国人民大学心理学系、国家民委民族语言文化心理重点研究基地、教育部民族教育发展中心民族心理与教育重点研究基地副教授，硕士生导师；董文兰，中国人民大学心理学系硕士生；武心丹，北京市建华实验学校教师，通信作者，E-mail: spurscherry@126.com；周欣彤，中国人民大学心理学系硕士生；唐楠棋，北京大学心理与认知科学学院硕士生。

性别、高低社会阶层、有差异的文化等。以这些社会类别为维度进一步划分又会得到一个又一个的社会群体，如女性、中产阶级等。这些社会群体构成了我们这个纷繁复杂却也缤纷多彩的世界。而在这些类别及群体的划分背后，群际关系逐渐凸显并成为当今社会的一个热点话题。性别歧视、对同性恋群体的敌视和排斥等都在提醒我们：研究群际关系、解决群际冲突已成为我们不得不面对的挑战。

　　从心理学角度去分析，发现这些社会问题的一个心理根源在于根植于各个类别最深处的、不可见于表面的、无法改变的本质主义（essentialism）（Medin & Ortony, 1989）。本质主义这一概念最先起源于哲学，Medin 和 Ortony 将本质主义引入心理学中，用来指外行人（lay people）对生物类别所具有的本质的信念（Medin & Ortony, 1989）。在社会心理学中，不同学者对本质主义的定义存在差别（高承海、侯玲、吕超、万明钢，2012）。但有学者认为相关的研究传统主要有两个（Ryazanov & Christenfeld, 2018）：一个是从 Dweck 等（1993, 1995）开创的个体特质的本质论发展到群体本质论（Entity Theory）与社会建构论（Social Constructive Theory），群体本质论认为基于群体身份的群体成员的特质是不可改变的，社会建构论认为群体身份是社会建构的产物，不同群体成员之间没有绝对的差别（No, Hong, Liao, & Lee, 2008; Chao, Hong, & Chiu, 2013）；另一个是群体实体性（entitativity），指一个群体内部成员之间具有一致性，并与群体外成员界限分明的程度（Campbell, 1958; Hamilton & Sherman, 1996）。

　　不管从群体本质主义的哪一个传统出发，过去 20 多年大量研究表明群体本质主义会在刻板印象、群体偏见和态度等方面影响群际关系（高承海、侯玲、吕超、万明钢，2012；Agadullina & Lovakov, 2018）。有关群体本质论/社会建构论的研究发现，那些本质论者（VS 社会建构论者）更倾向于对种族进行分类（Chao et al., 2013），觉得群体间差异更大，对外群体有更强的消极刻板印象（Jayaratne, Ybarra, Sheldon, Brown, Feldbaum, Pfeffer, & Petty., 2006; No et al., 2008; 高承海、万明钢，2013），并且更可能认为种族不平等是无法避免的，更可能会选择不与外种族的人建立工作或亲密关系（Williams & Eberhardt, 2008）。最新的研究发现本质论会减少群际信任和对移民群体的接纳（Kung, Chao, Yao, Adair, Fu, & Tasa, 2018; Madan, Basu, Rattan, & Savani, 2019）。但一些研究也发现了不一致的结果，例如在对待生理和心理疾病群体，以及在对群体进行道德和责任判断的时候，对当事者持有本质论的人有更积极的态度，认为他们负更少的责任（Ryazanov & Christenfeld, 2018）。

有关群体实体性的研究发现，群体实体性对群际态度和偏见的影响存在不一致的结果。一个外群体越被认为有群体实体性，越被认为是危险的和恶毒的（Dasgupta, Banaji, & Abelson, 1999）；高群体实体性的群体还会引发刻板印象、种族主义、对同性恋和心理障碍者等群体的偏见、对外群体的归责和惩罚等（Agadullina & Lovakov, 2018）。然而，也有研究发现，群体实体性与种族主义、性别主义和对心理障碍者的负面态度没有关系（例如，Effron & Knowles, 2015; Keller, 2005）。

研究者在综合以往理论分析和实证研究的基础上，对群体本质主义的两个传统进行了整合（Haslam, Rothschild, & Ernst, 2000; Haslam, Bastian, & Bissett, 2004; Haslam, Bastian, Bain, & Kashima, 2006; Haslam, 2017）。在早期的研究中，Haslam 等（2000）通过对 20 个社会类别 40 个群体（如性别作为社会类别，包含男和女两个群体）在群体本质主义的各个维度进行评定，得到了两个维度，将与群体本质论/社会建构论传统有关的内容维度命名为自然类别（natural kind），将与群体实体性有关的维度仍命名为群体实体性。自然类别指一类同源的、有可观察的相同特征的、能够区别于其他类别的事物的集合；群体实体性指某一社会集合具有"自然的实体属性"并"真实存在"的程度，或者说一群人被知觉为结合在某个一致单位中的程度。该研究还发现，一个群体的社会地位越高，其群体实体性越低，尤其是对于那些自然类别得分比较高的群体。由此，Haslam 等（2000）认为群体本质主义并不是一个单一的维度，不同维度与对群体的偏见和负面态度也存在多样和复杂的关系。后来，群体本质主义的这两个维度在不同群体和文化背景下得到了进一步的验证（Haslam, Rothschild, & Ernst, 2002; 武心丹, 2018; Karasawa, Asai, & Hioki, 2019）。

最近的研究也发现，从自然类别和群体实体性两个维度考察群体本质主义，可以对群体本质主义与群际关系有更丰富的认识（Andreychik & Gill, 2015; Haqanee, Lou, & Lalonde, 2014）。在 Haqanee 等（2014）对精神分裂症患者、帕金森病患者和酒精依赖者的偏见的研究中，发现帕金森病患者的自然类别得分高于精神分裂症患者，精神分裂症患者的自然类别得分高于酒精依赖者，三者在群体实体性的得分上无差异。但是，人们对三者的偏见从高到低依次是酒精依赖者、精神分裂症患者和帕金森病患者，而对偏见起预测作用的，只有精神分裂症患者的群体实体性。在 Andreychik 和 Gill（2015）的研究中，自然类别和群体实体性对一个实验者人为创设的虚拟群体的态度也产生了不同的影响。然而，遗憾的是，通过结合自然类别和群体实体性的整合视角来考察群体本质主义及其与群际关系的研究并不多。

相比于群体本质主义这一整合的两维度框架受到较少的关注，从能力与热情两维度对群际关系概念进行整合的刻板印象内容模型得到了更多的关注（Fiske, Cuddy, Glick, & Xu, 2002；Cuddy, Fiske, & Glick, 2007）。刻板印象内容模型包含四个假设。（1）两维度假设：在我们的社会中，可以通过能力和热情（competence and warmth）这两个维度来确定每一个社会群体的位置。（2）混合刻板印象假设：大部分社会群体在能力和热情这两个维度上的表现都是一高一低的，即在能力维度上得分较高的社会群体通常在热情维度上得分较低，在热情维度上得分较高的社会群体通常在能力维度上得分较低。只有少数社会群体可以在能力和热情两个维度上都占据较高或较低的位置，即"双高"或"双低"社会群体。（3）社会结构相关假设：一些社会结构相关变量可以预测能力和热情两维度，如社会地位与能力具有正相关关系，即人们更加倾向于认为社会地位更高的人能力也更强；竞争性与热情具有负相关关系，即人们常常会认为与本社会群体有竞争关系的群体是缺乏热情的。或者说，人们更加倾向于在热情维度上给这些与自己社会群体有竞争关系的社会群体以较低的评价。（4）内群体偏好和榜样群体偏好假设：人们在评价自身所属群体（内群体）时，常常在能力和热情这两个维度上都给予自己的内群体以较高的分值，即自己的内群体往往会成为"双高"群体。除内群体之外，人们对社会榜样群体（如基督徒、中产阶级、白人）的评价也属于这种能力和热情"双高"的类型（高明华，2010）。

最近，从群体实体性角度考察群体本质主义的研究开始与刻板印象内容模型联系起来，并通过热情和能力两个方面的刻板印象引申到对群际偏见和态度的考察。首先，一个群体越具有群体实体性，被知觉为能力越强（Callahan & Ledgerwood, 2016）。如在群际冲突情境中，群体的高群体实体性会由于提升群体被知觉的能力水平而抑制和减少来自其他群体或群体成员实施的惩罚（Newheister & Dovidio, 2015）。其次，群体实体性产生的对群体高能力知觉的效应受到群体自身积极和消极特征的影响。有研究发现，对于那些接受捐款的弱势群体，在群体具有积极特质的条件下，群体实体性提升了被试给他们捐款的数量（Smith, Faro, & Burson, 2012）。最近，研究者结合刻板印象内容模型提出群体实体性对刻板印象的影响有两种效应（Dang, Liu, Ren, & Su, 2018）。一是扩大热情的原本效应，原本热情高的群体，群体实体性越高，被知觉到的热情越高；原本热情低的群体，群体实体性越高，被知觉到的热情越低。二是不管群体原本的能力是高是低，群体实体性总能提升群体被知觉到的能力水平。该研究对解释以往群体实体性对群际知觉和群际关系影响不一致的结果具有一定的启发性，然而，他们并没有考察群体本质主义的自然类别维度与热情和能力两方面刻板印象的关系。

综上所述，群体本质主义的两维度视角和刻板印象内容模型都是具有整合性的群体和群际理论框架，但尚没有学者将两者结合起来进行研究。本研究旨在同时探索群体本质主义的两个维度与刻板印象内容模型的两个维度之间的关系。一方面，已有的少数以自然类别和群体实体性两维度来综合考察群体本质主义与刻板印象和群际偏见关系的研究，初步表明两个维度的区分是有必要的（Andreychik & Gill, 2015; Huic, Jelic, & Kamenov, 2018）。例如，Huic 等（2018）发现自然类别减少了对同性恋的偏见，并增加了对同性恋的积极行为，而群体实体性增加了对同性恋的偏见，减少了对同性恋的积极行为。

另一方面，群体实体性对群际热情和能力知觉的不同影响，也表明从热情和能力两维度综合考察刻板印象的重要性（Dang et al., 2018）。因此，我们假设自然类别和群体实体性两种本质主义信念与群际的热情和能力两方面的刻板印象有复杂多样的关系。考虑到不同群体在自然类别和群体实体性的评价方面不同（Haslam et al., 2000），以及根据它们在社会上的地位和群际关系性质不同（社会评价特征，以及内、外群体划分），在热情和能力上的知觉也不同（Fiske et al., 2002），所以自然类别和群体实体性与群际热情和能力知觉的关系，也将因群体的不同而不同。

本研究旨在从群体和个体两个不同角度对群体本质主义与群际刻板印象的关系进行考察，分为两个子研究。参照 Haslam 等（2000）和 Fiske 等（2002）的研究均通过考察多种群体并进行群体水平的分析来建立自己的理论，研究 1 以自然类别和群体实体性两维度测量了 20 个社会群体的群体本质主义和刻板印象内容模型所提出的热情和能力两维度构成的刻板印象知觉水平，并进行群体水平的分析，即所有被试在每一个量表题目上的得分先进行平均，得到该题目在群体水平的分数，再以群体为分析单位，进行相关和回归分析（Haslam et al., 2000）。研究 2 进一步参考 Fiske 等（2002）先从多种群体出发再聚焦少数几个群体的研究思路，在研究 1 多种群体的基础上缩小群体范围，聚焦 5 个群体来进一步探索群体本质主义的两维度在不同社会群体层面上对群际刻板印象的预测作用。此外，考虑到群体的社会地位在 Haslam 等（2000）和 Fiske 等（2002）的研究中都有重要的影响，研究 1 和研究 2 均对群体社会地位的作用进行了考察。

二 研究1：社会代表性群体的本质主义与刻板印象知觉

通过对20个群体本质主义两维度、刻板印象两维度以及社会地位的测量，来探索本质主义两维度对刻板印象的预测作用。我们的假设是：自然类别和群体实体性作为本质主义的两个维度，对群体的热情和能力知觉有不同的预测作用。

（一）方法

1. 被试

本次研究由61名在校大学生完成。其中包括12名男生，占所有被试数量的19.67%，以及49名女生，占所有被试数量的80.33%。所有被试的年龄范围为18~25岁（$M=21.92$，$SD=2.12$）。所有被试均自愿参加研究，并在正式研究前签署知情同意书，研究结束后获得相应报酬。这些被试对我们的研究目的及研究假设均不知情。

2. 测量

本研究主要采用问卷法，所有被试均通过在线方式进行招募并完成问卷，之后获得相应报酬。

本研究使用的主要测量工具如下。

群体本质主义问卷 采用Haslam等（2000）在其研究中使用的本质主义量表，选择更常用的6个题目，自然类别包括不变性、自然性、稳定性3个题目，群体实体性包括信息性、内在性、一致性3个题目。这6个本质主义题目的表述如下所示。

不变性：一些社会群体的成员身份是不固定的，很容易改变，成员脱离这些群体非常容易；另一些社会群体的成员身份相对固定，不容易改变，成员脱离这些群体非常困难。

自然性：一些社会群体是天然形成的，另一些社会群体是人为界定的。

稳定性：一些社会群体具有跨时间的稳定性，它们一直存在，它们的特征不会随着历史变迁而发生改变；另一些社会群体则不太稳定，它们的特征发生过实质的改变，它们不会一直存在。

信息性：一些社会群体，根据它们的群体标签能够对其成员特征做出很多推断，知道某个人属于这个群体，就等于知道了他具有哪些特征；另一些社会群体，根据它们的群体标签很难对其成员特征做出多少推断，知道某个人属于这个群体，对于了解他具有哪些特征并没有多少帮助。

内在性：表面上，同属于一个社会群体的不同成员，可能既有相似之处也有不同之处。但是，在表面特征的背后，一些群体的成员有共同的内在属性，另一些群体的成员没有共同的内在属性。

一致性：一些社会群体，成员之间很相似，有很多共同特征，他们是比较一致的；另一些社会群体，成员之间差异很大，不具有一致性。

被试需要根据每个社会群体在相应题目上的表现，对它们进行 9 点计分的评价 (1 = 非常不同意，9 = 非常同意) ，其中内在性为反向计分。被试只有在评价完一个题目下所有社会群体后，才可以进入第二个题目的评价。由于该量表是英文版本的，所以先用回译法翻译成中文，请双语人士 (英语专业的硕士研究生以及中文专业的母语为英语的硕士研究生) 再翻译回英文，比较翻译版和最初的版本，发现有问题的翻译，并通过两个翻译者之间的讨论产生一个改进的最终确定的版本。

刻板印象问卷 采用 Fiske 等 (2002) 在其研究中使用过的方法：让被试在一些形容词维度上对被评价群体进行打分。我们在中国人社会认知基本维度词库 (韩梦霏、Oscar Ybarra、毕重增，2015) 的基础上结合相关研究背景选取了 10 个形容词，其中 5 个代表刻板印象能力维度的词分别为自信、能干、高效、聪明、独立；5 个代表刻板印象热情维度的词分别为宽容、温暖、和善、真诚、友好。需要被试对给出的社会群体在这 10 个形容词上的表现进行 5 点打分 (1 = 低，5 = 高) 。被试只有在评价完一个形容词下的所有社会群体后，才可以进入第二个形容词的评价。

社会地位问卷 同样采用 Fiske 等 (2002) 在其研究中使用过的方法，使用职业声望、经济成就、受教育程度 3 个维度为评价标准，让被试对被评价群体在这些维度上的表现进行打分。使用 5 点计分的评价 (1 = 低，5 = 高) 。

人口学信息 被试需要填写性别、年龄、年级、主客观社会阶层等信息。

每位被试都要在 19 个题目下完成 20 个社会群体的打分。19 个题目中，1~5 题测量刻板印象内容模型中的能力维度 (α = 0.91)，6~10 题测量刻板印象内容模型中的热情维度 (α = 0.98)；11~13 题为社会地位的测量 (α = 0.92)；14、17、18 题测量本质主义中的自然类别维度 (α = 0.84)，15、16、19 题测量本质主义中的群体实体性维度 (α = 0.90)。

20 个社会群体来自之前的调查研究，在中国社会众多具有一定的典型性和代表性的群体之中选出，根据理论和研究目的进行选择（武心丹，2018；预研究和研究一）。具体地说，我们通过这些社会群体在本质主义的自然类别、群体实体性两维度上定位的高低匹配情况进行筛选，具体分为以下五类：（1）自然类别与群体实体性双高，我们选择了在自然类别和群体实体性两维度上都最趋近于最大值的三个群体：男性、A文化群体[①]、东北人；（2）低自然类别高群体实体性，我们选择了在自然类别维度上趋近于最小值，在群体实体性维度上趋近于最大值的三个群体：容易相处的人、爱国主义者、性格内向的人；（3）自然类别与群体实体性双低，我们选择了在自然类别和群体实体性两维度上都最趋近于最小值的三个群体：商人、驴友、吃货；（4）高自然类别低群体实体性，我们选择了在自然类别维度上趋近于最大值，在群体实体性维度上趋近于最小值的三个群体：B文化群体[②]、上海人、癌症患者；（5）自然类别、群体实体性都最趋近于0的三个群体：海归、富二代、抑郁症患者。此外，根据以往的经典研究以及目前我国的社会现状，除了上述15个社会群体之外，还有5个社会群体非常具有理论意义和研究价值，我们对此予以补充。这些具有极大理论意义和研究价值的社会群体包括以下三类：（1）以往的经典研究广泛关注的社会群体——女性、同性恋；（2）我国社会发展进程中孕育出来的特有社会群体——留守儿童、农民工；（3）本系列研究的大多数被试所属的群体——大学生。

所有的20个社会群体在上述19个题目上都会分别得到61个被试所做出的评分，评分的指导语强调每个群体"在社会看来"（而不是在被试自己看来）它的特征如何。依据Haslam等（2000）群体水平分析的程序，将每一个题目61个被试评分的平均分作为该群体在该题目上的得分。如此数据转换为群体水平的数据，这些转换后的分数才是本研究之后所有统计分析的基础。

（二）结果和讨论

我们首先以图的方式呈现所有20个社会群体在以上19道题中的得分。使用每个社会群体在本质主义的自然类别、群体实体性两维度上的得分作为这个群体的横、纵坐标，来对这个群体进行定位。同时每个社

[①] A文化群体在全国总人口中所占比例不足1%，相对于B文化群体，他们有自己独特的文化信仰。

[②] B文化群体在全国总人口中所占比例超过90%，他们有以儒释道为主的文化传统。

会群体都由一个圆形表示，圆形面积越大，代表该社会群体的社会地位得分越高。社会群体在刻板印象两维度上的定位也是同理。详见图1、图2。

从图1中我们发现，性别（男性、女性）及文化群体（A文化群体、B文化群体）在本质主义的自然类别维度上得分更高，表明性别和文化群体更具有自然属性。相对来讲，在群体实体性维度上得分更高的农民工、留守儿童等群体，则是由于其群体成员具有某些相似的社会性特征聚合而成，相对更具有社会属性。同时社会地位上的得分也有群体间的差异。

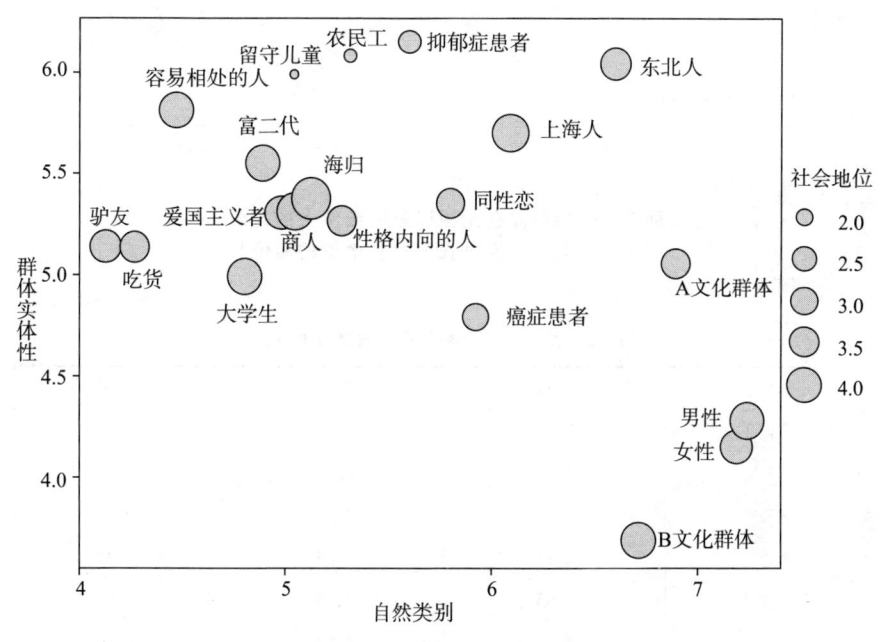

图1 社会群体在本质主义两维度上的定位
（圆形的大小代表社会地位的高低）

各群体在刻板印象的能力和热情两维度上的得分如图2所示，我们发现并非所有群体都如刻板印象内容模型中假设的一样：在刻板印象能力和热情两维度上得分一高一低。有一些明显符合这一假设的群体，如上海人是典型的高能力、低热情，而癌症患者则是典型的高热情、低能力。但有一些群体的能力与热情差异并不显著。根据配对样本 t 检验的结果（见表1），排除能力和热情差异不显著的群体，即驴友、爱国主义者、东北人、B文化群体，然后进行进一步的分析。

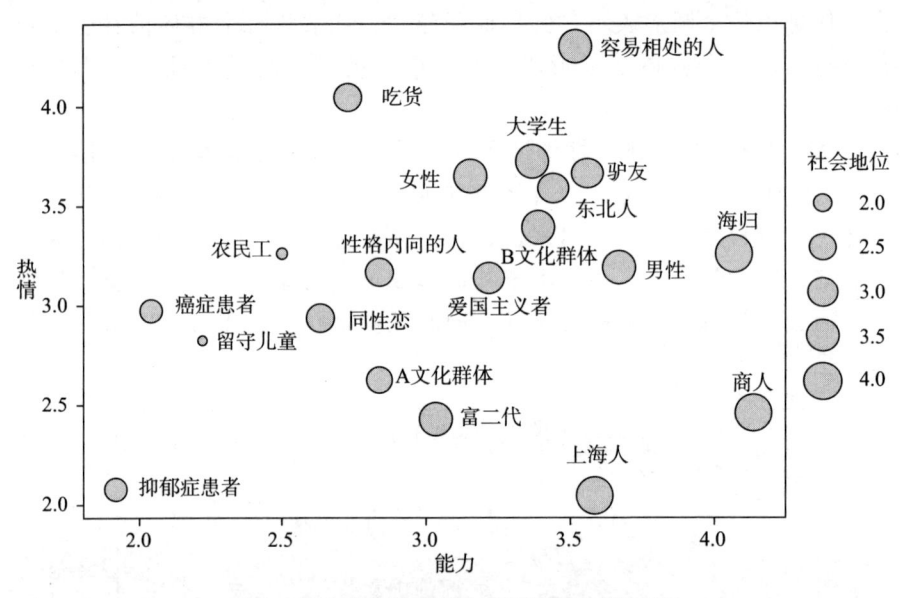

图2 社会群体在刻板印象两维度上的定位
（圆形的大小代表社会地位的高低）

表1 能力-热情的配对样本 t 检验

社会群体	能力	热情	差异
性格内向的人	2.84	3.17	-0.33**
上海人	3.59	2.05	1.54***
驴友	3.56	3.67	-0.10
女性	3.16	3.65	-0.49***
癌症患者	3.05	2.98	-0.93***
同性恋	2.64	2.94	-0.30***
容易相处的人	3.52	4.30	-0.79***
A文化群体	2.84	2.62	0.22**
爱国主义者	3.22	3.14	0.07
富二代	3.04	2.43	0.61***
东北人	3.44	3.59	-0.15
大学生	3.37	3.72	-0.35***
海归	4.07	3.26	0.81***
吃货	2.73	4.05	-1.31***
抑郁症患者	1.92	2.08	-0.16*

续表

社会群体	能力	热情	差异
留守儿童	2.22	2.83	-0.61***
农民工	2.50	3.27	-0.77***
男性	3.67	3.19	0.48***
商人	4.14	2.46	1.68***
B 文化群体	3.39	3.39	0.00

注：表中数据为统计软件统一计算后保留两位小数的结果，所以能力和热情差异值并非先保留两位小数后再计算的能力与热情的差值。

* 在 0.05 水平上显著相关（双侧）；
** 在 0.01 水平上显著相关（双侧）；
*** 在 0.001 水平上显著相关（双侧）。
下同。

对剩余 16 个群体进行相关分析，得到刻板印象能力、热情两个维度，本质主义自然类别、群体实体性两个维度，以及社会地位这些变量在剩下的 16 个社会群体上评分的相关。结果发现，本质主义的两个维度自然类别和群体实体性之间有显著的负相关关系，说明更趋近自然类别的群体，更不容易被感知为具有高群体实体性。而社会地位则与刻板印象的能力维度有显著正相关关系，说明人们会倾向于认为，社会地位越高的群体能力就越强，这符合刻板印象内容模型。具体结果见表 2。

表 2 刻板印象维度、本质主义维度与社会地位间的相关

	M（SD）	1	2	3	4	5
1. 自然类别	5.56（0.91）	1.00				
2. 群体实体性	5.32（0.58）	-0.59*	1.00			
3. 能力	3.02（0.68）	0.00	-0.28	1.00		
4. 热情	3.06（0.66）	-0.28	-0.31	0.16	1.00	
5. 社会地位	3.09（0.79）	-0.03	-0.33	0.90**	0.09	1.00

为了进一步明晰本质主义两维度及社会地位对刻板印象两维度的预测力，本研究接下来以本质主义的自然类别、群体实体性两维度及社会地位作为自变量，以刻板印象的能力、热情两维度分别作为因变量进行回归分析。具体结果见表 3。

表 3 本质主义维度、社会地位对刻板印象维度的预测

	能力			热情		
	β	SE	t	β	SE	t
自然类别	0.05	0.12	0.43	-0.56	0.20	-2.86*
群体实体性	0.08	0.20	0.38	-0.95	0.33	-2.91*
社会地位	0.80	0.12	6.75**	-0.18	0.20	-0.92
ΔR^2			0.77			0.33

结果发现，本质主义的自然类别和群体实体性两维度可以显著预测刻板印象的热情维度，且这个预测作用的方向为负（β = -0.56，p < 0.05；β = -0.95，p < 0.05），但本质主义的自然类别和群体实体性两维度对刻板印象的能力维度的预测作用不显著。说明本质主义越强的社会群体，被感知到的热情就越低，无论该群体更趋近于本质主义哪个维度，但社会群体的本质主义强弱程度对其被感知到的能力没有明显预测作用。而社会地位这一变量可以显著正向预测刻板印象的能力维度（β = 0.80，p < 0.01），说明社会地位越高的群体能力就越强，这与之前相关分析的结果一致。

总的来说，研究 1 发现群体本质主义的自然类别和群体实体性对刻板印象的热情维度有独立的负向预测作用。具体而言，从自然类别的角度来看，一个群体越稳定和不可改变，它被知觉到的热情水平越低。该结果与以往聚焦于自然类别的本质主义研究发现本质主义对刻板印象和群际关系产生负面影响的结果一致（高承海、侯玲、吕超、万明钢，2012；Agadullina & Lovakov，2018）。从群体实体性的角度来看，本研究表明，一个群体同质性越强，与其他群体界限越分明，它被知觉到的热情水平越低。以往较少有关于群体实体性对刻板印象热情维度影响的研究，更多的研究给出或假定某个群体在热情维度上的积极或消极性质，然后群体实体性具有扩大这个积极或消极性质的作用（Dang et al.，2018）。由于本研究将所有群体的热情得分平均起来，在群体水平上进行分析，所以很难直接检验群体实体性对热情的扩大作用。

对于刻板印象的能力维度，不管是自然类别还是群体实体性，都没有显著的预测作用，这至少以往发现群体实体性总能够增强能力知觉的研究不符（Dang et al.，2018）。但考虑到群体的社会地位对刻板印象能力维度有非常显著的预测作用，自然类别和群体实体性的作用可能被社会地位的效应掩盖了。因为本研究是从群体水平进行分析，每个群体的分数都是 61 个被试的平均分，这样得到的群体社会地位是一个群体与其他多个群体

相比较的社会地位,即使不同被试对同一个群体的社会地位有不同的看法,也无法体现。所以,为了厘清这些效应,尤其是探索在被试看来(在个体水平上),不同的群体类型和特征对群体本质主义与刻板印象关系的影响,研究 2 在研究 1 基础上聚焦于 5 个不同群体,考察每个个体对这 5 个群体的本质主义和刻板印象的知觉。

三 研究 2:聚焦 5 个群体考察本质主义与刻板印象的关系

在研究 1 的基础上缩小群体范围,使用富二代、农民工、A 文化群体、B 文化群体、大学生这几个群体作为被评价群体,让被试在社会群体本质主义两维度、刻板印象两维度以及社会地位的题目上为这些群体打分,以此来探索是否聚焦群体之后,不同的社会群体会在本质主义两维度预测刻板印象两维度的过程中有不同的表现。

(一)方法

1. 被试

本研究由 200 名在校大学生完成。其中包括 109 名男生,占所有被试数量的 54.50%,以及 91 名女生,占所有被试数量的 45.50%。所有被试的年龄范围为 17~25 岁($M = 19.31$, $SD = 1.02$)。所有被试均自愿参加研究,并在正式研究前签署知情同意书,研究结束后获得相应报酬。这些被试对我们的研究目的及研究假设均不知情。

2. 测量

本研究主要采用问卷法进行测量,所有的被试均通过在线方式进行招募并完成问卷,之后获得相应报酬。本研究使用的主要测量工具与研究 1 相同。每名被试都要在 19 个题目下完成 5 个社会群体的打分。与研究 1 不同,评分的指导语不再是强调每个群体"在社会看来"它的特征如何,而是被试自己认为如何。然后,将这些个体水平的分数直接进行统计分析,不再进行群体水平的转化。

借鉴 Fiske 等(2002)的研究思路,所选的 5 个社会群体主要来自研究 1 使用过的 20 个社会群体,我们的筛选标准有以下两点:(1)从理论研究意义方面来讲,我们一方面关注既能够凸显自然类别又能够凸显群体实体性的群体,另一方面关注能尽可能涵盖在热情和能力知觉方面得分高低不同的多样组合的群体;(2)从现实应用价值方面来讲,我们重点考察备受社会关注的群体。综合考虑下，在研究1中选取了农民工、富二代、A文化群体、B文化群体、大学生5个群体。依据 Haslam 等（2000）和 Fiske 等（2002）的理论，以及结合研究1的结果，我们假定农民工与富二代构成凸显群体实体性的一组，预期农民工具有高热情低能力的特点，富二代具有高能力低热情的特点；A文化群体和B文化群体构成凸显自然类别的一组，预期B文化群体具有高能力高热情的特点，A文化群体具有低热情高能力的特点；大学生与同为大学生的被试构成内群体的一个参照，预期具有高能力高热情的特点。

（二）结果和讨论

我们首先对这5个社会群体在本质主义的自然类别维度与群体实体性维度、刻板印象的能力维度与热情维度、社会地位这几个变量上的得分做了描述性统计。具体结果见表4。从这个描述性统计的结果来看：在本质主义评价中，A文化群体和B文化群体是典型的更趋近自然类别这一维度的群体，而富二代、农民工、大学生则都是更趋近群体实体性这一维度的群体，并且A文化群体在本质主义的自然类别、群体实体性这两个维度上的得分都相对较高。

在刻板印象评价中，富二代是唯一一个能力评价高于热情评价的群体，除了A文化群体的能力和热情评价相同之外，其他群体都是能力评价低于热情评价。将这些群体综合比较，也可以发现，富二代被评价能力高于热情，但是在5个群体中，富二代的能力评价是最低的。大学生有着5个群体中最高的能力评价，A文化群体、B文化群体、农民工的能力评价也高于富二代。这说明，我们对富二代的观点普遍是认为他们不仅能力低，热情更低，这是一个典型的双低评价。而农民工有着相对较低的能力评价和最高的热情评价，也符合社会大众对这一群体的普遍认知。大学生能力评价得分最高，热情评价得分仅次于农民工，这是一个典型的双高评价。这可能是因为我们在研究中选择了大学生这个群体作为被评价群体，与此同时被试也都是大学生，可能会产生内群体偏好作用，导致大学生成为刻板印象内容模型中的"双高"群体，这也符合刻板印象内容模型的"内群体偏好"假设（Fiske et al., 2002）。

在社会地位评价中，作为热情和能力双高群体的大学生有着最高的社会地位，但富二代这个双低群体有着仅次于大学生的第二高的社会地位。这可能是因为大学生中存在一定的物质主义价值观。一方面对富二代进行评价时会倾向于做低评价，另一方面在衡量群体社会地位时却又不得不承认富二代的高社会地位。农民工群体即使得到的热情评价最高,却是社会地位最低的群体。由此看来,聚焦这少数几个群体之后,本质主义两维度、刻板印象两维度以及社会地位之间的关系很值得深入探索。

在此基础上,我们分别对 5 个社会群体各自的本质主义维度、刻板印象维度与社会地位进行了相关分析。具体结果见表 5。从相关分析的结果可以看出,本质主义自然类别维度与刻板印象的显著相关体现在更趋近于本质主义自然类别维度的 A 文化群体和 B 文化群体上,具体表现是:A 文化群体的自然类别维度与能力维度显著正相关,B 文化群体的自然类别维度与能力维度和热情维度都分别显著正相关。

本质主义的群体实体性维度与刻板印象的显著相关体现在 B 文化群体、大学生群体和农民工群体上,具体表现为:B 文化群体、大学生群体的群体实体性维度与能力维度和热情维度都分别显著正相关,农民工群体的群体实体性维度与热情维度显著正相关。由此发现,不同的社会群体,本质主义自然类别、群体实体性两维度与刻板印象能力、热情两维度之间的相关的确会有不同的结果。最后,所有群体的社会地位评价都与该群体刻板印象的能力、热情维度分别显著正相关。

表 4 社会群体在各个变量上得分的平均数及标准差

社会群体	自然类别	群体实体性	能力	热情	社会地位
富二代	4.47 (1.65)	5.55 (1.25)	3.02 (0.64)	2.55 (0.65)	3.68 (0.78)
农民工	4.94 (1.47)	6.12 (1.21)	3.25 (0.59)	3.94 (0.76)	2.26 (0.67)
A 文化群体	7.05 (1.60)	5.79 (1.46)	3.35 (0.67)	3.35 (0.84)	3.14 (0.65)
B 文化群体	6.86 (1.61)	4.80 (1.54)	3.62 (0.60)	3.70 (0.65)	3.64 (0.56)
大学生	4.52 (1.54)	5.37 (1.34)	3.66 (0.52)	3.77 (0.62)	3.86 (0.63)

表 5 本质主义维度、刻板印象维度与社会地位间的相关

	富二代		A 文化群体		B 文化群体		大学生		农民工	
	能力	热情	能力	热情	能力	热情	能力	热情	能力	热情
自然类别	0.06	−0.13	0.21**	0.14	0.34**	0.31**	0.12	0.02	0.14	0.07
群体实体性	0.13	−0.02	0.14	0.10	0.33**	0.34**	0.23**	0.21**	−0.03	0.21**
社会地位	0.54**	0.31**	0.71**	0.59**	0.77**	0.64**	0.48**	0.33**	0.44**	0.16*

为了进一步明晰本质主义两维度及社会地位对刻板印象两维度在不同群体的预测力,进行了回归分析。结果发现,除了大学生群体和 A 文化群

体群体外,其他的三个社会群体出现了本质主义两维度(其中一个或两个维度)显著预测刻板印象的结果。具体结果见表6。

表6 本质主义维度、社会地位对刻板印象维度的预测

		能力			热情		
		β	SE	t	β	SE	t
富二代	自然类别	-0.04	0.03	-1.44	-0.08	0.03	-2.90**
	群体实体性	0.06	0.03	1.97	0.02	0.04	0.45
	社会地位	0.45	0.05	9.07**	0.30	0.06	5.21**
ΔR^2				0.30			0.12
B文化群体	自然类别	0.03	0.02	1.93	0.04	0.02	1.80
	群体实体性	0.05	0.02	2.56*	0.07	0.02	3.00**
	社会地位	0.77	0.05	14.83**	0.65	0.07	9.85**
ΔR^2				0.61			0.44
农民工	自然类别	0.06	0.03	2.23*	0.01	0.04	0.27
	群体实体性	-0.04	0.03	-1.42	0.12	0.05	2.75**
	社会地位	0.38	0.06	6.97**	0.17	0.08	2.20*
ΔR^2				0.20			0.05

首先,三个群体的社会地位对刻板印象的能力和热情维度均有显著的正向预测作用。其次,除了社会地位的预测作用外,在本质主义两维度预测刻板印象两维度的过程中,不同的社会群体有不同的表现:富二代群体中,本质主义的自然类别维度可以显著负向预测刻板印象的热情维度($\beta=-0.08$,$p<0.01$);B文化群体中,起显著预测作用的是本质主义的群体实体性维度,它可以分别显著正向预测刻板印象的能力和热情两维度($\beta=0.05$,$p<0.05$;$\beta=0.07$,$p<0.01$);农民工群体中,本质主义的自然类别维度可以显著正向预测刻板印象的能力维度($\beta=0.06$,$p<0.05$),本质主义的群体实体性维度可以显著正向预测刻板印象的热情维度($\beta=0.12$,$p<0.01$)。

对于B文化群体来说,可以看作本研究大学生被试的内群体,其热情和能力的得分确实也比较高,这符合刻板印象内容模型对内群体呈现热情和能力双高的预测(Fiske et al., 2002);B文化群体的群体实体性对热情和能力均为正向预测作用,与以往研究发现群体实体性有扩大热情原本性质和总是增强能力的结果一致(Dang et al., 2018)。对于富二代来说,由

于在热情方面评价比较低,自然类别对热情有负向预测作用,意味着认为富二代越不可以改变,被评价的热情越低,该结果与以往自然类别的研究一致。以往研究发现,自然类别既可以增加对一个群体的偏见,也可以减少对一个群体的偏见,究竟增加还是减少取决于评价动机和情境(Ryazanov & Christenfeld, 2018)。本研究中,富二代的热情和能力都被评价得较低,属于刻板印象两维度双低的污名群体,对这种群体,人们的情感和动机显然是蔑视和贬低(Fiske et al., 2002),自然类别对此具有推波助澜的作用。最后,对于农民工群体来说,属于高热情低能力的受同情的群体。根据上述群体实体性有扩大热情原本性质的作用,理应对农民工的高热情有放大作用(Dang et al., 2018)。虽然自然类别对农民工的能力有正向预测作用,但从他们被评价的能力水平、自然类别和社会地位均比较低的综合特征来看,也许并不具有特别的意义。

四　总体讨论

通过两个研究探索了群体本质主义与群际刻板印象的关系:研究1对20个群体在群体水平上进行分析,发现本质主义的自然类别维度和群体实体性维度对刻板印象热情维度均有负向预测作用,表明一个群体无论在本质主义上凸显的是自然类别还是群体实体性,本质主义越强,被感知到的热情就越低。相反,这两个本质主义维度对刻板印象的能力维度均没有显著的预测作用。研究2聚焦5个群体在个体水平上进行分析,发现对于不同的社会群体,群体本质主义对群际刻板印象的预测作用体现在3个群体中,且有不同的表现:对于在热情和能力方面均被知觉为较低的富二代群体而言,只有自然类别一个维度对热情一个维度有显著的负向预测作用;对于在热情和能力方面均被知觉为较高的B文化群体而言,只有群体实体性一个维度对刻板印象有预测作用,具体体现在对热情和能力两个维度均有正向预测作用;对于被知觉为热情高能力低的农民工群体而言,分别有自然类别正向预测能力、群体实体性正向预测热情的预测作用。总的来说,群体本质主义的不同维度对群际刻板印象的不同维度,依据群体特征不同而具有不同的预测作用,表明很有必要将本质主义区分为自然类别和群体实体性两个维度,对比考察它们与刻板印象的热情和能力两个维度的关系。

从自然类别和群体实体性两个维度考察群体本质主义,以及从热情和能力两个维度考察刻板印象,都是颇具整合性的理论框架,本研究首次将两个框架结合起来探讨两者之间的关系,对群际关系的研究具有重要的意义。首先,可以为解释以往研究不一致的结果提供新思路。综观以往关于本质主义与群际关系的研究,似乎群体本质主义对群际关系的影响大多是负向的,但也有研究发现是正向的(Agadullina & Lovakov, 2018)。我们通过考察多种群体,在研究2单一研究中同时复现了这两种不一致的结果。对于富二代群体,本质主义对刻板印象有负向预测作用,但对于B文化群体和农民工群体,本质主义对刻板印象则有显著的正向预测作用。由于我们结合了群体本质主义和群际刻板印象两个理论框架,这个结果可以通过不同群体的群际刻板印象特征来解释,即富二代群体在刻板印象方面被知觉为低能力低热情,B文化群体在刻板印象方面被知觉为高能力高热情,农民工群体在刻板印象方面被知觉为低能力高热情。综合来看,当一个群体被知觉为高热情的时候,本质主义具有正向预测作用,当一个群体被知觉为低热情的时候,本质主义具有负向预测作用。这个结果和分析与最近的有关研究和观点相呼应,这些研究和观点认为自然类别和群体实体性对群际关系的影响都会受到群体积极或消极特征的影响(Dang et al., 2018; Ryazanov & Christenfeld, 2018)。

其次,本研究通过将两维度群体本质主义和刻板印象内容模型相结合,为比较和整合不同群体在本质主义及其对群际关系影响方面的差异提供了框架。从两维度群体本质主义的角度来看,认为不同群体的本质主义可能在性质和程度上存在不同。有些群体的本质主义主要体现在自然类别维度,有些群体的本质主义主要体现在群体实体性维度,这取决于群体分类的标准在多大程度上基于生物或生理基础,那些更基于生物或生理特征进行划分的群体(如性别、种族、更受生理或基因影响的心理异常群体),本质主义更多地体现在自然类别维度(Haslam et al., 2000; Haqanee et al., 2014; Karasawa et al., 2019)。[①] 此外,一个群体的社会地位越高,其群体实体性越低,但社会地位对自然类别没有影响(Haslam et al., 2000)。从刻板印象内容模型的角度来看,不同群体的特征受到社会地位和与评价者群体关系的影响。群体的地位越高,被认为能力水平越高;群体越属于评价者群体的友好和合作群体,被认为热情水平越高(Fiske et

---

① 虽然群体本质主义由自然类别和群体实体性两个维度构成,但不同群体在两个维度上的表现不同。所谓一个群体的本质主义主要体现在自然类别维度,是指它的自然类别分数高而群体实体性分数低,也就是说它的本质主义仍然包含两个维度,但一个凸显一个不凸显。同理,所谓一个群体的本质主义主要体现在群体实体性维度,是指它的群体实体性分数高而自然类别分数低。

al., 2002)。更进一步，群体被评价为热情与否会影响本质主义对群际关系究竟是正向影响还是负向影响（Dang et al., 2018；Ryazanov & Christenfeld, 2018；Warner, Kent, & Kiddoo, 2016）。综上，不同群体的本质主义及其对群际关系的影响，至少要综合考虑群体的自然属性程度、社会地位、与评价者群体的关系（热情与否）等几方面的特征，对此，本研究进行了首次尝试。

再次，通过本研究这种对两维度群体本质主义和刻板印象内容模型相整合的尝试，在理论上既丰富了群体本质主义的研究，也丰富了群际刻板印象的研究。一方面，以往群体本质主义的研究无法解释为什么本质主义有时对群体关系产生负向影响，有时又产生正向影响，而刻板印象内容模型既可以从群体的热情水平，也可以从群体与评价者群体的关系角度来清晰地解释，群体在被消极评价的时候，即低热情或与评价者群体具有敌对关系（或仅仅是外群体）时，本质主义对刻板印象和群体关系才产生负向影响（Dang et al., 2018）。另一方面，以往刻板印象内容模型的研究虽然从内外群体的关系角度对多种群体在热情和能力两方面的特征做了较综合的分析，但不能进一步揭示人们的本质主义信念影响群际刻板印象的机制，以及人们对不同群体形成不同的本质主义信念和本质主义信念的个体差异，也会对群际刻板印象和群际关系产生重要的影响（Haqanee et al., 2014）。

最后，虽然本研究在综合两维度本质主义和刻板印象内容模型方面做了初步尝试，也取得了有意义的结果，但还存在以下问题需要未来研究进一步探讨。第一，群体本质主义的两个维度究竟有何不同？对此，本研究发现在预测群际刻板印象方面，两者既存在分别起不同作用的情况，也存在发挥共同作用的情况，因此，两者的区别还远没有定论。第二，在群体本质主义及其对群际刻板印象和群际关系的影响方面，究竟不同群体有何不同，本研究只是发现并综合呈现了不同群体类型、群体的社会地位、群体的热情能力水平等影响因素的作用，但这些因素的作用机制和相互关系还不是很清楚。第三，研究1和研究2分别进行了群体水平和个体水平的分析，发现在群体本质主义预测群际刻板印象方面，两种水平分析的结果确实不同，但如何解释这种不同，还有待进一步研究。第四，群体的社会地位对群体本质主义的两个维度，以及在群体本质主义对群际刻板印象的预测中均具有重要影响和作用，未来需要进一步系统地考察群体社会地位的作用，以及在控制群体社会地位的基础上研究群体本质主义与群际刻板印象的关系。此外，群体本质主义与群际刻板印象的关系，对群际偏见和态度等其他群际关系的方面有何影响，也是很值得进一步研究的问题。

参考文献

高承海、侯玲、吕超、万明钢,2012,《内隐理论与群体关系》,《心理科学进展》第 8 期,第 1180~1188 页。

高承海、万明钢,2013,《民族本质论对民族认同和刻板印象的影响》,《心理学报》第 2 期,第 231~242 页。

高明华,2010,《刻板印象内容模型的修正与发展源于大学生群体样本的调查结果》,《社会》第 5 期,第 193~216 页。

韩梦霏、Oscar Ybarra、毕重增,2015,《社会认知基本维度中文形容词词库的建立》,《西南大学学报》(自然科学版)第 8 期,第 144~148 页。

武心丹,2018,《群体本质主义的结构及其与群际刻板印象的关系》,硕士学位论文,中国人民大学心理学系。

Agadullina, E. R., & Lovakov, A. V. (2018). Are people more prejudiced towards groups that are perceived as coherent? A meta-analysis of the relationship between out-group entitativity and prejudice. *British Journal of Social Psychology*, 57, 703-731.

Andreychik, M. R., & Gill, M. J. (2015). Do natural kind beliefs about social groups contribute to prejudice? Distinguishing bio-somatic essentialism from bio-behavioral essentialism, and both of these from entitativity. *Group Processes and Intergroup Relations*, 18, 454-474.

Callahan, S. P., & Ledgerwood, A. (2016). On the psychological function of flags and logos: Group identity symbols increase perceived entitativity. *Journal of Personality and Social Psychology*, 110, 528-550.

Campbell, D. T. (1958). Common fate, similarity, and other indices of the status of aggregates of persons as social entities. *Behavioral Science*, 3, 14-25.

Chao, M. M., Hong, Y., & Chiu, C. (2013). Essentializing race: Its implications on racial categorization. *Journal of Personality and Social Psychology*, 104, 619-634.

Cuddy, A. J., Fiske, S. T., & Glick, P. (2007). The bias map: Behaviors from intergroup affect and stereotypes. *Journal of Personality and Social Psychology*, 92, 631-648.

Dang, J., Liu, L., Ren, D., & Su, Q. (2018). Polarization and positivity effects: Divergent roles of group entitativity in warmth and competence judgments. *Journal of Experimental Social Psychology*, 74, 74-84.

Dasgupta, N., Banaji, M. R., & Abelson, R. P. (1999). Group entitativity and group perception: Associations between physical features and psychological judgment. *Journal of Personality and Social Psychology*, 77, 991-1003.

Dweck, C. S., Hong, Y. Y., & Chiu, C. Y. (1993). Implicit theories individual differences in the likelihood and meaning of dispositional inference. *Personality and Social Psychology Bulletin*, 19, 644-656.

Dweck, C. S., Chiu, C. Y., & Hong, Y. Y. (1995). Implicit theories and their role in judgments and reactions: A word from two perspectives. *Psychological Inquiry*, 6, 267 – 285.

Effron, D., & Knowles, E. D. (2015). Entitativity and intergroup bias: How belonging to a cohesive group allows people to express their prejudices. *Journal of Personality and Social Psychology*, 108, 234 – 253.

Fiske, S. T., Cuddy, A. J., Glick, P., & Xu, J. (2002). A model of (often mixed) stereotype content: Competence and warmth respectively follow from perceived status and competition. *Journal of Personality and Social Psychology*, 82, 878 – 902.

Haqanee, Z., Lou, E., & Lalonde, R. N. (2014). Natural kind and entitative beliefs in relation to prejudice toward mental disorders. *Journal of Applied Social Psychology*, 44, 145 – 153.

Hamilton, D. L., & Sherman, S. J. (1996). Perceiving persons and groups. *Psychological Review*, 103, 336 – 355.

Haslam, N. (2017). The origins of lay theories: The case of essentialist beliefs. In C. Zedelius, B. Müller B., & J. Schooler (Eds.), *The Science of Lay Theories: How Beliefs Shape Our Cognition, Behavior, and Health* (pp. 3 – 16). New York: Springer.

Haslam, N., Bastian, B., Bain, P., & Kashima, Y. (2006). Psychological essentialism, implicit theories, and intergroup relations. *Group Processes and Intergroup Relations*, 9, 63 – 76.

Haslam, N., Bastian, B., & Bissett, M. (2004). Essentialist beliefs about personality and their implications. *Personality and Social Psychology Bulletin*, 30, 1661 – 1673.

Haslam, N., Rothschild, L., & Ernst, D. (2000). Essentialist beliefs about social categories. *British Journal of Social Psychology*, 39, 113 – 127.

Haslam, N., Rothschild, L., & Ernst, D. (2002). Are essentialist beliefs associated with prejudice? *British Journal of Social Psychology*, 41, 87 – 100.

Huic, A., Jelic, M., & Kamenov, Z. (2018). Essentialist beliefs about homosexuality predict positive and negative behavioral intentions toward lesbian women and gay men. *Journal of Homosexuality*, 65, 1631 – 1655.

Jayaratne, T. E., Ybarra, O., Sheldon, J. P., Brown, T. N., Feldbaum, M., & Pfeffer, C., & Petty, E. M. (2006). White Americans' genetic lay theories of race differences and sexual orientation: Their relationship with prejudice toward blacks, and gay men and lesbians. *Group Processes and Intergroup Relations*, 9, 77 – 94.

Karasawa, M., Asai, N., & Hioki, K. (2019). Psychological essentialism at the explicit and implicit levels: The unique status of social categories. *Japanese Psychological Research*, 61, 107 – 122.

Keller, J. (2005). In genes we trust: The biological component of psychological essentialism and its relationship to mechanisms of motivated social cognition. *Journal of Personality and Social Psychology*, 88, 686 – 702.

Kung, F. Y. H., Chao, M. M., Yao, D. J., Adair, W. L., Fu, J. H., & Tasa, K. (2018). Bridging racial divides: Social constructionist (vs. essentialist) beliefs facilitate trust in intergroup contexts. *Journal of Experimental Social Psychology*, 74, 121 – 134.

Madan, S., Basu, S., Rattan, A., & Savani, K. (2019). Support for resettling refugees: The role of fixed versus growth mind-sets. *Psychological Science*, 30, 238-249.

Medin, D. L., & Ortony, A. (1989). Psychological essentialism. *Similarity and Analogical Reasoning*, 179-195.

Newheiser, Anna-Kaisa, & Dovidio, J. H. (2015). High outgroup entitativity can inhibit intergroup retribution. *British Journal of Social Psychology*, 54, 341-358.

No, S., Hong, Y., Liao, H. Y., & Lee, K. (2008). Lay theory of race affects and moderates Asian Americans' responses toward American culture. *Journal of Personality and Social Psychology*, 95, 991-1004.

Ryazanov, A. A., & Christenfeld, N. J. S. (2018). The strategic value of essentialism. *Social and Personality Compass*, 12, e12370.

Smith, R. W., Faro, D., & Burson, K. A. (2012). More for the many: The influence of entitativity on charitable giving. *Journal of Consumer Research*, 39, 961-976.

Warner, R. H., Kent, A. H., & Kiddoo, K. L. (2016). Perceived collective continuity and attitudes toward outgroups. *European Journal of Social Psychology*, 46, 595-608.

Williams, M. J., & Eberhardt, J. L. (2008). Biological conceptions of race and the motivation to cross racial boundaries. *Journal of Personality and Social Psychology*, 94, 1033-1047.

青年志愿者帮助 HIV 感染儿童的初始动机[*]

徐华女　钟　年[**]

摘　要： 青年志愿者为什么参与 AIDS 志愿服务？本研究以9名非营利性 AIDS 志愿组织中直接为 HIV 感染儿童提供服务的17～23岁青年志愿者为研究对象，通过半结构式个别访谈探讨其帮助 HIV 感染儿童的初始动机，并以主题分析法建构结果框架。结果显示，受访志愿者具有独特的 AIDS 相关知识、经历与态度，表现为对艾滋病有知无畏、对 HIV 感染者因接触而理解和接纳，且基于此受到多重初始动机驱动参与 AIDS 志愿服务，包括感受他人痛苦或需要（如恻隐之心）、感恩图报（如以帮助内群体转报曾受恩惠）、追求正义（知觉他人不公处境）、秉持助人信念（如践行长期助人信念）、共享与传承志愿精神（如榜样力量）、获得经历与理解（如了解特殊群体）以及自我探索（如生涯探索），其中感恩图报、共享与传承志愿精神体现了中国文化相关的志愿服务动机倾向。对 AIDS 志愿服务初始动机的深入探讨，有助于理解这类群际亲社会行为的成因与助力，亦可为 AIDS 志愿组织招募与保留志愿者提供启示。

关键词： 群际亲社会行为　AIDS 志愿服务　HIV 感染儿童

一　引言

志愿服务（volunteerism）是人类助人的一种重要形式，是出于志愿者

---

[*] 本研究获得教育部人文社会科学研究青年项目"儿童程序正义概念的发展机制及影响因素研究"的资助（项目号：15YJC190021）。

[**] 徐华女，武汉大学哲学学院心理学系讲师，通信作者，E-mail：xuhuanu@msn.com；钟年，武汉大学哲学学院心理学系教授。

的自由意志、不以物质回报为目的、不基于个人责任或义务、为陌生人提供的帮助或服务（Akintola, 2011; Cnaan, Handy, & Wadsworth, 1996; Haski-Leventhal, 2009; Snyder & Omoto, 2008）。在世界各类志愿服务中，帮助 HIV 感染者或 AIDS 患者的志愿服务会受到特别关注。AIDS 志愿服务（AIDS volunteerism）包括为 AIDS 患者提供身体护理、情感支持、物质支持、死亡相关支持，向公众宣传 AIDS 相关知识，预防 HIV 传播，HIV 检验与咨询，帮助 HIV 感染者的家庭，向医疗与社会服务机构转介等（Akintola, 2011; Omoto & Synder, 1993, 1995; Primo, 2007）。

帮助 HIV 感染儿童的 AIDS 志愿服务是一类群际亲社会行为，从受助群体（HIV 感染儿童）角度来看，HIV 感染儿童在世界范围内普遍处于处境不利的状况。他们营养不良，生活贫困，身体和心理健康状况不佳，且遭受污名和歧视（Abubakar et al., 2016; Mburu, Ram, Oxenham, Haamujompa, Iorpenda, & Ferguson, 2014）。一些 HIV 感染儿童学业落后或辍学（Abubakar et al., 2016），对学业表现缺乏信心，对未来生涯发展缺少希望。在如此生活状况下，HIV 感染儿童需要多方面支持，包括医疗护理、学业辅导和心理辅导。

从这类群际亲社会行为的助人群体（AIDS 志愿服务群体）角度来看，实际上很少人会成为直接帮助 HIV 感染者或 AIDS 患者的志愿者。医务工作者或社会工作者也有不愿意为 HIV 感染者提供服务的情况（李现红、何国平、王红红，2007；莫藜藜、钟道诠，2006）。与其他志愿服务相比，帮助 HIV 感染者或 AIDS 患者有相对较高的成本。AIDS 领域志愿者和护理人员会体验到多重压力源，例如，遭受污名化或负面的社会反应（Miller, 2000: 85; Omoto & Snyder, 1993），需要面对和处理死亡或垂死及其对情绪的影响（Akintola, Hlengwa, & Dageid, 2013; Valjee & Van Dyk, 2014），对患者或其痛苦的过度情感卷入（Armstrong, 2000: 25; Held & Brann, 2007），缺乏充分的知识和技能去应对多样化的需要（Crook, Weir, Willms, & Egdorf, 2006）。

对于这样一类遭遇污名、难度偏大、支持不足的志愿服务而言，为什么 AIDS 志愿服务群体愿意主动接近受 HIV/AIDS 影响的群体，不计报酬地为他们提供帮助呢？这种建设性的群际亲社会互动是如何形成的？志愿者参与 AIDS 志愿服务受到哪些初始动机的驱动？

（一）AIDS 志愿服务动机的理论基础

人类有益于共同体和社会的行为，可能基于三种动机：共情引发的利他主义动机、利己主义动机和原则主义动机。每种动机具有独特的终极目标（Batson，Ahmad，& Tsang，2002）。共情引发的利他主义（empathy-induced altruism）动机，根据 Batson 的"共情-利他主义假说"，当人们看到他人处于困境时，被唤醒的共情会激发个体产生以解除他人困境或提升他人福利为终极目标的利他动机（Batson，1991：103）。利己主义（egoism）动机指助人以自身获益为终极目标，包括获得奖励、避免惩罚或降低厌恶唤醒（由目睹他人处于困境而产生的消极感受）。原则主义（principlism）动机，即支持道德原则的动机，指帮助他人以对道德原则的遵守和支持为终极目标，这些原则是为了实现公共利益的普世而无偏的道德原则（如人道主义、正义）。

对 AIDS 志愿服务动机的早期研究来自 Omoto 和 Snyder（1993，1995），他们提出了 5 类 AIDS 志愿服务动机并编制了相应的测量工具，各维度分别为共同体关心 [community concern，如"我感觉对某些共同体有义务（如同性恋共同体）[①]"]、价值（如"我有人道主义义务去帮助别人"）、理解（如"了解艾滋病及其对人们的影响"）、个人发展（如"为了挑战自己和检验自己的技能"）和自尊提升（如"为了感到被需要"）。其中共同体关心和理解是 AIDS 志愿服务的特异性动机，另三类动机为一般性志愿服务动机。作为其理论基础，Snyder（1993）提出的志愿服务功能理论可用以解释志愿服务复杂的动机基础，功能取向的分析涉及心理现象背后的原因、计划和目标，即个体的想法、感受和行动所服务的个人功能和社会功能。同时期，Clary 和 Snyder 等人提出了一般性志愿服务的 6 类动机（以此为维度开发了志愿服务功能量表）：价值表达（values，表达与利他主义和人道主义有关的价值以及对他人的关注）、理解/学习（understanding/learning，获得新的学习经验、使用知识、练习技能）、生涯发展（career，为职业做准备、增加职业机会或提升职业相关技能）、社交（social，从事被重要他人认为有价值的活动）、自我提升（enhancement，提升自尊、改善心境，获得自我成长）和自我保护（protective，减轻或躲避消极或厌恶性情绪）（Clary，Snyder，& Ridge，1992；Clary，Snyder，Ridge，Copeland，Stukas，Haugen，& Miene，1998）。Jiranek、Kals、Humm、Strubel 和 Wehner（2013）认为上述 6 类志愿服务动机多数是自我取向动机，建议将追求社会正义纳入志愿服务动机测量。

[①] Omoto 和 Snyder（1993）发现，AIDS 领域志愿者中有相当比例是同性恋者，他们通过 AIDS 志愿服务表达共同体关心，获得支持与理解，结识内群体成员。

Crook、Weir、Willms 和 Egdorf（2006）在对 AIDS 志愿服务动机的分析中采用了自我决定理论（Self-determination Theory）（Ryan & Deci, 2000），该理论提出人类有三种基本心理需要：自主性（autonomy）、胜任力（competence）和关联性（relatedness）。这些需要的满足对心理成长、道德发展和幸福感而言必不可少。自主性指一种意志感，即能够选择自己的行动，且行动与个人价值观和个人认同相符；胜任力指当人们与社会环境互动、进行有挑战性的活动时，想要获得有效感和对世界的掌控感；关联性是一种归属需要，感到属于某个社会群体的一部分，感到与其他人相互联系（Ryan & Deci, 2000）。Crook 等（2006）通过对访谈资料的分析发现，自主性（掌握自己的生活）和关联性（打破自我封闭）是促使志愿者进入 AIDS 志愿组织的动机。

（二）AIDS 志愿服务动机的实证发现

AIDS 志愿服务动机相关的实证研究，主要来自北美和非洲国家。该领域的量化研究着重探讨能够预测志愿服务行为的动机因素，以及与志愿服务意愿有关的特质因素；质性研究则更关注驱动 AIDS 志愿服务的具体动机包括什么，可形成何种动机框架。

Penner 和 Finkelstein（1998）以 AIDS 服务组织志愿者为被试，发现利他动机和亲社会人格特质能够预测多种 AIDS 志愿服务行为。Stolinski、Ryan、Hausmann 和 Wernli（2004）以照顾 HIV 感染者的志愿者为被试，发现有高共情关注和观点采择的志愿者将其志愿服务经历视为更有挑战性且更重要的，该知觉预测了持续参与志愿服务的意愿；有更高内疚感的志愿者与受助感染者有更紧密的关系，但有更高个人忧伤的志愿者则将其志愿服务经历知觉为更沮丧的；内疚和个人忧伤均与持续参与意愿无关。Omoto、Snyder 和 Hackett（2010）发现，对于 AIDS 服务组织里的志愿者和工作人员而言，他人取向动机比自我取向动机更能预测 AIDS 实践活动的参与，人际取向动机中只有共同体取向与 AIDS 实践活动的参与有关。

Crook 等（2006）通过访谈法发现，促使志愿者进入 AIDS 服务组织的因素包括价值观、需要和个人特征。AIDS 领域志愿者能够看到 AIDS 患者紧迫的需要、重视他人取向的行为、关注社会正义，具有自主性或关联性需要。对于自身是 HIV 感染者的志愿者而言，他们经历过与受助者相似的痛苦感受（对痛苦体验的认同），或是发现自己感染后希望在 AIDS 志愿组织中服务（内群体认同），另外志愿者中有同性恋者想要认识其他同性恋者（Crook et al., 2006）。Stockdill（2003: 218）发现，许多帮助受 HIV/

AIDS 影响群体的志愿者曾经是接受过帮助的受 HIV/AIDS 影响者，他们具有对受 HIV/AIDS 影响群体的共同体关心，也希望以助人来回报自己曾经受到的帮助。

在非洲国家的研究中，Rödlach（2009）通过访谈发现，津巴布韦为 AIDS 患者提供服务的志愿者主要受到宗教价值观、希望获得良好声誉、由目睹艾滋病导致的痛苦所引发的共情、希望未来有需要时可以获得照护、想要扩大社交网络等动机驱动。Akintola（2011）通过对南非 AIDS 领域志愿者的访谈发现，照顾 AIDS 患者的志愿者受到多种动机驱动，最常被提及的三类动机是对他人和社区的利他性关注、有利于就业或生涯发展、失业者避免无聊，其他动机还包括将志愿服务视为学习护理技能或使用技能的机会、个人成长、听从宗教召唤、希望得到社区认可、亲人因艾滋病亡故而避免悲剧重演等。

（三）本研究的目的和意义

我国关于 AIDS 志愿服务的实证研究整体上还相当缺乏，尤其是针对直接帮助 HIV 感染者或 AIDS 患者的志愿者的研究。本研究是一项探索性研究，尝试通过访谈法探讨帮助 HIV 感染儿童的青年志愿者参与 AIDS 志愿服务的初始动机。在理论层面，探讨帮助 HIV 感染者的志愿者的动机，对于理解志愿服务动机具有特殊意义，有助于回答高成本、持续性助人行为的深层原因，亦有助于理解 AIDS 志愿服务这类群际亲社会行为的成因与促进因素。在现实层面，了解 AIDS 志愿服务动机可以为 AIDS 志愿组织更有效地招募与保留志愿者提供启示，有助于 AIDS 志愿组织重视志愿者需求和动机的满足，提高志愿者的工作满意度以及对志愿服务的长期承诺。

二 方法

（一）研究对象

受访者为 9 名直接为 HIV 感染儿童提供服务的青年志愿者，招募自湖北省艾滋病临床指导培训中心（非营利性组织，日常工作包括艾滋病治疗和研究、对基层艾滋病医护人员的培训等），年龄范围为 17~23 岁，男性 4 名、女性 5 名，均为在校学生，本科生 7 名、硕士生 1 名、高中生 1 名，分别就读于武汉六所高校、长沙一所高校和美国一所高中（暑期回国），所学专业包括临床医学、生物学、电气、化学、政治学、法学、会计学和企业管理。有 2 名受访者来自城市，7 名受访者来自农村。9 名志愿者均无 HIV 感染，均为异性恋者，均无宗教信仰。受访者编号为 A 到 I。

访谈资料收集期间，该组织正在开展一项旨在帮助受 HIV/AIDS 影响儿童升学并促进其心理健康的非营利性志愿服务项目。9 名受访志愿者均于暑期自愿参与该项志愿服务项目，提供学业辅导、心理支持、文体活动等志愿服务。受访志愿者全天候与受助儿童在一起，所带小组中均有 HIV 感染儿童（近距离接触并直接提供帮助），均与 HIV 感染儿童共同就餐，3 人与 HIV 感染儿童同住一间房间。有 4 人在该项志愿服务前有 AIDS 志愿服务经验（志愿者 A 为学校防艾协会成员，志愿者 C、E、H 曾为 HIV 感染儿童提供服务；4 人均有其他类型志愿服务经历），另 5 人为初次参与 AIDS 志愿服务（其中志愿者 B、F、G、I 曾有其他类型志愿服务经历）。

（二）访谈提纲

本研究采用半结构式个别访谈，访谈提纲的设计基于 AIDS 志愿服务动机领域的质性研究、AIDS 志愿服务项目期间的田野观察、与项目组织者的交流以及志愿者集体会议。访谈以开放式问题展开，访谈问题聚焦于青年志愿者参与帮助 HIV 感染儿童的志愿服务的初始动机与促进因素：（1）志愿者的背景信息：志愿服务经历、AIDS 志愿服务前与受 HIV/AIDS 影响群体的接触、AIDS 志愿服务中的工作内容；（2）AIDS 志愿服务的初始动机：最初为什么参与 AIDS 志愿服务，帮助 HIV 感染儿童的初衷是什么，希望在 AIDS 志愿服务中实现什么目标；（3）参与 AIDS 志愿服务的促进因素：促进参与 AIDS 志愿服务的因素有哪些，参与 AIDS 志愿服务是否有 AIDS 相关顾虑及其原因。根据受访者对访谈问题的回答，做出相应追问，以澄清含义。受访者的非言语信息以及研究者的反思，均被记录下来，供资料分析时参考。

（三）资料收集与分析

为保证知情同意，研究者事先向受访者解释了研究目的、访谈过程以及伦理原则（自愿参加、访谈资料保密、结果呈现匿名）。所有受访志愿者均自愿接受访谈，并同意录音。访谈采用面对面个别访谈形式，时间为半小时到 1 小时之间，以普通话进行提问和回答。访谈地点为志愿组织提供的独立办公室，安静、保密，受访者可以自由、详细地对访谈问题做出回应。访谈均由第一作者完成，其参与了该志愿服务项目的团体辅导工作，参与了部分志愿者集体会议和培训，观察了该志愿组织中志愿者的日常服务工作。

所有访谈过程均使用录音笔进行记录。音频资料首先经过逐字全文转录，之后听录音详细核对文字，修正细节错漏，以确保转录文字的准确性。在资料分析上，采用主题分析法（thematic analysis）建构结果框架。资料分析步骤包括：（1）反复深入阅读逐字稿以长时间沉浸于访谈转录文本中，寻找结果模式与反复出现的含义；（2）识别浮现的子主题、主题和总主题（sub-theme, theme and overall theme），分别对应于初级编码、二级编码和三级编码，持续核对资料以识别新浮现的子主题和主题；（3）精练各级主题，并将其与田野观察和非正式访谈（对志愿服务组织者和志愿者）的资料进行三角验证。

三　结果

（一）对 AIDS 污名的解构：知识学习与接触感悟

关于 AIDS 志愿服务动机形成的促进因素，受访青年志愿者具有独特的 AIDS 相关知识、经历和态度，初级编码共浮现 6 个子主题，可归纳为 2 个主题：（1）对艾滋病的态度：有知无畏；（2）对 HIV 感染者的态度：因接触而理解和接纳。浮现的总主题为"知识学习与接触感悟促进对 AIDS 污名的解构"。

1. 对艾滋病的态度：有知无畏

当被问及参与 AIDS 志愿服务有无顾虑时，有 6 名受访志愿者强调自己具备艾滋病相关知识，他们通过专业学习、家人讲解或志愿组织培训了解了艾滋病相关知识，摒弃了艾滋病相关偏见，形成对艾滋病"有知无畏"的态度。

（1）专业学习形成理性态度

有 2 名志愿者来自医学相关专业（临床医学、生物学），通过专业学习熟练掌握了较多艾滋病相关知识，包括传播途径、风险因素等，能够从专业角度理性看待艾滋病。

> 我自己是学医的嘛，之前也选修过有关艾滋病这方面的课程。我对这方面知识因为也了解得蛮多吧，所以它具体的那些危险因素啊，传播途径啊，我自己都懂。（H，女，20）

> 我是在医学院读的本科，这方面接触得比较多……我是做了一年的红丝带防艾协会的会长……主要是向学生宣传这方面的知识。（A，男，23）

（2）知识获得消解偏见

有 2 名志愿者的家人通过长期详细讲解向她们传播艾滋病知识，解读社会对艾滋病的偏见，使她们逐渐通过了解艾滋病相关知识而形成不畏艾滋病的态度。

> 我爸爸是拍纪录片的，他的第一部在国际上出名的纪录片就是拍艾滋病的……他开始拍那个片子的时候，只要有时间，他就会跟我讲艾滋病……给我讲资料，然后就说千万不要感到害怕，只有这三种途径……（讲）这个社会对艾滋病的偏见……其实真的没有人们想象得那么可怕。（B，女，17）

> 我对艾滋病这块比较了解，包括它的传播途径……我姐姐在新加坡读书，去年这个时候做了整个新加坡艾滋病宣传大使……就是潜移默化的一个知识，让我觉得这个东西没有什么可怕的。（E，女，23）

（3）知识培训消除顾虑

有 2 名志愿者的艾滋病相关知识来自 AIDS 志愿组织的培训，包括项目组织者招募志愿者时的非正式培训，以及由 AIDS 领域教授提供的正式培训（艾滋病相关基础知识的讲解、与 HIV 感染儿童日常接触的安全性等）。权威人物对艾滋病相关知识的培训，消除了初次参与 AIDS 志愿服务的志愿者的顾虑。

> 我之前对艾滋病可以说是完全空白吧……这边 CJ 姐（志愿项目组织者）还有我同学都给我科普了一下，后来 G 教授在志愿者见面会的时候也给我们科普了一下，然后就基本上没有什么顾虑了。（F，男，23）

> 因为我知道艾滋病的话，传播途径就那三种嘛，血液、母婴还有性……我们之间（她与受助儿童）是没有可以传播的途径的（此为培训内容）……因为一起吃饭、共用东西都是不会传染的，所以我一点都不担心。（I，女，19）

2. 对 HIV 感染者的态度：因接触而理解和接纳

有 5 名受访志愿者在参与 AIDS 志愿服务前曾经接触过 HIV 感染者或其家人，通过与 HIV 感染者共同生活或接触过感染者家庭而形成理解与接纳的态度，另 4 名志愿者在 AIDS 志愿服务中接触过 HIV 感染儿童，他们均因接触而形成了对 HIV 感染儿童及其家庭的理解和接纳的态度。

（1）与感染者共同生活的深切体会

2 名志愿者主动说出自己父母中一人或两人是 HIV 感染者，与感染者共同生活的经历使他们更能体会 HIV 感染者在社会生活中的处境。

> 因为我母亲是艾滋病病人……他们有时候会遭受不公、误解嘛……从我母亲的经历上，我也能看到一些。（隐去编号）

（2）接触感染者家庭增进接纳与理解

有 3 名志愿者接触过感染者家庭，志愿者 B 因家人介绍而结识 HIV 感染儿童，童年时与 HIV 感染者直接接触的经历使她现在跟感染者接触时将其作为朋友看待，另 2 名志愿者有同学的父母为 HIV 感染者，一名同学因父母去世而成为孤儿，这种接触增加了他们对感染者患病背景以及感染者子女生活窘境的了解。

> 他（父亲）把他的那个拍摄的家庭接到武汉来玩过，我教他们家的两个女儿弹钢琴……他们家的小女儿和小儿子都有艾滋病……现在跟他们（感染者）交流的时候，我就把他们比较当朋友了，就不会说（去）过度地关心或者隔离。（B，女，17）

> 我们小时候一起上学的同学……他的父母就先后去世了，然后我们周围的人就都知道是因为艾滋病……我们村有人卖过血，感染过艾滋病，先后去世了，然后他就成了孤儿。可能小时候有过这么一段，相当于对艾滋病的一个接触吧……学校也组织过我们给他捐款。（F，男，23）

（3）志愿服务中增进对感染儿童的接纳

有 4 名志愿者通过直接参加 AIDS 志愿服务接触 HIV 感染儿童（有 3 人是项目组织者在其他类型志愿服务中发掘并招募的志愿者，另 1 人是由朋友带动加入），近距离接触使他们进一步接纳感染儿童，与他们建立了长期联系。

去年希望之友聚会（慈善基金会与受助感染者家庭）的时候……认识了一些被感染的孩子，然后关系还蛮好的。（H，女，20）

我算他们这里的核心志愿者了……接触过很多个例，很多艾滋病患儿、孤儿……有的活得好好的，也有的已经去世了。（C，男，21）

我觉得他们跟正常的孩子，感染和没有感染之间，我自己心里是没有什么差别的。（I，女，19）

（二）参与 AIDS 志愿服务：受多重初始动机驱动

基于独特的 AIDS 相关态度，受访志愿者形成了多重参与 AIDS 志愿服务的初始动机，初级编码共浮现 18 个子主题，可归纳为 7 个主题：感受他人痛苦或需要、感恩图报、追求正义、秉持助人信念、共享与传承志愿精神、获得经历与理解、自我探索。浮现的总主题为"受多重初始动机驱动参与 AIDS 志愿服务"。

1. 感受他人痛苦或需要

（1）恻隐之心

有 4 名志愿者在接触和认识了 HIV 感染儿童之后，情感上受到触动，感受到他们经历的痛苦，理解他们遭受的苦难，对他们产生了强烈的恻隐之心，这种共情感受促使志愿者加入帮助 HIV 感染儿童的志愿服务中。对 HIV 感染儿童的恻隐之心是 AIDS 志愿服务的特异性动机。

我去年参加的是那个香港希望之友（见面会）……当时就看到很多小孩（HIV 感染儿童及其他受 HIV/AIDS 影响的儿童）上去讲他们自己的经历……我当时哭得特别厉害……整个聚会给我触动很大……真的觉得那些小孩子，他们是有让人觉得比较心疼、比较想帮助的一面的，所以就是觉得尽自己的力量能帮助他们一点。（E，女，23）

孩子大部分都是有感染的嘛，觉得他们很不容易……一个个承受了这个年龄段本来就不应该有的那种（苦难），我觉得特别心酸嘛……感受到他们太可怜了……所以我们自己的话，更应该为他们多想一点。（G，女，21）

有个孩子到中南医院做心脏病手术……是个孤儿，他自己是感染者……因为对医院太恐惧了嘛……他趴在那个地方不走……就是在那里哭……他心脏病（手术）之前有一些检查、吃药、打针之类的，他一点都不配合……所以我就经常过来……看看他，陪他玩一玩……有些（孩子）心里可能经历了一些我们难以想象的东西。(C，男，21)

这些小孩子活得有多难受……他妈妈死了，爸爸也是感染者，现在还是以打鱼为生，姐姐初中没上完，辍学出嫁……当时我就突然理解了他为什么沉默。(B，女，17)

（2）感同身受

一名志愿者对受助儿童的痛苦感同身受，感到他们需要关爱，因为他自己也是来自受 HIV/AIDS 影响的家庭（他父母是 HIV 感染者），觉得内群体成员应该相互关心和帮助（共同体关心）。对内群体成员的感同身受是 AIDS 志愿服务的特异性动机。

MYY（感染儿童）是我很早之前就认识的……她上次讲了一个她父亲的故事……讲着讲着她自己就哭了嘛，就感觉她是一个比较需要人关心、需要人爱护的人，然后我觉得我跟她身为同样的人（均为感染者子女），感同身受……我们应该去关心她。(隐去编号)

（3）推己及人

有 3 名志愿者想要帮助在成长中遭遇困难的儿童，因为他们自己在成长过程中也曾经有过困难的经历，能够深切体会到处境不利儿童的需要，所以想要帮助他们渡过成长中的困难，也愿意把自己的成长经历与他们分享。

我算是那种一路走来挺不容易的，也吃了挺多苦。因为条件不是很好，是等待逆袭的那一拨人。当然也可以感受到，特别像社会中的弱势群体这块，可能会比较需要帮助，这个我可以非常深切地体会到……我算是那种能通过自己努力……这么一步步地走下来了，当然可能还有一些更需要帮助的人，真的需要别人去帮他一把。(A，男，23)

当时知道孩子的背景之后，我就想其实我要告诉他们的是，你们看到的现在的 DXK（她自己）过得很充实、很阳光，但是她曾经有过一段非常"林黛玉"、非常悲伤的日子，她自己那个时候是怎么熬过来的……想想我小学、初中、高中……其实自己的心理状况不是那么健康，有嫉妒过别人，有讨厌过自己的身世，有觉得世界很不公平……很感谢也有老师这样拉你一把……让他们学会去接纳自己，然后包容

别人,让他们学会去理解。(I,女,19)

2. 感恩图报

(1) 以帮助内群体转报曾受恩惠

有2名志愿者想要通过帮助内群体来转报自己曾经受到的帮助(或回报AIDS志愿组织),他们自身来自受HIV/AIDS影响的家庭,未成年时曾经受到前辈志愿者的帮助以及慈善基金会的资助,他们因此非常感恩,想要帮助和关爱内群体中年幼的成员。以帮助内群体(受HIV/AIDS影响群体)转报曾受恩惠是AIDS志愿服务的特异性动机。

> 之前我父母也患了这病,然后好多志愿者也帮过我们对不对? 然后出于一个感激的心理……感觉自己接受了别人的帮助,自己也去帮助别人嘛,那种感恩的心吧……帮助他们的同时也帮助了我自己……我比他们大一点……比较看得开一点吧……我第一次来就感觉这就像一个大家庭一样,我感觉比较温暖……我就想把这种温暖带给大家。(隐去编号)

> 我本身也是这里的,就是被资助的其中一名成员嘛。然后我的家庭也是其中有一个(艾滋病病人),我妈妈是艾滋病病人。我就觉得他们帮助了我很多,然后我就想做一点什么去回报他们,也帮助那些跟我妈妈一样经历的人……要懂得感恩嘛,如果别人帮助了你,你就应该担起自己的一份责任嘛。我现在也不小了,不能像小孩子一样只是索取而不付出一些。(隐去编号)

(2) 以帮助他人转报曾受恩惠

有2名志愿者曾在以往生活艰难时期受到过他人的帮助,他们感念他人的恩惠,感到自己有力量了就想要去帮助其他有需要的人。

> 我从小的话(儿时父亲车祸致残),就受到很多人帮助……初中老师……给我朗读很多文章,然后再给我讲一些事情,就是慢慢开导我……高中班主任几乎承担了我……生活费啊、电脑啊,然后一些其他的开销……到大学之后,(我)就加入了我们学校的大学生公益协会……自己被给予很多东西,就觉得自己身上有很多力量,就想去把它释放出来。(I,女,19)

3. 追求正义

（1）知觉他人不公处境引发的助人动机

有3名志愿者将受助儿童的处境视为不公平的。两名志愿者感受到HIV感染儿童遭受了很多不公、误解和差别对待，另一名志愿者F认为受助儿童的不利处境对他们不公平，因此愿意尽自己所能帮助他们。

> 我觉得他们（HIV感染者）有时候会遭受不公、误解嘛，很多人会误解他们，他们就不能被像正常人一样对待。（G，女，21）
>
> 他们周围的那些人看他们就是，生下来就带着罪的……这些小孩子活得有多难受，真的就是PZ他们村里的人都不跟他讲话，都不跟他们家里（人）讲话。（B，女，17）
>
> 看到那些孩子，就跟其他的志愿者一样，就觉得（现实）对他们有些不公平吧。然后就是基于这个想法，就是想只要有这么一个机会，就尽自己的一份力量吧，尽自己所能，当然自己所想的是对他们有帮助。（F，男，23）

有2名志愿者感受到HIV感染儿童由于AIDS污名而遭遇不公平对待，希望在志愿服务中为他们创造无偏见的关爱环境，让受助儿童感受到，在这个由受助儿童和志愿者组成的群体中，所有人是平等的，他们会被当作普通儿童一样对待。纠正由AIDS污名造成的不正义是AIDS志愿服务的特异性动机。

> 三十多个人（受助儿童和志愿者），大家都可以很平等的，（志愿者）当所有人都是正常小孩那么对待，让他们感受到这个社会上还是有人在关心他们的，就不要让他们感觉自己长期地被隔离了……主要就是让他们感觉到自己其实跟大家是一样的。（A，男，23）
>
> 如果某些人在生活中有人对他们有偏见的话，让他们知道有人——这个世界上有很多人，很喜欢他们，很爱他们，一点都没有这方面的偏见，让他们感受到温暖。（B，女，17）

4. 秉持助人信念

（1）认同志愿服务为应做之事

有4名志愿者认为帮助HIV感染儿童的志愿服务是一件正面、有意义、值得做的事情，愿意尽自己所能去帮助有需要的人。

最起码是一个比较正面的事情，首先我能确定这件事它是对的，然后也是需要有人去做……我就觉得现在有这么一个能力的话，就尽量地帮一些人。(A，男，23)

我就觉得这个事情是有意义的，值得做的……我应该把它做下来……暑假嘛，毕竟就这么两个月的时间，碰到一件有意义、值得做的事情，你为什么不去做呢？(F，男，23)

（2）践行长期助人信念

有2名志愿服务经历较多的志愿者提到，她们长期以来都有一种想去帮助别人或觉得应该去帮助别人的想法或信念，上大学以后就在践行这种想法，参加各类志愿服务。她们也比较充分地建构了长期志愿服务的意义。

在上大学之前，我自己就想过，就是想去帮助别人嘛，这种信念就一直在自己心里，所以从大学一开始来的时候，也做过蛮多事情……总感觉自己想做那种更为持久的志愿活动……比那种偶尔去一次的对他们来说帮助可能更大一些。(H，女，20)

我觉得还是心里面有"你该去帮助别人"这样的一个想法，所以才会（出于）其他一些很具体的原因去做事情……志愿者最大的一个意义就是，跟他们之间建立一种信任、一种联系，那么你日后还可以做更多更多的工作。(I，女，19)

5. 共享与传承志愿精神

（1）榜样力量

有4名志愿者认为自己参与志愿服务是受到了前辈志愿者的感召，赞赏他们默默做了很多实质性的助人工作但不求名利，赞赏他们在行动中表现的道德品质。他们把前辈志愿者视为参照群体，前辈榜样在志愿服务上的长期坚持令他们感动、敬佩，因而感到自己更有助人的力量。

很佩服 CJ 姐和 G 教授这样的人，然后一直也很想做类似的事……G 教授……对防艾啊，对艾滋病儿童的关怀方面，帮助他们上学方面，下了很大心血，但是他又不希望让人知道，他是那种做实事、比较低调的人，然后一坚持下来就那么多年。(C，男，21)

主要是 CJ 姐，就一直都比较敬重嘛……她的一些行为，就会让你感觉到这是一个真正无私的人……当成了自己的偶像一样……你能够看到爱心真的是一点一点地在传递……真的就是一种精神力量吧……从他们的行动中不仅看到了那种真善美的体现，更重要的是有一个人她就一直在践行着这种理念……一想到这儿的时候，我就觉得特别有力量。（H，女，20）

Q 哥，我觉得他可以用"上善若水"来形容……把工作做得很细致，他不是一个站在舞台中央的人，都是做一些幕后工作。（I，女，19）

（2）精神传承

一名志愿者将自己视为志愿精神传递中的一员，经前辈志愿者带动，自己从曾经的受助者成为现在的助人者，并认为助人会使受助者去帮助更多人，从而使志愿精神薪火相传。

当时我是属于被帮助的对象（来自受 HIV/AIDS 影响家庭）……我在这里也认识了很多志愿者……就是一批人影响下一批人那样，带动起来，第一批志愿者带动下一批志愿者……星星之火可以燎原，一个人去帮助别人，你就会让你帮助的人去帮助更多的人……他们慢慢地影响我，影响好多人。（隐去编号）

（3）志同道合

有 2 名志愿者认为做志愿服务可以结识更多志同道合的志愿者。志愿者都想要通过志愿服务去帮助别人，因而有更多共同的话题、理想和目标，并且相互欣赏对方的优秀品质。

能遇到更多更加志同道合的人吧，就是因为大家都是想做这个工作的嘛，就可能有更多的话题，或者说共同的理想或共同的目标……就我周围吧，参加这种活动的人不多，在大学中只是少数的一些人。（H，女，20）

这里其他的志愿者……他们整个的心理状态比较好……他们对很多感情的感知比较敏锐，所以我比较喜欢跟这种人做朋友……这个途径能让我认识很多志同道合的人。（E，女，23）

6. 获得经历与理解

（1）增长知识与经历

有 4 名志愿者认为参与这项志愿服务是一个学习和实践的机会，希望增长艾滋病相关知识，获得特殊的志愿服务经历，了解志愿组织。

> 初步接触一下这个领域，想对它有所涉猎……也是对自己各方面知识的增强。（F，男，23）

> 之前从来没有试过这么大规模的志愿者行动……像这种大规模、这么正式的志愿者活动，尤其还是这么特殊的……有这个机会就挺幸运的，那肯定就要抓住喽。（B，女，17）

> 跟 CJ 姐做事挺好的，能学到很多东西……觉得有一些这样的经验也挺好的。（H，女，20）

> 我之前一直对志愿者、NGO 那些组织挺好奇的。（E，女，23）

（2）了解特殊群体

一名志愿者希望通过这项志愿服务了解受 HIV/AIDS 影响群体的实际状况，属于 AIDS 志愿服务的特异性动机。

> 我想了解一下这个人群……毕竟是做了那么多年的新闻工作（学生实践），之前也没有接触到……想了解一下他们到底是一个什么样的情况。（F，男，23）

（3）开阔视野

一名志愿者希望通过志愿服务了解多样化的人群、看到多样化的事件，以此开阔眼界、获得成长。

> 参加这种活动能让我看到，其实这个世界上是有很多不同的人的……我一直觉得（自己）眼界比较窄，所以有时候看问题比较狭隘，我一直想去认识更多的人，看到更多的事情，（这）对我以后的整个成长都是会有帮助的。（E，女，23）

（4）发挥技能

一名医学院生物学专业的志愿者，希望自己所学的专业知识和技能可以在 AIDS 志愿服务实践中发挥作用。

我觉得有一些专业性的东西我可以用得上。（A，男，23）

7. 自我探索

（1）探索潜能

有 2 名志愿者想要通过这项时间长、难度高的志愿服务探索自己的潜能有多大，或探索自己照顾别人的潜能如何。

进一个比较长时间的志愿活动，然后看自己的能量到底有多大嘛。（F，男，23）

锻炼吧……我想看一下自己照顾别人是一个什么样的状态……现在也不小了，不能像小孩子一样只是索取而不付出一些。（G，女，21）

（2）生涯探索

有 3 名志愿者希望通过志愿服务进行生涯探索和规划，通过尝试不同的可能来探索自己适合什么领域，或在助人实践中为未来的专业学习奠定基础。

我对自己的未来规划不太清楚……想尝试很多不同的可能……把我的能力范围之内可能尝试的所有事情都尝试一遍，然后去看我真正喜欢做什么，或者真正适合做什么。（E，女，23）

我将来想学心理学……想当心理医生……我就很想尽力记他们那种心理活动的小细节，比如他们的性格从一开始沉默寡言，到现在怎么就慢慢变得爱主动讲话了。（B，女，17）

综上，帮助 HIV 感染儿童的青年志愿者受到上述七类初始动机的驱动，每名志愿者分别受到两类到七类动机驱动，其中一类或两类动机是帮助 HIV 感染儿童的主导动机（比如受访者提到"主要是因为""很重要的原因是"），在主导动机中，感恩图报（4 人）和秉持助人信念（4 人）被最多提及，其后依次为获得经历与理解（3 人）、感受他人痛苦或需要（2 人）、追求正义（1 人）、共享与传承志愿精神（1 人）。

四 讨论

(一) 谁会成为帮助 HIV 感染儿童的志愿者？

从受访者的背景经历可以发现，帮助 HIV 感染儿童的青年志愿者在进入 AIDS 志愿服务之前普遍具有其他类型志愿服务经历，在这项 AIDS 志愿服务项目完成之后，他们仍然通过电话和网络继续为受助儿童提供远程帮助，愿意未来继续从事 AIDS 或其他类型志愿服务，表明受访志愿者具有通过志愿服务帮助处境不利群体的一般倾向。

AIDS 志愿服务群体是如何对受 HIV/AIDS 影响群体形成亲社会倾向的？访谈结果显示，有 5 名受访志愿者在参与 AIDS 志愿服务前曾经接触过 HIV 感染者或其家人（2 名受访者的父母为感染者，3 名接触过感染者家庭），直接接触增进了他们对感染者及其家庭生活处境的了解；另 4 名志愿者通过 AIDS 志愿服务接触 HIV 感染者，对较多案例的接触使他们进一步形成对 HIV 感染者及其家庭理解和接纳的态度。根据"接触假说"（Contact Hypothesis），通过平等地位的接触，群体间的偏见会减少，如果这种接触有制度性支持或能使两个群体的成员形成对共同利益和共同人性的知觉，效果会很大程度增强（Allport, 1954：267）。对群际接触效应的元分析（基于 515 个实证研究）显示，群际接触有效减小了群际偏见（Pettigrew & Tropp, 2006）。AIDS 污名相关研究亦显示，直接与 AIDS 患者接触有助于减少对 AIDS 患者的谴责以及对 AIDS 患者的回避（Herek & Capitanio, 1997），与 HIV 感染者的个人接触有助于降低社交疏远意愿（Chan & Tsai, 2017）。Tadmor、Hong、Chao、Wiruchnipawan 和 Wang（2012）发现，多元文化接触会减少刻板印象和歧视性雇佣决定，接触多元文化经验可通过认知解冻（epistemic unfreezing）使认知闭合需要降低。AIDS 志愿服务群体以往与受 HIV/AIDS 影响群体的接触，可能通过认知解冻降低了刻板印象，进一步，了解受 HIV/AIDS 影响群体遭受的痛苦还会使他们增加理解、产生共情。

为什么受访志愿者决定参与 AIDS 志愿服务时几乎没有艾滋病相关顾虑？从 AIDS 志愿服务群体的构成来看，一部分 AIDS 领域志愿者本身来自受 HIV/AIDS 影响群体（如父母为 HIV 感染者），他们将 HIV 感染儿童视为内群体成员，因而更可能对 HIV 感染儿童产生共情和共同体关心；另一部分 AIDS 领域志愿者来自普通人群，他们有些曾经接触过受 HIV/AIDS 影响群体，还有些对各类处境不利群体有普遍的志愿服务意愿（直接通过 AIDS 志愿服务接触到 HIV 感染儿童的志愿者，志愿组织最初安排他们参加了慈善基金会和受 HIV/AIDS 影响儿童的见面会，使志愿者接触到受助群体，了解到受助儿童的痛苦和需要，了解到 AIDS 志愿服务的内容和意义）。从艾滋病相关知识储备来看，在参加 AIDS 志愿服务之前，有些志愿者已经具备一定的艾滋病相关知识（通过专业学习、家人讲解，或有与 HIV 感染者共同生活的经验），少数志愿者是通过志愿组织培训了解艾滋病相关知识。艾滋病相关知识的掌握对于青年志愿者摒弃艾滋病相关偏见、形成对艾滋病"有知无畏"的态度从而进一步形成 AIDS 志愿服务动机，均具有重要作用。以往北美和非洲的 AIDS 志愿服务动机研究（Crook et al., 2006; Akintola, 2011）都没有阐述知识掌握对 AIDS 志愿服务动机形成的促进作用，基于本研究的发现，我国 AIDS 志愿组织与公共卫生机构应持续开展艾滋病相关知识的公众教育，这将有助于减少 AIDS 污名对 HIV 感染者和 AIDS 领域专业人员的消极影响。

（二）青年志愿者帮助 HIV 感染儿童的初始动机

帮助 HIV 感染儿童的青年志愿者受到七类初始动机的驱动，从动机取向角度来看，感受他人痛苦或需要属于"他人取向动机"，感恩图报、共享与传承志愿精神、秉持助人信念和追求正义属于"价值或原则取向动机"，获得经历与理解、自我探索属于"自我取向动机"（三类动机取向并不是对动机主题内涵的归纳，因而未被列入编码系统）。

1. 他人取向的 AIDS 志愿服务动机

有 6 名志愿者在了解到 HIV 感染儿童的不利处境和苦难遭遇之后，产生了强烈的恻隐之心、感同身受的体验，也因自己成长中遭遇逆境而深切体会到受助儿童的需要。这类体验既包括对受助儿童情感的替代性体验，也包括在认知上增加了对受助儿童处境的理解。由感受他人痛苦或需要而产生的助人动机，可以对应于共情引发的利他动机。基于共情－利他主义假说，对处于困境中的他人产生共情，会促使个体产生以提升他人福利为终极目标的利他动机（Batson, 1991），受访志愿者由共情引发的利他动机促使他们尽自己所能为受助儿童提供帮助。共情引发的利他动机是较为普世性的志愿服务动机，南非的研究曾发现，照顾 AIDS 患者的志愿者也有类似动机，即对 AIDS 患者产生同情和表达关注的动机，或自己亲人因 AIDS 亡故而想要避免悲剧重演（Akintola, 2011）；加拿大的研究发现，社区 AIDS 服务组织的志愿者动机中包含对其他感染者痛苦的认同，当看到他们的惊恐、畏惧时，想要分享一些个人经验（该志愿者样本中有些自身是 HIV 感染者）（Crook et al., 2006）。本研究访谈结果亦显示，随着志愿者对受助儿童的处境了解加深，共情体验和利他动机的程度也随之升高；相应地，有更高共情水平的志愿者也更倾向于在志愿服务项目期间尽力多为受助儿童提供帮助。

2. 价值或原则取向的 AIDS 志愿服务动机

有 4 名志愿者受到感恩图报动机的驱动，2 名志愿者来自受 HIV/AIDS 影响家庭并曾经受到前辈志愿者的帮助，另 2 名志愿者在成长过程中的艰难时期受到过他人帮助，他们怀有感恩之心，希望通过服务内群体成员或帮助他人来转报曾受恩惠（或回报志愿组织）。曾经的受助者获得的赋权有助于他们把帮助传递给其他有需要的人，助人也可能会减轻个体由曾经接受帮助而产生的压力感。这类回报/转报动机在国外 AIDS 志愿服务动机研究中也曾出现，比如津巴布韦 HIV 感染者的志愿护理者也受到回报动机的驱动，由于曾有志愿者帮助自己而想要归还（Topp, Price, Nanyangwe-Moyo, Mulenga, Dennis, & Ngunga, 2015），但回报被归类为互惠动机，也并非受到强调的动机。本研究中受感恩图报驱动的志愿者，这项动机均为其参与 AIDS 志愿服务的主导动机，可能反映了中国文化对感恩图报这一道德规范的强调。根据刘兆明对中国文化的"报"的分析，"感恩图报""报恩"具有相当大的情感成分，不同于工具性的"报"（为维持均衡关系或达成某些目的）（刘兆明，1992：296）。关于中国文化中的"转报"，唐君毅认为，"中国人文中之报恩……不必只是我之还报于对我有恩者，而恒是我之转施恩德于此外此后之人之'转报'，如以教养子女报父母对我之恩，以教学生报师恩。此即足以成就人之先后代之生活之相续，以及文化历史之相续，亦即人生一切继往开来、承先启后之事业之本"（唐君毅，2005：334）。转报的意义还包括人们转向更大范围的对共同体和对社会的关注（不仅关注亲友和有责任的对象），进而从事更广泛的公民参与。

有 6 名志愿者受到共享与传承志愿精神的驱动，包括榜样力量、精神传承和志同道合。受访青年志愿者非常敬佩前辈志愿者对志愿服务的付出与坚持，被他们的志愿精神和行动所感动，把他们视为人生导师和行为楷模，前辈志愿者的志愿精神成为青年志愿者长期从事志愿服务的主要动力之一。青年志愿者也意识到志愿服务行为的发散效应，帮助他人会使受助者去帮助更多人，从而志愿精神可以薪火相传。因此，从长远来看，志愿服务在解除受助者困境的同时，也培养了未来潜在的助人者。青年志愿者之间还会感受到强烈的志同道合感,在 AIDS 志愿服务中的相识与密切合作反映了难得的价值观和目标的相似性,他们在共同的目标追求中相互促进。此类动机可能反映了中国文化中强调的精神力量和价值传承。"薪火相传"来源于《庄子·养生主》,"指穷于为薪,火传也,不知其尽也"(庄子,2007:60),比喻形骸有尽但精神不灭。以"薪火相传"比喻志愿精神,意为其生生不息,每名志愿者的行动都传达着志愿精神,这种精神会感染和带动更多人加入志愿服务群体。

有 6 名志愿者秉持助人信念,他们认同 AIDS 志愿服务为有意义的该做之事,或将个人长期以来的助人信念付诸行动,反映了志愿者已经内化的道德价值。虽然价值观不是志愿服务行为很好的预测指标,但是价值观给予人们力量去做志愿服务,亦有助于解释为什么一些志愿者更全力以赴地投入志愿服务(Musick & Wilson, 2007: 84 - 85),已有持续志愿服务行动的志愿者很可能比普通人群秉持更强的助人信念。有 4 名志愿者认为 HIV 感染儿童的处境或遭遇对他们是不公平的,或希望为 HIV 感染儿童创造平等无偏见的环境,令他们感受到自己与普通儿童并无差异。因此,对社会正义的追求亦是志愿者参与 AIDS 志愿服务的一项重要动机,为 Jiranek 等(2013)的观点和 Crook 等(2006)的研究结果提供了支持。当志愿者感到 HIV 感染儿童群体受到不公平、不正义的对待时,他们认为需要采取行动。Jiranek 等(2013)指出,强调通过志愿服务推进社会正义可能会吸引更多志愿者。追求正义的志愿者不仅表达了个人公平、正义的价值观,而且希望通过行动纠正不公平,创造更少歧视和偏见的社会环境。

国外 AIDS 志愿服务动机包含宗教的影响,比如受到宗教感召、以助人方式赎罪(Akintola, 2011; Topp et al., 2015),但本研究的受访志愿者均无宗教信仰,也无人提及宗教或赎罪相关的动机。因此,本研究志愿者的道德价值与原则并不来自宗教教义,而是来自社会化过程中其他的道德教育途径。

3. 自我取向的 AIDS 志愿服务动机

有 5 名志愿者希望通过 AIDS 志愿服务获得经历与理解,比如获得特殊的志愿服务经历、了解受 HIV/AIDS 影响群体的实际状况等。与国外 AIDS 志愿服务动机研究相比,Omoto 和 Snyder(1995)的"理解"动机包括了解艾滋病及其影响、了解人们如何应对艾滋病,也包括更直接的利己动机,如应对自己对艾滋病的恐惧和焦虑;Akintola(2011)和 Topp 等(2015)也发现照顾 AIDS 患者的志愿者具有不涉及艾滋病的动机,比如学习护理技能、学习新事物。本研究较多志愿者受到此类动机驱动,这主要跟样本的学生身份和年龄阶段有关,青年志愿者对特殊领域的知识、特殊群体以及志愿组织行动都持有好奇心,因而有更强的倾向通过一个规模大、有专业人员带领的志愿服务增长知识和经历、开阔视野。另有5名志愿者希望通过志愿服务进行自我探索,包括探索个人潜能、进行生涯探索。Omoto和Snyder(1995)的个人发展动机包括挑战自己和检验自己的技能,其与探索个人潜能有相似含义。另外,以成人志愿者为对象的研究显示,非洲国家较多照顾AIDS患者的志愿者希望获得护理经验、找到护理或其他工作(Akintola, 2011; Topp et al., 2015)。本研究中生涯探索是较为次要的AIDS志愿服务动机,受访青年志愿者尚处于广泛性自我探索阶段。

4. 与国外志愿服务动机模型比较

有别于国外AIDS志愿服务动机研究的独特发现在于,我国AIDS领域青年志愿者强调感恩图报、共享与传承志愿精神。与Snyder及其合作者(Omoto & Snyder, 1993; Clary & Snyder, 1991)的5类AIDS志愿服务动机和6类一般志愿服务动机相比:(1)受访者虽然也表达了共同体关心,不过已经被包含在其他含义中,同属受HIV/AIDS影响群体而对受助儿童的痛苦更能感同身受;(2)共享与传承志愿精神(榜样力量、精神传承、志同道合)在国外志愿服务动机研究中几乎没有涉及,Clary和Snyder(1991)的社交动机是指为了符合重要他人的期望而参与志愿服务,并不强调基于共同的助人理想和目标而产生的志同道合感,且社交动机负向预测志愿服务频率(Allison, Okun, & Dutridge, 2002);(3)自尊提升(如"志愿服务让我觉得自己是重要的")对受访志愿者而言,并不是志愿服务的动力,而是助人行为的未预期获益。总体而言,志愿服务功能模型的局限在于:价值表达可能与理解/学习、自我提升并不是同一层面的动机,而是更上位的概念,价值表达内部还包含多种不同含义的重要动机类型,如正义、回报、助人信念等;他人取向和价值取向的动机类型过少,自我取向的动机类型过多,前者对高成本、持续性的志愿服务有更强的解释力。

(三)AIDS志愿服务动机的模型建构

根据研究结果,我们可以得出适合中国文化的AIDS志愿服务态度与动机模型:帮助HIV感染儿童的青年志愿者具有独特的AIDS相关知识、经历和态度,表现为对艾滋病有知无畏、对HIV感染者因接触而理解和接纳。在此基础上，他们受到多重初始动机驱动参与 AIDS 志愿服务，包括感受他人痛苦或需要、感恩图报、追求正义、秉持助人信念、共享与传承志愿精神、获得经历与理解、自我探索，反映 AIDS 志愿服务群体对精神意义的追求。基于这个模型，未来研究可以开发新的测量工具，编制适合中国文化的志愿服务动机量表。

在 AIDS 相关经历及知识与 AIDS 志愿服务动机的关系上，我们提出两个供量化研究参考的模型。（1）接触受 HIV/AIDS 影响群体有助于减少 AIDS 偏见并感受该群体的需要，进而产生帮助动机，由此形成解释接触效应的中介模型：接触受 HIV/AIDS 影响群体→AIDS 偏见（低）→AIDS 志愿服务动机。（2）AIDS 相关知识或许并不直接作用于 AIDS 志愿服务动机的形成，其作用可能在于，AIDS 相关知识的获得有助于消除恐艾情绪，进一步消除与 HIV 感染者的接触担忧，由此形成解释知识的作用的中介模型：AIDS 相关知识→恐艾情绪（低）→感染者接触担忧（低）。

（四）研究局限与启示

本研究的发现有助于理解青年志愿者参与 AIDS 志愿服务的初始动机和促进因素，但也存在一些局限。在取样上，志愿组织在项目开展前曾对志愿者进行选择，比如尚未纳入 HIV 感染成人为 HIV 感染儿童提供服务；受访志愿者均为在校学生，服务对象均为 HIV 感染儿童。鉴于上述因素，结果推广需要谨慎，不适宜直接推广到志愿者或受助者与此不同的 AIDS 志愿服务项目。此外，使用访谈法难以完全排除社会赞许性的影响，比如受访志愿者更倾向于详细阐述他人取向和价值取向的志愿服务动机。对于这一局限，研究者在志愿服务项目期间，进行了较长时间的田野观察，参加了多次志愿者集体会议，也阅读了受助儿童对志愿者和志愿服务项目的书面评价，因而对受访志愿者在志愿组织中的行为以及他们与受助儿童的互动有直观了解，并可以将访谈结果与观察资料和书面评价做对照。

对青年志愿者参与 AIDS 志愿服务的初始动机的探讨，有助于为 AIDS 志愿组织更有效地招募志愿者、保留志愿者和分派志愿工作提供启示。AIDS 志愿组织可以尝试招募志愿服务动机与志愿组织目标相一致的志愿者（Akintola，2011），也应该尽力创造环境以满足青年志愿者的动机和需求，提高他们的工作满意度，培养他们对志愿服务的长期承诺。

参考文献

李现红、何国平、王红红,2007,《艾滋病相关羞辱与歧视的研究》,《中华护理杂志》第1期,第78~80页。

刘兆明,1992,《"报"的概念及其在组织研究上的意义》,载杨国枢、余安邦编《中国人的心理与行为:理念及方法篇》,桂冠图书出版公司,第293~318页。

莫藜藜、钟道诠,2006,《从爱滋社工者的工作经验初探"部分社工者不愿提供服务给爱滋感染者或病患"之现象》,《台湾社会工作学刊》第5期,第1~44页。

唐君毅,2005,《说中国人文中之报恩精神》,载《中华人文与当今世界补编》,广西师范大学出版社,第334~343页。

(先秦)庄子,2007,《庄子》,孙通海译注,中华书局。

Abubakar, A., Van de Vijver, F. J., Fischer, R., Hassan, A. S., Gona, J., Dzombo, J. T., Bomu, G., katana, K., & Newton, C. R., (2016). "Everyone has a secret they keep close to their hearts": Challenges faced by adolescents living with HIV infection at the Kenyan coast. *BMC Public Health*, 16, 197.

Akintola, O. (2011). What motivates people to volunteer? The case of volunteer AIDS caregivers in faith-based organizations in KwaZulu-Natal, South Africa. *Health Policy and Planning*, 26, 53 – 62.

Akintola, O., Hlengwa, W. M., & Dageid, W. (2013). Perceived stress and burnout among volunteer caregivers working in AIDS care in South Africa. *Journal of Advanced Nursing*, 69, 2738 – 2749.

Allison, L. D., Okun, M. A., & Dutridge, K. S. (2002). Assessing volunteer motives: A comparison of an open-ended probe and Likert rating scales. *Journal of Community & Applied Social Psychology*, 12, 243 – 255.

Allport, G. (1954). *The Nature of Prejudice*. New York: Addison Wesley.

Armstrong, S. (2000). *Caring for Carers: Managing Stress in Those Who Care for People with HIV and AIDS*. Geneva: Joint United Nations Programme on HIV/AIDS.

Batson, C. D. (1991). *The Altruism Question: Toward a Social-psychological Answer*. New-Jersey: Lawrence Erlbaum Associates Publishers.

Batson, C. D., Ahmad, N., & Tsang, J. A. (2002). Four motives for community involvement. *Journal of Social Issues*, 58, 429 – 445.

Chan, B. T., & Tsai, A. C. (2017). Personal contact with HIV-positive persons is associated with reduced HIV-related stigma: Cross-sectional analysis of general population surveys from 26 countries in sub-Saharan Africa. *Journal of the International AIDS Society*, 20, 21395.

Clary, E. G., & Snyder, M. (1991). A functional analysis of altruism and prosocial behavior: The case of volunteerism. *Review of Personality and Social Psychology*, 12, 119 – 148.

Clary, E. G., Snyder, M., & Ridge, R. (1992). Volunteers' motivations: A functional strategy for the recruitment, placement, and retention of volunteers. *Nonprofit Management and Leadership*, 2, 333 – 350.

Clary, E. G., Snyder, M., Ridge, R. D., Copeland, J., Stukas, A. A., Haugen, J., & Miene, P. (1998). Understanding and assessing the motivations of volunteers: A functional approach. *Journal of Personality and Social Psychology*, 74, 1516–1530.

Cnaan, R. A., Handy, F., & Wadsworth, M. (1996). Defining who is a volunteer: Conceptual and empirical considerations. *Nonprofit and Voluntary Sector Quarterly*, 25, 364–383.

Crook, J., Weir, R., Willms, D., & Egdorf, T. (2006). Experiences and benefits of volunteering in a community AIDS organization. *Journal of the Association of Nurses in AIDS Care*, 17, 39–45.

Haski-Leventhal, D. (2009). Altruism and volunteerism: The perceptions of altruism in four disciplines and their impact on the study of volunteerism. *Journal for the Theory of Social Behaviour*, 39, 271–299.

Held, M. B., & Brann, M. (2007). Recognizing HIV/AIDS volunteers' stressors and desire for support. *AIDS Care*, 19, 212–214.

Herek, G. M., & Capitanio, J. P. (1997). AIDS stigma and contact with persons with AIDS: Effects of direct and vicarious contact. *Journal of Applied Social Psychology*, 27, 1–36.

Jiranek, P., Kals, E., Humm, J. S., Strubel, I. T., & Wehner, T. (2013). Volunteering as a means to an equal end? The impact of a social justice function on intention to volunteer. *The Journal of Social Psychology*, 153, 520–541.

Mburu, G., Ram, M., Oxenham, D., Haamujompa, C., Iorpenda, K., & Ferguson, L. (2014). Responding to adolescents living with HIV in Zambia: A social-ecological approach. *Children and Youth Services Review*, 45, 9–17.

Miller, D. (2000). *Dying to Care: Work Stress and Burnout in HIV/AIDS Professionals*. London: Routledge Press.

Musick, M. A., & Wilson, J. (2007). *Volunteers: A Social Profile*. Indianapolis: Indiana University Press.

Omoto, A. M., & Snyder, M. (1993). AIDS volunteers and their motivations: Theoretical issues and practical concerns. *Nonprofit Management and Leadership*, 4, 157–176.

Omoto, A. M., & Snyder, M. (1995). Sustained helping without obligation: Motivation, longevity of service, and perceived attitude change among AIDS volunteers. *Journal of Personality and Social Psychology*, 68, 671–686.

Omoto, A. M., Snyder, M., & Hackett, J. D. (2010). Personality and motivational antecedents of activism and civic engagement. *Journal of Personality*, 78, 1703–1734.

Penner, L. A., & Finkelstein, M. A. (1998). Dispositional and structural determinants of volunteerism. *Journal of Personality and Social Psychology*, 74, 525–537.

Pettigrew, T. F., & Tropp, L. R. (2006). A meta-analytic test of intergroup contact theory. *Journal of Personality and Social Psychology*, 90, 751–783.

Primo, M. W. (2007). *Caring for the Caregiver in HIV and AIDS programmes*. Thesis of Arts in Social Science in Mental Health at the University of South Africa.

Rödlach, A. (2009). Home-based care for people living with AIDS in Zimbabwe: Voluntary caregivers' motivations and concerns. *African Journal of AIDS Research*, 8, 423–431.

Ryan, R. M., & Deci, E. L. (2000). Self-determination theory and the facilitation of intrinsic motivation, social development, and well-being. *American Psychologist*, 55, 68–78.

Snyder, M. (1993). Basic research and practical problems: The promise of a "functional" personality and social psychology. *Personality and Social Psychology Bulletin*, 19, 251–264.

Snyder, M., & Omoto, A. M. (2008). Volunteerism: Social issues perspectives and social policy implications. *Social Issues and Policy Review*, 2, 1–36.

Stockdill, B. C. (2003). *Activism Against AIDS: At the Intersection of Sexuality, Race, Gender, and Class*. Lynne Rienner Publishers.

Stolinski, A. M., Ryan, C. S., Hausmann, L. R., & Wernli, M. A. (2004). Empathy, guilt, volunteer experiences, and intentions to continue volunteering among buddy volunteers in an AIDS organization. *Journal of Applied Biobehavioral Research*, 9, 1–22.

Tadmor, C. T., Hong, Y. Y., Chao, M. M., Wiruchnipawan, F., & Wang, W. (2012). Multicultural experiences reduce intergroup bias through epistemic unfreezing. *Journal of Personality and Social Psychology*, 103, 750–772.

Topp, S. M., Price, J. E., Nanyangwe-Moyo, T., Mulenga, D. M., Dennis, M. L., & Ngunga, M. M. (2015). Motivations for entering and remaining in volunteer service: Findings from a mixed-method survey among HIV caregivers in Zambia. *Human Resources for Health*, 13, 72–86.

Valjee, L., & Van Dyk, A. C. (2014). Impact of caring for people living with HIV on the psychosocial well-being of palliative caregivers. *Curationis*, 37. doi.org/10.4102/curationis.v37i1.1201.

中原地区跨文化通婚家庭的身份协商：
日常情境中的生活策略

牧石玲　杨宜音　郭亚星[*]

摘　要：本研究对"大杂居、小聚居"的中原散杂居地区的跨文化通婚家庭日常生活场景进行了深描，讨论了婚内文化融合心理边界的特性。通过研究发现，通婚家庭成员需要在不同情境下处理婚姻关系与文化关系二者孰先孰后、夫妻双方文化群体身份孰强孰弱的问题，从而发展出四种文化身份协商的认同模型："AB双强"的"双文化平等融合型"、"A强B弱"的"A文化优势型"、"B强A弱"的"B文化优势型"和"AB双弱"的"文化淡化型"。在不同的文化情境中这些价值偏好与身份协商策略呈现一种动态性特征，通过跨文化家庭成员，特别是夫妻之间不断地协调与适应，最终使其形成不同水平的"混融式"自我。情境中心的"工具箱策略"使通婚家庭成员，随情境转变自由选择不同的行为方式，从而展现对多元文化的强大适应力。

关键词：跨文化通婚家庭　文化身份协商模型　工具箱策略　混融我

一　问题的提出

通婚是测量社会距离的敏锐性指标（sensitive indicator），因此，观察

---

[*] 牧石玲，哈尔滨工程大学马克思主义学院博士研究生；杨宜音，哈尔滨工程大学人文社会科学学院教授，博士生导师，中国社会科学院社会学研究所研究员，通信作者，E-mail：cassyiyinyang@126.com；郭亚星，中央民族大学民族学与社会学学院硕士研究生。

和理解通婚家庭也是研究多元文化情境生存智慧的绝好方法。本文以中原地区散杂居跨文化的通婚家庭为例，探究通婚家庭成员在文化混杂情境中，如何书写自己的文化身份，多重身份的选择和管理又有什么样的行为策略，主体的建构性如何在整个身份协商的具体过程中呈现，从而一窥文化身份协商最尖锐、最精彩、最富民间智慧的一幕。

让我们先从一场葬礼上结婚已有5年的一对通婚夫妻向本文作者讲述他们婚后生活的故事开始：

（妻子讲述）：饮食上我俩**一早就意见统一按我（A文化类型）的饮食**习惯来，不吃猪肉，锅也从没沾过猪油。有次婆婆给（我们的）女儿拿了（猪肉）包子，我回去跟他们一家闹了一次，这**违背了"约定"**。……但是单位聚餐也不能老让别人来迁就我，**没办法只能挑自己能吃的**。自己做饭肯定是清真的。**要自己坚持底线，对方才会尊重你。**

婚礼当时按照**他们（B文化类型）的**习俗办的，没请阿訇，**他们那边亲戚都是××人（B文化群体成员）**，对××人（A文化群体成员）**不太了解**，请阿訇去反而有点**节外生枝**，**去他们那边就入乡随俗**，那边啥规矩就按那边办。

他外婆去世的时候，亲戚们知道我是××人（A），听说双方的文化习俗不一样就**没有要求非得戴孝**，我就**在一边帮帮忙**。（N1-Mlh-女-"男B女A"的通婚家庭）

（丈夫讲述）：其实在饮食方面，我不会拿自己的爱好去挑战别人的信仰，不吃猪肉是**基本的尊重**，在我们家，我没有吃过也没有买过；**我俩一起出去的时候，我也不会碰，也不吃**。出去应酬喝多的时候，随手夹一块，也**不是故意的**，碰到了也是**没办法的**。我能保证跟亲人在一起的时候一定守得住这个底线，但是**出去就不能保证了**，如果说是保证了，真的是满嘴谎言。这个原则不仅是对××人（A）的一个认同，也是对信仰的尊重。谈不上谁迁就谁，就是我们都不吃而已。……在这（指葬礼现场）我会把自己当作××人中的一员，因为这个**场合都是亲戚朋友。但是回到了我家那边的生活圈，我就会回到自己原来的角色**。（N2-Zjq-男-"男B女A"的通婚家庭）

（他人讲述）：在**岳父（A）**葬礼上，Zjq（B）**戴着××人（A）的小白帽忙活着，俨然一副××人（A）的形象**。跟担任阿訇职务的小爹谈及结婚的时候，因为当地没有清真寺，所以没有请阿訇，于是当场补了 A 文化婚礼的证婚仪式，Zjq 也**欣然接受了经名**①。（在）外婆（B）的葬礼（上），Zjq（B）**也为亡故亲人戴孝守灵，进行磕头跪拜**。

这些故事无非普通的柴米油盐酱醋茶的日常细节，细品起来却不甚简单。我们在这三段叙述中发现一些有意思的表述和用词，大致归纳如表1。

表1 文本分析

指称	对待文化习俗的做法	意义	情境及其转化
我俩、我们家（夫妻共称）	意见统一 都不吃而已	谈不上谁迁就谁 守住底线 基本的尊重	一早（从开始），自己做饭肯定是清真的
我家那边	回到自己原来的角色	爱好、信仰	回到我家那边
他们那边	那边啥规矩就按那边办 入乡随俗、守约定、守规矩 没有要求非得（不强迫） 在一边帮帮忙	认同 A、尊重信仰 ××人（A）中的一员 习俗不同	戴着小白帽、俨然××人（A）形象 A 文化证婚仪式：欣然接受经名 B 文化葬礼：戴孝跪拜
婆婆	闹（不守饮食习俗时）	违背了约定 自己坚持底线，对方才会尊重	
别人	不得不、没办法、挑	不是故意的	在外用餐找不到清真餐时：挑能吃的吃

通过对上述访谈文本的分析，我们可以看到跨文化通婚的夫妻具有明显的"边界"意识和对该边界的理解及处理策略。一方面要"守规矩""守约定""坚持底线"，另一方面出于尊重和自尊，在穿梭于"他们那边"和"我家那边"时，在扮演对方希望的角色（戴小白帽、接受经名）、"回到自己原来的角色"之间，"挑""能做"的去做。

由于受群体文化习俗的影响，独特的"清真"饮食习惯作为群体文化特性的重要表征，增加了与其他文化群体之间在日常生活中的区别性和距离感。它使得不同文化群体在互动过程中，始终保持着一定的文化心理边界。跨文化通婚是婚姻关系与文化关系的交叠，家庭成员，特别是夫妻不得不面对这一边界，去认识、理解、解释、调整和处理有关这一边界带来

---

① 经名，这是 A 文化群体成员用于表征该文化身份的名字。

的问题,从而在这种处境中发展出应对能力。

回顾文献发现,不同文化通婚的研究涉及社会学、民族学、人类学、人口学等诸多领域,历来都是学者关注群际关系的热点。从研究内容和研究对象来看,以往学界对跨文化通婚的研究主要集中在婚姻缔结阶段的影响因素(马戎,2001;马宗保,2002;李晓霞,2004;庄世恒,2006)、婚姻现状(杨志娟,2002),通婚对作为群际心理关系的民族关系产生的影响等方面(马戎,2001;汤夺先,2007;罗红,2009;张禹青、鲁刚,2013;崔忠州、吴宗友,2014)。本文则把研究视野聚焦于婚姻成立之后通婚家庭成员的日常生活,将婚姻中夫妻二人互动中的文化适应作为研究重点。一般认为,跨文化通婚的家庭更容易因为夫妻双方各自的文化差异产生难以调和的家庭矛盾,进而表现为家庭关系紧张、离婚率相对较高(陈长平,1997;何群,2010;连菊霞,2012)。另外,跨文化婚姻具有"冲击与消融"文化边界的作用(徐杰舜、徐桂兰,2012),婚后在家庭与群体文化的相互调适中,家庭生活中会表现出群体文化融合、双重文化认同特征(李丽琴,2010);也可能因为家庭内部权力结构,相对弱势一方会妥协,家庭内部会呈现单一文化认同的特征,这种妥协背后所反映的应对真实生活的权变策略,是夫妻二人与各自家庭乃至群体文化间互动的结果(杨志娟,2002;李晓霞,2005)。

不同文化群体通婚的夫妻在婚后开始不同文化间更深度的接触,二人之间既是夫妻又是不同文化群体成员,在家庭单位中既存在家庭关系又构成文化群体身份间关系。他们在面对家庭生活层面饮食、习俗等生活方式的差异时,夫妻身份与文化身份会出现双向介入。在"我"与"他/她"形成一个家庭的(夫妻)"我俩"之外,"我"还与"我家那边","他"还与"他们那边"形成与一般"娘家"意义相叠加的"他"的文化群体"我们"和"我"的文化群体"我们"。于是,跨文化通婚夫妻的这种双重身份的扮演为当事人提出了文化身份管理和协商的任务。

社会心理学中的社会认同理论(Social Identity Theory)为研究多元文化中的身份管理提供了一条解释路径。该理论关注社会身份的建构过程,及其对社会思维和社会行动的影响,强调认同对群体具有区隔功能,探讨了个体在不同社会文化情境中,对不同身份的选择与取舍的过程性机制(Tajfel & Turner,1986)。当知觉到认同威胁时,个体维持自尊、归属感等需求得不到满足,会在自我确认与他者期待的双向互动中对多重身份进行"协商工作"(Swann et. al.,2009;赵静、杨宜音,2017)。人们的身份和认同并非受单一文化的影响,多重身份与多元认同是适应社会文化情境的重要心理机制（吴莹，2015）。Berry（1997）的文化适应理论通过研究跨文化移民对客居文化与原生文化认同的选择与区分，从个体水平上总结了四种文化适应模式与策略，即整合/双重文化观（同时卷入和认同原生文化和客居文化）、同化（仅卷入和认同客居文化，放弃原生文化）、分离（仅卷入和认同原生文化，隔离客居文化）和边缘化（对客居文化及原生文化都缺乏卷入和认同）。Hong、Morris、Chiu 和 Benet-Martínez（2000）通过对多元文化个体的不同文化取向研究，提出文化动态建构模型（The Dynamic Constructivist Model），补充了 Berry 的文化适应理论缺乏的对个体整合双文化心理过程的机制解释，即文化框架转换（cultural frames witching）（杨宜音，2013）。在文化框架转换的研究中，双文化个体尽管掌握了两类文化的表征，但是不同文化线索只是分别出现在不同情境下并未同时呈现，而通婚家庭成员需要在家庭生活中处理更多不同文化"并存"的情况。

当拥有多重身份可能性时，某一身份的凸显不仅与个人的认同选择相关，还与情境的启动有关（Tuner et al.，1987；杨宜音、张曙光，2012）。来自不同文化背景的个体在文化混杂的情境中，多元文化认同的管理受到文化情境的影响，特定的文化身份认同会被特定的文化符码激活（Hong & Khei，2014），体验文化的内在冲突的同时，会发现多重文化认同相互之间是可以就其初始立场进行协商的（Roccas & Brewer，2002）。社会自我概念的操作具有情境具体性。许烺光的"心理-社会均衡理论"提出"真理"会因为情境不同而异，"倾向于具有多重标准"。也就是说，当情境发生了转变，某一场合适用的原则可能并不适用于其他的情境，因此不同的行为准则都会被视为"理所当然的，也不会给个人内心带来任何冲突"（许烺光，2002：2）。因此，通婚家庭成员在不同的场合自如地切换不同的行为模式，以满足他们应对多元文化认同的情境的需要。

二　研究过程

本研究选取中原散杂居地区的跨文化通婚家庭作为个案进行访谈，主要围绕家庭生活中的饮食、婚丧习俗等方面展开。

根据"入场"时的了解和长期观察，以滚雪球抽样的方式挑选了 21 对正在经历跨文化通婚的夫妻和 2 个阿訇围绕日常生活进行了深度访谈，调研期间还近距离观摩两场 A 文化葬礼和一场 B 文化葬礼。本文主要挑选了 9 个具有代表性的案例，对其编号并进行深入的文本分析（见表 2）。

表 2　访谈对象的基本情况

编号	姓名	性别	文化类型	通婚时长（年）	基本情况
N1	Mlh	女	A	5	Mlh 出生在当地 A 文化群体较为聚集的村落，与丈夫是在大学时相识相恋。平时自己在家做饭严格遵守 A 文化群体的饮食习惯，但是外出与朋友同事交往时，在挑选何种餐馆就餐时没有特别要求，都可以接受
N2	Zjq	男	B	5	Zjq 与妻子是在大学时自由恋爱结婚的。尽管结婚时先按照 B 文化的习俗举行婚礼，但事后又在 A 文化群体亲友的见证下补了 A 文化群体的简单的婚礼仪式。婚后两人单独居住，在家时随着妻子的饮食习惯，外出就餐也会尽量跟随妻子的饮食习惯
N3	Grm	女	A	2	Grm 与丈夫是通过朋友介绍认识的，结婚时与丈夫在亲友的见证下举行了 A 文化仪式活动。婚后两人单独居住，平时饮食比较注意恪守本文化要求，外出去 B 文化亲戚家就餐时对餐具没有特别要求
N4	Mz	男	A	7	Mz 与妻子是自由恋爱。起初家里长辈（A 文化）因为文化习俗差异不同意娶 B 文化群体成员的儿媳，但两人感情比较稳定，妻子也承诺随着 A 文化群体的生活习惯。婚后与父母同住，两人平时饮食上比较注意，选择带有特殊标识的食材
N5	Lh	男	B	2	Lh 与妻子是大学同学，两人感情比较稳定后才告诉家里人。妻子是一个对食材和餐具*都有要求的 A 文化群体成员，无法接受在 B 文化的亲戚朋友家吃饭。婚后两人单独居住，由于工作地 A 类餐馆比较多，饮食习惯未给彼此造成困扰，两人对婚后的生活都抱以乐观态度，只要感情好就不会有问题
N6	Mxq	男	B	3	Mxq 与妻子是自由恋爱的，但是一直遭到妻子父母的反对。即使主动承诺并严格按照女方所属 A 文化的习俗，妻子的父亲也不同意这门婚事，举行婚礼时也没有送亲。两家关系一直比较紧张，直到孩子出生，关系才得到了缓和
N7	Zyb	女	B	9	Zyb 与丈夫是通过朋友介绍认识的，结婚的时候在丈夫老家按照 A 文化的习俗举行了婚礼。婚后因工作需要与父母（女方）同住一段时间，平时做饭的时候也避开 A 文化的饮食习惯所不允许的，选一些都可以吃的，比如海鲜

续表

编号	姓名	性别	文化类型	通婚时长（年）	基本情况
N8	Lq	女	A	15	Lq 与丈夫是通过亲戚介绍认识的，A 文化的亲友对丈夫的饮食习惯提了要求。婚后两个人单独居住，饮食上也是遵照 A 的饮食习惯，家中不允许违背这一习惯
N9	Mh	女	A	22	Mh 与丈夫是通过亲戚介绍认识的，婚前丈夫也开始信仰 A 文化宗教，但是两人约定 A 文化饮食习惯只限于家中，对餐馆没有特殊要求

* 在当地，A 文化群体会选择本文化餐馆，使用的消毒餐具有明确标注，以此与其他餐馆使用的餐具做区分。

三 研究发现

（一）通婚家庭生活中的文化认同类型

跨文化通婚家庭成员作为文化边界跨越者，婚姻的结合使其拥有双重文化身份，他们既具有对原文化的认同，也具有对对方文化的某种接纳或认同。在婚后的生活中，通婚家庭成员的文化身份认同并非固定不变的，生活情境的改变会带来文化身份的转变（Hogg & Turner, 1987），其认同会依据互动过程中夫妻双方相互的位置来界定。通过对访谈资料的整理，从 A 文化认同和 B 文化认同两个维度的强弱组合审视跨文化通婚家庭，可以做出四种主要类型的分类："AB 双强"的"双文化平等融合型"、"A 强 B 弱"的"A 文化优势型"、"B 强 A 弱"的"B 文化优势型"以及"AB 双弱"的"文化淡化型"（见图1）。

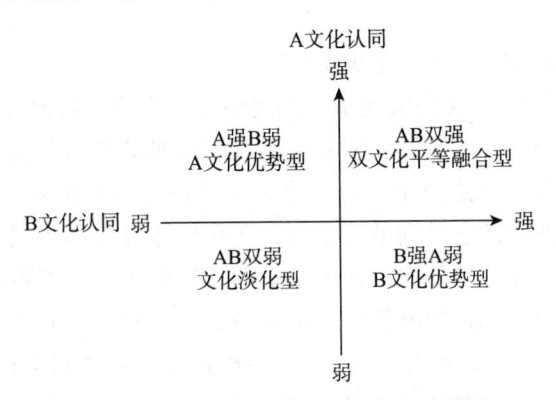

图 1 跨文化通婚家庭成员文化认同模型

1. "AB 双强"的"双文化平等融合型"

"AB 双强"的"双文化平等融合型"的通婚家庭,夫妻双方对各自文化认同程度都比较高,在夫妻关系中,两种文化基本上处于一种均势状态。夫妻二人在婚后的生活中对彼此的文化习俗持尊重的态度,在两个家庭交往过程中会扮演积极的"协调者",主动去调解两种文化差异可能带来的冲突。

尽管 A 文化一方不强制性地要求 B 文化一方必须学习和遵守 A 文化,不过当 B 文化一方是自主选择的情况时,往往对 A 文化的文化心理认同程度更高。A 文化一方对于属于 B 文化的配偶的祖先崇拜和葬礼等习俗也尽可能接纳和遵从。

2. "A 强 B 弱"的"A 文化优势型"

"A 强 B 弱"的"A 文化优势型"的通婚家庭,在家庭生活中是以 A 文化作为主导文化,对于 A 文化的认同程度明显高于 B 文化认同。婚前 B 文化群体成员会被要求学习和严格遵守 A 文化的生活方式,获得 A 文化身份,为通婚中 B 文化群体成员的加入找到合理性依据,并且夫妻二人在日常生活中会恪守 A 文化的文化习俗。

3. "B 强 A 弱"的"B 文化优势型"

"B 强 A 弱"的"B 文化优势型"的通婚家庭,婚后家庭生活中的主导文化更倾向于 B 文化,受 B 文化涵化的程度也比较高。部分 A 文化家庭虽然会在婚前要求 B 文化群体成员通过一个仪式性活动,承诺在婚前开始学习,并在婚后严格遵照 A 文化的生活方式,但一般也只是流于形式的"走过场",心理上对 A 文化的文化认同程度并不高。夫妻双方在婚后的日常生活中,也不会特别严格遵守 A 文化的生活习俗,而以 B 文化的生活习俗为主导。

4. "AB 双弱"的"文化淡化型"

"AB 双弱"的"文化淡化型"的通婚家庭成员对两种类型的文化的认同程度都比较弱。不过这种"双弱"认同背后的心理意涵是不同的。对他们而言,文化群体只是一个区分标志,并非高高筑起的不可跨越的边界。不管是从婚姻的缔结还是到婚后生活,文化群体身份的不同不会给彼此带来激烈的文化碰撞,当知觉到文化身份的边界阻碍,他们更倾向于淡化文化的观念,认同更抽象的或其他类别的身份,例如"中国人""人""本地人/外地人""男人/女人"等。与"AB 双强"的"双文化平等融合型"家庭不同的是,他们对 A 文化的文化认同表征相对而言较薄弱,A 文化独特的饮食习俗具有可变性。

通过研究发现，这四种文化认同模型在通婚家庭成员婚后生活中并非固定不变的。在具体的生活情境中，他们对各自文化身份的界定会强调个体的感受（Audi, 2009）。当知觉到认同威胁时，他们会在思想和行动上更肯定注重的文化身份，文化认同类型会随着生活情境改变而呈现动态特征。也就是说，在某一情境中可能更倾向某一方的文化，转换到另一情境中，可能又会交替地倾向双方的文化，或者强弱交替。

（二）通婚家庭生活中的文化身份协商策略

跨文化通婚家庭成员的文化身份管理，本质上是一种心理现象。跨文化通婚的家庭成员，夫妻双方分别来自两个不同文化群体，都有其生长的文化背景。一方面受各自特定文化和维系原生家庭情感需求的影响，会使他们对配偶所属文化产生一种排斥感；另一方面需要经营好新组建的家庭关系这一共同生活的纽带，又会令这种排斥感减弱。跨文化婚姻为他们带来双重的文化身份，既是文化群体成员又存在家庭关系。虽然看起来不同的身份认同具有排斥性，但在他们身上又可能同时并存，横亘其中的正是"多元文化身份协商"的过程。

本研究发现，通婚家庭组建初期，首先必须面对来自双方长辈的压力和担忧。传统的 A 文化家庭对子女的婚姻大多数是秉承"内婚制"的传统。对于他们而言，这是表达其文化认同的重要方式。现代年轻一代 A 文化群体成员的婚恋观，则开始更关注个体的感情需求。父母对子女婚姻干涉的影响力在慢慢减小，子女在择偶上也更具有自主性。当子女选择不同文化的婚配对象时，势必会引起家庭内部的一场轩然大波。

起初（A 文化家人）很反对，（B 文化）家人主动提出，婚后生活**遵从××人（A 文化）的规矩**，（夫妻双方）恋爱时就遵守 A 文化习俗，并在**婚前举行过学习 A 文化的仪式活动**，约法三章后（A 文化一方的长辈）才同意。(N3 – Grm – 女 – "男 B 女 A"的通婚家庭)

（A 文化家人）不愿意，觉得**婚丧习俗不同，嫌麻烦**，（B 文化家人）都听（A 文化）的，（夫妻双方）**感情比较好**，结婚了媳妇娶进来可不都依这边（A 文化）！(N4 – Mz – 男 – "男 A 女 B"的通婚家庭)

（A 文化家人）不同意，（B 文化家人）托亲戚（给自己）安排（其他）相亲，也不去。（夫妻双方）**感情稳定**，跟家里闹腾了一段时间才同意结婚。(N5 – Lh – 男 – "男 B 女 A"的通婚家庭)

（A 文化家人）**心里别扭**，没反对也不支持，（B 文化家人）没给太多压力,**都好商量**,(夫妻双方)自谈认识的,毕业(后在)家里(家乡)没遇到合适的,(家里人)**慢慢就接受了**。(N1-Mlh-女-"男B女A"的通婚家庭)

(A文化家人觉得在A文化群体成员相对聚居的地区)找××人(B文化)丢人,一直不松口同意。(B文化家人觉得)不行就一家人都学习A文化。我们这边办婚礼,娘家(A文化)也没送,(夫妻双方)感情好,孩子出生之后两家关系才破冰,慢慢来往。(N6-Mxq-男-"男B女A"的通婚家庭)

A文化群体反对跨文化通婚态度的背后其实源自其对本身文化的自我保护意识。尽管散杂居地区A文化受B文化影响较大,但A文化的婚丧习俗中仍然保留有些许宗教色彩,与不同文化群体结亲被认为是"麻烦事"。A文化经典明文规定了与异文化群体成员通婚的前提条件是异文化群体的成员需要在婚前学习并承诺在婚后严格按照A文化方式生活,因此在当地、A、B两类文化成员结亲,B文化成员会被如此要求。相比较"男A女B"婚配组合模式的通婚,"男B女A"这种组合模式更容易遭到A文化亲友的强烈反对。A文化在一定程度上受传统"男尊女卑"的儒家文化影响,A文化的家人担心外嫁的女儿生活在夫家B文化主导的环境中,自身的A文化认同难以维系。

面对较为强势的A文化家庭,为了能顺利缔结婚姻,B文化成员选择让步,在婚前会"约法三章"(承诺婚后遵守A文化习俗),让文化身份筑建的藩篱得以松动。有的A文化家庭意识到A文化群体作为散杂居地区的少数群体,择偶的范围相对而言比较狭小,当难以找到适龄的同一文化群体的婚配对象时,文化群体身份便不再是婚配过程中首要的坚持条件。加之,散杂居住的环境给A、B两类文化群体提供更多接触和交往的机会,在密切的交往过程中对彼此文化有深入的认知,他们的关系比较融洽并自觉地相互尊重,对跨文化婚姻的社会舆论宽容度也比较高,慢慢地也就淡化了心理上的"别扭"。文化形态的迥异并没有成为两个不同文化家庭之间不可逾越的鸿沟,夫妻双方稳定的感情基础发挥了重要的作用。另外,即便A文化家庭的长辈们在婚前不同意子女的婚事,当家庭的组建已然成为事实后,文化群体身份便不再作为家庭生活中的主要考量因素,新家庭赋予的家庭角色身份的重要性会更加凸显,一来二去两个家庭紧张的关系也会出现"破冰"。

这里其实暗含了当地跨文化通婚家庭成婚的一个前提,即在客观和实际生活中存在双方文化差异的情况下，某一文化家庭在婚前只有认可和承诺尊重另一文化家庭的文化生活习俗，通婚家庭才能产生。假设 B 文化家庭对待通婚家庭的整体态度是尊重并遵守 A 文化群体的文化习俗，但 B 文化群体的家庭也会有自身文化习俗方面的担忧，而这正是后文论述的重点，即在文化群体成员同意遵守对方文化的基础上组建的通婚家庭，婚后生活中面临客观存在的差异，在具体的生活情境中会出现什么样的文化系统，采取什么样的行为策略予以应对。

跨文化通婚家庭成员携带各自文化知识系统组建了一个新的家庭，通婚的夫妻对双方文化的适应程度不一样。在涉及层面更广的家庭生活中，面对婚姻关系与文化关系的交叠，不同的文化情境激活了夫妻二人的文化认知和情感反应。为了协调好文化心理边界带来的一系列问题，获得文化心理均衡，他们会在多重文化身份认同时进行"协商"（Deaux，1993）工作。我们的研究发现以下几种协商类型。

1. 平等融合

> 结婚之后挑选**大家**都能吃的牛肉，我们（B 文化）能选择的更多，就没必要非得吃猪肉。（N7 - Zyb - 女 - "男 A 女 B"的通婚家庭）
>
> （葬礼习俗）到你们（A 文化）这边按照你们的习惯，去我们（B 文化）**那边**按照我们的习惯，入乡随俗。（N7 - Zyb - 女 - "男 A 女 B"的通婚家庭）

"AB 双强"的双文化平等融合型的通婚家庭成员，他们的多重文化身份认同是一种共存的状态。平等融合的策略立足于通婚的夫妻双方肯定和尊重各自文化差异性的基础上，彼此间相互协调达到平衡状态（见图 2）。这种策略以婚姻和谐为目标导向，通婚的夫妻在家庭生活中协调两种文化，这种融合并不代表夫妻双方之间没有文化边界，而是双方基于相互尊重，对彼此文化都是赞赏的。对他们而言，彼此的文化之间不存在优劣之分，双方站在一个中立的立场，夫妻之间并不因所属文化群体的不同而形成一种强弱的服从关系。比如，夫妻二人在饮食上的协调是在范围更广的食谱中选择"大家都能吃"的，这种选择是积极主动而不是带有"强迫改变"的心理意味。

跨文化婚姻给通婚家庭成员带来了整合双文化自我的能力。他们在两种文化之间可以来回自如转换，通过努力挑选两种文化交集中的共同点，消减和淡化对差异的感知。不同文化的边界在葬礼情境中凸显时，某一文

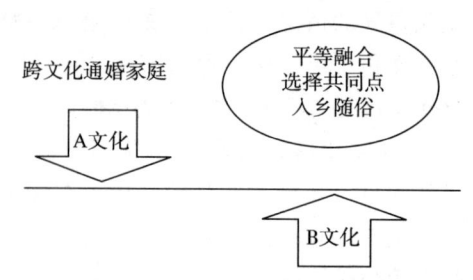

图2 "AB双强"型跨文化通婚家庭的协商策略

化认同被启动,不管是 A 文化群体成员一方还是 B 文化群体成员一方,他们从储存的文化经验表征中自由挑选最佳方案来适应情境的要求。夫妻二人的知识体系中储备的两套文化体系丧葬习俗,使得他们自如地在对方文化主导的情境中"入乡随俗"。

2. 抗争守界

> 当时婆婆把猪肉拎回(我)家之后,(我)特别生气地跟她**大闹**了一通,拎点猪肉放到厨房看着这不是膈应人嘛,我就跟她**吵**不允许把猪肉带到我家,还**吓唬**(婆婆)要离婚,那次之后婆婆就不再往自己家带猪肉。(N8 - Lq - 女 - "男B女A"的通婚家庭)

> **陪爱人参加**他那边亲戚(B文化)的葬礼,他们让戴孝跪拜,因为 A 文化群体的葬礼是没这些习俗的,为了避免尴尬就**站在一边**等他,**不会参与他们**(B文化)的葬礼仪式。由爱人去解释和应付他那边的亲戚。(N3 - Grm - 女 - "男B女A"的通婚家庭)

跨文化婚姻这条搭建在 A 文化和 B 文化家庭中的桥梁使得文化身份边界开始变得模糊。由饮食习俗筑起的群体文化边界会再度将文化的差异凸显。在当地,A 文化群体成员把禁食猪肉作为日常生活中最重要和必须遵守的文化习俗,不仅是"禁食",也比较忌讳直接提及或是看到。饮食在通婚家庭生活中不只为满足饱腹的生理需求,更表征着文化归属的情感需求。

当婆婆将猪肉带到 A 文化的儿媳妇家中,无疑会给"A强B弱"型的通婚家庭内部带来风波。因为这种类型的通婚家庭,不同文化之间不是一种均衡状态,A 文化表征在家庭生活中凸显更强。因此,当文化符号受到威胁("猪肉"被带到 A 文化家庭中),儿媳妇(A 文化)选择抗争的方式来捍卫自身的文化认同,将受到其他文化浸染的可能性隔离开来。原本普通家庭中的婆媳矛盾增添了不同群体文化的色彩。A 文化中的女性选择与其他文化群体成员通婚的这种行为，在 A 文化中文化认同较高的成员看来已然是不恰当的，但是她们并不认为自己会就此丢掉或淡化文化认同。在"女不外嫁"的内群（A 文化）压力下，她们期盼通过更为严守 A 文化的饮食习俗这一外显行为表征，回应原文化内群体成员对自己的质疑。此外一些 A 文化群体中的女性受访者在访谈中也会提及，尽管她们选择与异文化成员通婚，但是与那些不遵守饮食习俗的内群体成员相比，自己文化认同感更强。这样看来，严格坚守饮食边界的行为背后实际是一种补偿的心理机制。切换到葬礼场景中，群体文化意味更重的仪式活动同样唤醒和强化了单一文化认同。当出现 A 文化和 B 文化两种文化相悖的行为时，"A 强 B 弱"家庭中 A 文化的成员会以选择回避的方式坚守自己的文化心理边界。作为妻子可以陪同丈夫出席，但是不能按照 B 文化的习俗参与亡故亲人的葬礼仪式。这种主动疏离的方法，是一种对抗意味不浓的柔性"处理"，给深度接触而产生的"紧张"一个松弛的机会，也会让 A 文化成员在心理上拥有较大的自主空间。特别需要指出的是，A 文化成员能够只出席而不参与其中，也与 B 文化群体成员对 A 文化的传统习俗的了解和尊重有关。

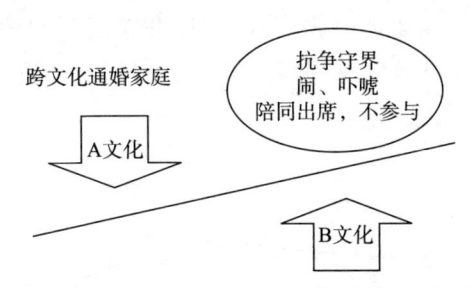

图 3　"A 强 B 弱"型跨文化通婚家庭的协商策略

在极端的"A 强 B 弱"模式的通婚家庭中，容易出现因无法维持 A 文化认同而导致婚姻破裂的现象。此时，文化价值是置于家庭价值之上的。不过，考虑到组建家庭不易，尤其是跨文化的通婚家庭面对的困难更多，夫妻双方一般会在婚前先协商好婚后的生活习惯，婚后因文化差异导致婚姻破裂的情况并不多见。

3. 同化妥协

Mh（A 文化）跟丈夫（B 文化）结婚 20 余年，丈夫在结婚时也**举行过简单的 A 文化学习仪式，但是女方婚后在生活上对饮食习俗遵守并不严格**，去餐馆吃饭时只是不吃猪肉，对丈夫和儿子偶尔"沾边猪肉"的行为**也没有意见**，在公公（B文化）的葬礼上**披麻戴孝守灵**，"毕竟是嫁到人家家里了，随着他们了"。（N9 - Mh - 女 - "男B女A"的通婚家庭）

在这一类型中，当B文化成员与A文化成员组建家庭时，A文化成员与原文化社区的联系会被削弱。特别是"男B女A"婚配组合模式的通婚家庭，A文化中的女性，长期生活在B文化主导的文化场域中，在"男尊女卑"传统儒家思想影响下，其自身的文化认同在不同文化交融中容易涵化。反映到行为上最明显的就是通婚的夫妻不严格遵守A文化中独特的饮食习俗，妻子不理会丈夫子女在饮食上越过A文化禁忌的界限，随着丈夫一起为公公"披麻戴孝"，而A文化的丧葬礼仪中是没有这一行为的。婚前参与过学习A文化的仪式性活动为通婚提供了一个"通行证"，然而结婚后的夫妻却流于形式并没有真正认同A文化的生活方式，而是接受B文化的生活方式，其解释是"嫁到人家家里"，就"随"了对方。"B强A弱"型的通婚家庭，A文化会妥协让步于B文化。这也是传统A文化家庭一直担忧和拒绝与其他文化群体成员通婚的主要原因，原文化的纯正性和延续性会在婚后的家庭生活中被破坏。"B强A弱"型的通婚家庭婚后进入B文化的强势中，A文化受到逐步的涵化，B文化成为家庭文化的主流。

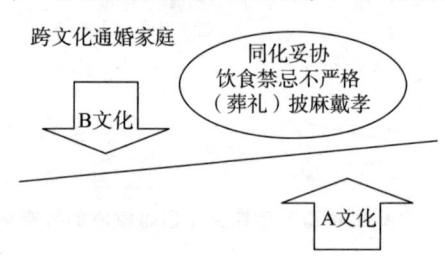

图4 "B强A弱"型跨文化通婚家庭的协商策略

4. 淡化超越

在饮食方面，我不会拿自己的**爱好去挑战别人的信仰**，不吃猪肉是**基本的尊重**，在**我们家，我没有吃过也没有买过**；**我俩一起出去的时候，我也不会碰，也不吃**。出去应酬喝多的时候，随手夹一块，也**不是故意的，碰到了也是没办法**。我能保证跟亲人在一起的时候一定守得住（饮食习俗）这个底线，但是出去就不能保证了……这个原则不仅是对××人的一个认同，也是对信仰的尊重。谈不上谁迁就谁，**就是我们都不吃而已**。宗教和民族都是一种生活方式，尊重大家

的这种生活习惯。这个吧，是**为人处世的一种方式**吧。（N2 - Zjq - 男 - "男 B 女 A"的通婚家庭）

小爹（阿訇）给我一个经名，我欣然接受。在这**我会把自己当作是一个××人中的一员**（A 文化），因为这个**场合**都是亲戚朋友。但是**回到了我家那边**的生活圈，我**就会回到自己原来的角色**。在这边尊重大家的这种生活习惯，可以去清真寺洗礼，戴起小白帽。如果小爹说，走遍全世界得时刻以××人（A 文化）的生活方式严格要求自己，这个就**超出了我尊重××人**（A 文化）**认同的范围了**。我外婆（B 文化）去世的时候，（我）也戴孝守灵，也磕头跪拜。（N2 - Zjq - 男 - "男 B 女 A"的通婚家庭）

在该类型通婚的夫妻眼中，对方就是对方本人的夫妻身份，无论他是哪一文化群体的成员、信奉哪一种宗教、遵守哪一类风俗，文化身份观念在家庭生活中被淡化和超越。饮食上的协调一致不是"谁迁就谁"，而是在理解对方持有不同信仰或习俗的基础上的尊重。跟 A 文化的家人相处的时候，作为"A 文化一员"，坚守住饮食习俗的底线为自己赢得尊重。在不同生活场景中行为的"入乡随俗"转换，不是情境性的转换，"回到自己原来的角色"，而是相互接纳尊重原有的身份和行为模式。夫妻二人就婚后生活达成了一种共识，文化的强弱不再是他们关注的重点，夫妻身份超越和融合了文化身份。比如，丈夫（B 文化）头戴小白帽在 A 文化的家庭仪式中以"一副××人（A 文化）的形象"忙碌。

与"AB 双强"型的通婚家庭一样，在"AB 双弱"型的通婚家庭中两种文化之间不存在一种强弱关系。不同的是夫妻双方对彼此的文化都不敏感，不同文化体验让通婚家庭成员在文化混融的情境下形成更具融通性和超越性的"混融我"的自我构念（杨宜音，2015），成为文化互动过程中积极的参与者和能动者。

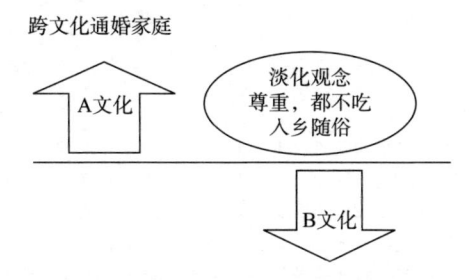

图 5 "AB 双弱"型跨文化通婚家庭的协商策略

5. 选择权宜

我俩在学校认识的，刚开始谈的时候心里也比较犹豫，因为文化不一样，到了谈婚论嫁的时候跟家里说，家里人（A 文化）**心里别扭**，没反对可也不支持，就一直说，最好还是找个××人（A 文化）结婚，我俩因为这个（文化差异）分分合合几次，最后还是觉得**婚姻里人品是最重要的**，其他的都**好商量**，生活中彼此**多尊重点**。（N1 - Mlh - 女 - "男 B 女 A"的通婚家庭）

（在家）自己做饭肯定是清真的，但是单位聚餐也**不能老让别人来迁就我**，没办法只能挑自己能吃的。（N1 - Mlh - 女 - "男 B 女 A"的通婚家庭）

婚礼当时按照他们（B 文化）的习俗办的，没请阿訇，**他们那边亲戚都是××人（B 文化），对××人（A 文化）不太了解**，请阿訇去反而有点节外生枝，**去他们那边就入乡随俗，那边啥规矩就按那边办**。（N1 - Mlh - 女 - "男 B 女 A"的通婚家庭）

他外婆去世的时候，亲戚们知道我是××人（A 文化），听说双方的文化习俗不一样**就没有要求非得戴孝**，我就**在一边帮帮忙**。（N1 - Mlh - 女 - "男 B 女 A"的通婚家庭）

给孩子上了××人（B 文化）的户口，一开始我想上××人（A 文化）（户口），考虑到我们生活的实际环境（周围 A 文化成员特别少），怕对他的性格产生不好的影响，[①] 从这个角度考虑上成了××人（B 文化），但是上啥户口就只是身份，这个身份也没啥，**户籍的选择只是身份类别的一个差别**。虽然这个户口上的××人（B 文化），不代表他就是 B 文化的人了，我们家还是不吃猪肉，还是**按照 A 文化的那一套来走的**。坚持该坚持的，不管现在是什么样的身份，不会影响对 A 文化的一些认同，没啥关系的。（N1 - Mlh - 女 - "男 B 女 A"的通婚家庭）

[①] 受访者 Mlh 在谈及孩子的户籍选择时，也提到自己幼年时候的经历。自己自小生活在一个 A 文化相对聚居的村落，A 文化的文化氛围保存比较好，身边接触的主要是 A 文化群体。孩子自小则生活在 B 文化主导的环境中，周围人可能对 A 文化不太了解，小孩在幼儿园的饮食也没法得到特殊照顾。即使会跟园方沟通让老师不要给孩子吃猪肉，但是孩子太小万一不小心吃到，可能会被其他小朋友质疑是"假 A 文化人"，这对孩子的身心健康会产生不好的影响，也就动摇了给孩子选择 A 文化人口户籍的坚持。

通婚家庭成员的文化认同和行为策略从婚前到婚后在家庭生活层面是一整个动态连贯的过程，从饮食场景、习俗场景到为孩子做户籍选择并不是割裂的。此时，我们不能以一种静止的眼光来审视通婚家庭成员行为选择策略。

选择权宜实际上是通婚家庭成员在文化混杂情境中审时度势的一种行为策略。当他们知觉到场景中主导文化发生改变时，能够根据具体的生活场景的要求，主动采用相应的某一知识系统或者行动策略从而化解不同文化差异可能招致的矛盾冲突。对他们而言，各自所属的文化给他们带来了双文化体验，让他们共享彼此的文化知识系统，掌握应对不同文化情境的行为策略。不同文化在他们的头脑中交织形成一种特定的认知网络结构，为其打造了一个行动策略的多重选择"工具箱"（tool-kit）（Swidler，1986）。当然获取新文化知识的同时，原有的文化观念并不一定就会被丢弃，而是可以继续作为一种经验表征储备在箱中，各种文化知识惯例作为文化经验表征成为"箱子"中待选的"工具"（Tweed & Lehman，2002）。某一文化在情境中起主导作用时，群体成员可能会倾向于采取该文化的知识系统，为之坚守或妥协；也可能会选择两种文化可以并存的融合超越，这种行为策略的变化是一种情境式的转换，也就是说，通婚家庭成员的行为是以情境为主导的。通婚家庭成员这种认知资源，即情境中心的"工具箱策略"（见图6）。

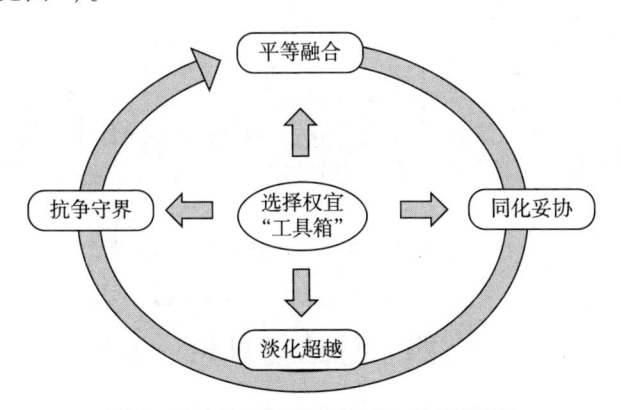

图6　跨文化通婚家庭的"工具箱策略"

从在家时严格坚守A文化的饮食习惯到外出与同事聚餐时松动退让，正是因为知觉到文化主导类型从A文化优势型转变为B文化优势型，这种权宜性的退让是少数人的文化群体走入多数人的文化群体中，既可能是因群体性压力导致的无奈让步，也可能是因新的意义解释而做出的积极选择和适应。一个 A 文化的成员，在 B 文化主导环境中坚持举行具有 A 文化特色的婚礼，不能因此满足自己的心理需求，于是放弃邀请阿訇来证婚；参加 B 文化群体亲属的葬礼不去跪拜，只在一旁帮忙，从而避免文化、情感之间的冲突。这些以情境主导的行为标准并不会对他们管理其文化身份认同造成混乱，通婚家庭成员心中自有一套意义解释。例如，人品是最重要的，不同文化表征其实只是生活方式的不同，户籍只是类别的差别，户口不代表就是某一文化群体的成员。文化认同呈现复杂性和多向性。

总之，通婚家庭组建之初，不同文化就有一番博弈，在本研究的案例中，多数以 B 文化群体家庭的亲属主动退让而顺利缔结婚姻。通婚家庭成员为了维持婚姻的稳定性，达成"文化群体身份"和"家庭身份"的动态协调，夫妻二人在婚后的文化场域中生成一种生活智慧策略，来管理自己的多元文化身份，力求在两种文化间寻找一个平衡。多元文化的体验使得他们的自我构念、认知模式甚至是行为都呈现不同的路径表达 A 文化的独特性，让 A 文化成员在日常琐碎的家庭生活中对文化边界的心理体验更容易被知觉到（见图 7）。

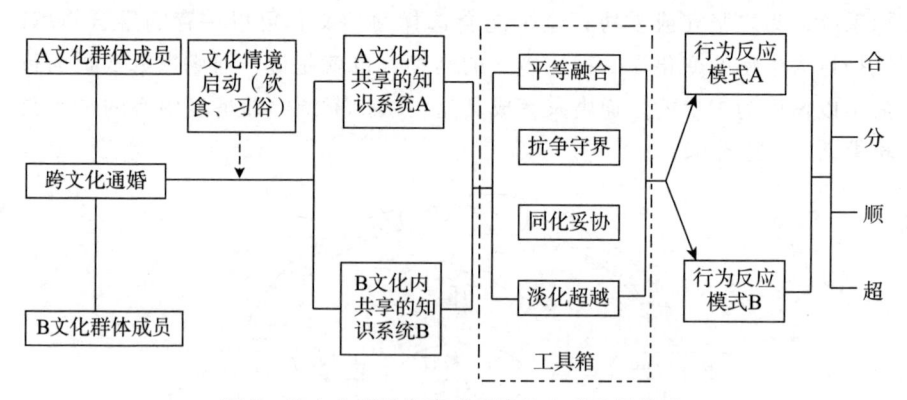

图 7　跨文化通婚家庭成员行为方式选择模式

四　总结与讨论

文化，在特定社会情境中，不断地生产和再生产（Moscovici，2000），为行动者建构其行动策略。作为文化的特殊载体，跨文化通婚家庭成员在婚后不同文化的混杂和糅合中，异质文化的冲突与交融触发了他们特殊的思想与情感的表达、个人感情与文化的矛盾和相互妥协。跨文化通婚家庭成员婚后文化身份认同和行为策略的选择与其不同水平的需求有关，他们需要有一种使其满意的、完整一致的意义解释，以便接受和平衡因情境转变所带来的预期的心理风险。本研究有如下发现。

第一，通婚家庭成员的文化认同管理呈现情境性动态特征。通过对跨文化通婚家庭日常生活的考察，发现通婚家庭成员文化认同不是静止固定的，而是呈现一种动态特征。跨文化通婚夫妻文化群体-夫妻双重关系需要当事人来回答文化身份协商和管理的问题。通婚家庭成员对其文化身份认同管理具有强烈的情境性，不同文化情境中通婚家庭成员的认同多重性有不同的表现形式，即"AB双强"的"双文化平等融合型"、"A强B弱"的"A文化优势型"、"B强A弱"的"B文化优势型"、"AB双弱"的"文化淡化型"。两种文化之间可能呈现一种均势平衡状态，也可能更为凸显某单一文化。通婚夫妻具有丰富的文化认知资源，启动不同的知识网络会得到不同的行为反应策略来管理自己的多重认同与身份，以适应新的环境。也就是说，他们共享着彼此的文化知识系统，可以在文化混杂情境中随情境转变审时度势选择适宜的行为策略，即情境中心的"工具箱策略"。

第二，维持婚姻动机与文化群体认同动机的协商孕育出多元包容、美美与共的混融自我。婚姻是人们幸福生活的载体，婚姻关系的稳定需要选择恰当的方式来维持。跨文化通婚家庭成员不断地在婚后的生活实践中得出管理多元文化身份的生活智慧，正是为了跨越文化的藩篱达成婚姻美满的目标。本文主要关注的是已经组建家庭且婚姻关系较为稳定的通婚家庭，在此基础上，将对通婚家庭的观察和分析放在一个文化混杂的动态的背景中，从文化-婚姻两个维度动态地观察通婚家庭成员行为变化的细微，探讨跨文化通婚家庭在不同文化环境中的适应问题，可以进一步深化Berry的文化适应理论。Berry通过研究移民走入多元文化环境中的文化适应性问题，主要考察原生文化和客居文化两个维度。跨文化通婚家庭面对的情况更为复杂，通婚家庭成员并不是泛泛地完全进入异文化环境，他们在婚后生活中时常面对文化混杂的情境，不仅需要协调两种迥异的文化，还要处理社会距离最近的夫妻身份与文化群体身份之间的关系。因此从维持婚姻和文化认同的动机需求两个维度主要分为"婚姻强-文化强"、"婚姻强-文化弱"和"婚姻弱-文化强"三种类型（见图8）。

"婚姻弱-文化强"，两种文化之间存在一种强弱关系，在家庭生活中通婚家庭成员更为坚守和强化某一方的文化认同，此时文化之间是顺从关系的"A强B弱"型和"B强A弱"型；"婚姻强-文化强"则对应的是两种文化彼此持平、相互尊重的"AB双强"型。

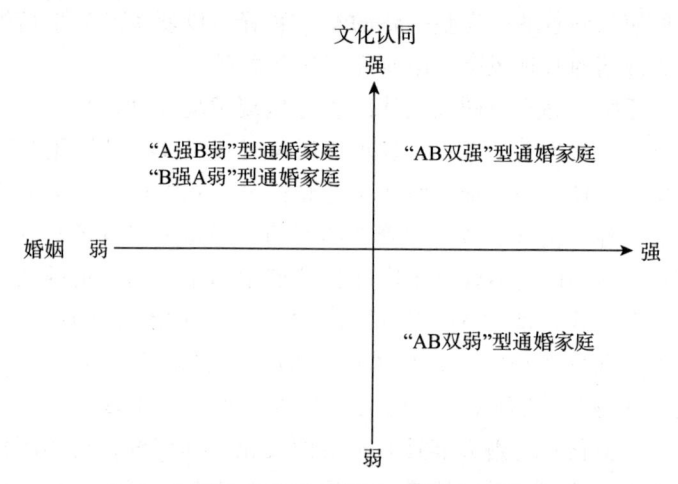

图8 通婚家庭成员"婚姻-文化认同"模式

在研究中最有意思的发现,既不是同化、融合、分离和边缘化,也不是情境性的工具箱,而是在"婚姻强-文化弱"中出现了一种"超越"的"混融我"(poly-self,杨宜音,2015)。这种超越集中在"AB双弱"型中,即通婚家庭成员将夫妻关系中个体之间的相互尊重作为理解对方持有不同信仰或习俗的基础,文化间的孰强孰弱不再是他们关注的重点,家庭的经营成为两个人凝聚的唯一目标。这种"混融我"的出现,是夫妻双方互相尊重和信任的结果,是夫妻身份超越和融合文化群体身份的结果。"混融我"的自我构念展示出对多重文化的强大适应力,将对多民族社会的文化交融起到有益的影响,也会为"和而不同"地处理多元文化差异拓展出一个自由空间,更符合中国打造"各美其美,美人之美,美美与共,天下大同"多元一体的"共同体",建立和谐社会的理想。

参考文献

陈长平,1997,《北京牛街异族通婚研究——以1990年人口普查资料为基础所作的数量分析》,载王庆仁等主编《吴文藻纪念文集》,中央民族大学出版社。
崔忠洲、吴宗友,2014,《族际通婚在测量民族关系中的信度与效度——以安徽省亳州市回族为例》,《中南民族学学报》(人文社会科学版)第3期,第33~38页。
何群,2010,《异族通婚与文化接触的非零和取向——鄂伦春族个案》,《西北民族研究》第3期,第73~81页。
李丽琴,2010,《族际通婚对族群认同的影响——以贵德县加莫台村为个案》,《青海民族学院学报》(社会科学版)第1期,第65~69页。

李晓霞，2004，《试论中国族际通婚圈的构成》，《广西民族研究》第 3 期，第 20 ~ 27 页。

李晓霞，2005，《个人情感与族群文化的妥协——三位女性族际婚姻个案分析》，《新疆师范大学学报》（哲学社会科学版）第 2 期，第 118 ~ 124 页。

连菊霞，2012，《新中国成立以来回汉通婚的发展变迁及研究述评》，《学术交流》第 4 期，第 145 ~ 151 页。

罗红，2009，《不结伴与族群团结——茈碧回族的宗教信仰、社会性别关系和族群认同》，《青海民族研究》第 4 期，第 14 ~ 16 页。

马戎，2001，《民族与社会发展》，民族出版社。

马宗保，2002，《多元一体格局中的回汉民族关系》，宁夏人民出版社。

汤夺先，2007，《论城市民族通婚与城市民族关系——以兰州市为例》，《中南民族大学学报》（人文社会科学版）第 4 期，第 36 ~ 40 页。

吴莹，2015，《文化会聚主义与多元文化认同》，载《中国社会心理学评论》（第九辑），社会科学文献出版社，第 117 ~ 153 页。

徐杰舜、徐桂兰，2012，《情感与族群边界——以新疆三对维汉夫妇的族际通婚为例》，《武汉科技大学学报》（社会科学版）第 2 期，第 132 ~ 139 页。

许烺光，2002，《宗族、种姓与社团》（许烺光著作集 5），黄光国译，南天书局。

杨宜音，2013，《新生代农民工过渡性身份认同及其特征分析》，《云南师范大学学报》（哲学社会科学版）第 5 期，第 76 ~ 85 页。

杨宜音，2015，《多元混融的新型自我：全球化时代的自我构念》，载《中国社会心理学评论》（第九辑），社会科学文献出版社，第 97 ~ 116 页。

杨宜音、张曙光，2012，《在"生人社会"中建立"熟人关系"对大学"同乡会"的社会心理学分析》，《社会》第 6 期，第 158 ~ 181 页。

杨志娟，2002，《宁夏城市回族通婚现状调查研究——以银川、吴忠、灵武为例》，《回族研究》第 1 期，第 39 ~ 47 页。

张禹青、鲁刚，2013，《边疆民族地区族际通婚的案例分析——基于云南三个民族乡镇的田野调查》，《西南边疆民族研究》第 9 期，第 127 ~ 140 页。

赵静、杨宜音，2017，《城管的身份认同威胁及其身份协商策略》，《学术研究》第 4 期，第 63 ~ 68 页。

庄世恒，2006，《论现代化进程中影响族际通婚的因素》，《内蒙古社会科学》（汉文版）第 4 期，第 95 ~ 98 页。

Audi, R. (2009). Nationalism, patriotism, and cosmopolitanism in an age of globalization. *The Journal of Ethics*, 13, 365 – 381.

Berry, J. W. (1997). Immigration, acculturation, and adaptation. *Applied Psychology: An International Review*, 46, 5 – 34.

Deaux, K. (1993). Reconstructing Social Identity. *Personality and Social Psychology Bulletin*, 19, 4 – 12.

Hong, Y.-y., Morris, M., Chiu, C.-y., & Benet-Martínez, V. (2000). Multicultural minds: Adynamic constructivist approach to culture and cognition. *American Psychologist*, 55, 709 – 720.

Hong, Y. -y. , & Khei, M. （2014）. Dynamic multiculturalism: The interplay of socio-cognitive, neural, and genetic mechanisms. In V. Benet-Martínez, & Y. -y. Hong (Eds.), *The Oxford Handbook of Multicultural Identity*. Oxford University Press.

Hogg, M. A. , & Turner, J. C. （1987）. Intergroup behaviour, self-stereotyping and the salience of social categories. *British Journal of Social Psychology*, 26, 325 – 340.

Moscovici, S. （2000）. *Social Representations: Exploration in Social Psychology*. Cambridge: Polity.

Roccas, S. , & Brewer, M. B. （2002）. Social identity complexity. *Personality and Social Psychology Review*, 6, 88 – 106.

Swidler, A. （1986）. Culture in Action: Symbols and Strategies. *American Sociological Review*, 51, 273 – 286.

Tajfel, H. , & Turner, J. C. （1986）. The social identity theory of intergroup Behavior. In S. Worchel, & W. G. Austin (Eds.), *Psychology of Intergroup Relations*. Chicago: Nelson-Hall.

Turner, J. C. , Hogg, M. A. , Oakes, P. J. , Reicher, S. D. , & M. S. Wethere. （1987）. *Rediscovering the Social Group: A Self-categorication Theory*. Oxford: Basil Blackwell Press.

Tweed, R. C. , & Lehman, D. R. （2002）. Learning considered within a cultural context: Confucian and Socratic approaches. *American Psychologist*, 57, 89 – 99.

Swann, W. B. Jr. , Johnson, R. E. , & Bosson, J. K. （2009）. Identity Negotiation at Work. *Research in Organizational Behavior*, 29, 81 – 109.

集体主义与亲社会行为：群体认同的作用[*]

吴胜涛　高承海　梁肖幸子　胡沈璠[**]

摘　要：从进化的视角来看，集体主义强调人际互依与社会责任，因而会促进亲社会行为。然而，近来的跨文化研究发现，生活在集体主义社会的个体表现出较低的亲社会倾向，这挑战了经典的理论，也暗示集体主义与亲社会行为的关系背后可能有一些深层的社会心理因素有待检验。本研究基于决策游戏任务，探讨了两个不同文化群体的集体主义和亲社会行为以及群体认同的作用。结果发现：一般亲社会行为、集体主义与群体认同上均无显著的群体差异，但是特殊亲社会行为存在显著的群体差异，且群体认同在集体主义与特殊亲社会行为之间存在有调节的中介作用。本研究揭示了集体主义与亲社会行为关系的群体一致性和差异性——尽管总体而言中国人表现出一致的集体主义和亲社会倾向，但不同群体的集体主义对亲社会行为有不同的作用路径，集体主义更可能对群体身份相关的特殊亲社会行为起到促进作用，而对指向陌生人的一般亲社会行为作用很有限。

关键词：集体主义　亲社会行为　群体认同　决策游戏

---

[*] 本研究部分得到中央高校基本业务经费（项目号：20720151172）和厦门大学本科教学改革专项经费（项目号：2019Y1135）的支持。

[**] 吴胜涛，厦门大学社会与人类学院副教授，硕士生导师，通信作者，E-mail：commuagent@163.com 或 michaelstwu@xmu.edu.cn；高承海，西北师范大学西北少数民族教育发展研究中心（教育部人文社会科学重点研究基地）副教授，硕士生导师，通信作者，E-mail：gaochenghai@163.com；梁肖幸子，厦门大学新闻传播学院本科生；胡沈璠，厦门大学新闻传播学院本科生。

一 引言

(一) 集体主义与亲社会行为

亲社会行为主要是指符合社会期望且对自身无明显好处的利他行为，是社会联结的重要基础（Silk & House, 2011；张庆鹏、寇彧，2011）。大量研究将亲社会行为与集体主义联系在一起，因为集体主义社会强调"我们"的意识、集体认同、情感依赖、群体团结、责任义务等，与亲社会行为存在价值取向的一致性（Brewer, 1999；Hu & Triandis, 1986）。研究发现，在集体主义社会中，人们的亲社会行为会相对较高，如更可能参加慈善组织、投入有组织的助人行为当中（Parboteeah, Cullen, & Lim, 2004）。

然而，亲社会行为和集体主义之间的关系也存在一定的争议。研究发现，在亲社会行为相当普遍的社会文化背景中，关系联结性（communion, 一种跟集体主义相关的个体动机）能够显著地正向预测亲社会行为，而在亲社会行为不那么普遍的社会文化背景中，这种预测效应则相对较弱（Gebauer et al., 2014）。此外，在东、西方不同文化背景下，集体主义与亲社会行为之间的关系也表现出不同的作用路径。一方面，针对中国青少年的研究表明，被试的个体主义价值观（自我增强动机）越强，则亲社会行为越少（Burroughs & Rindfleisch, 2002；Maio et al., 2009；Schwartz, 1992）。自我增强动机意味着个体主义与功利主义，会导致朋友之间的社会竞争（Chan & Prendergast, 2008）以及陌生人间的互动减少（Bauer et al., 2012），从而会降低针对朋友、陌生人的亲社会行为（Yang et al., 2018）——随着中国社会变迁与个体主义增长，社会竞争愈加激烈、人际关系日益陌生化，亲社会行为很可能出现降低的趋势。另一方面，基于西方个体主义社会的研究却得出了相反的结论，例如，美国、加拿大的亲社会行为（如捐赠）水平要相对高于其他国家；有关美国各州的给予及志愿行为区域差异比较研究也发现，捐赠和志愿服务更多发生在相对个体主义倾向比较高的州，如加利福尼亚州和罗得岛州（Kemmelmeier, Jambor, & Letner, 2006；Luria, Cnaan, & Boehm, 2014）。对此研究者的解释是，在个体主义的社会中，社会资本更高，人们也变得更加自主，从而更加主动地与社会保持依赖的关系。

值得注意的是，近年来的亲社会行为研究还对行为的特定对象进行了区分，例如家庭、朋友或陌生人（Fu et al., 2017；Yang et al., 2018）。

以墨西哥人或非洲裔为样本的研究表明，亲社会行为更多与家庭主义（Calderón-Tena, Knight, & Carlo, 2011）、朋友间的联结度（Padilla-Walker, Carlo, & Nielson, 2015）正相关。相反，基于美国样本的研究发现，个体更倾向于帮助陌生人，而不是家人或朋友（Eberly & Montemayor, 1998; Lewis, 2014）；针对陌生人的一般亲社会行为，更有可能让人从中获得良好的感觉（Fu et al., 2017; Yates & Youniss, 1996）。

以上分析表明，集体主义作为一种文化价值观，其与亲社会行为的关系尚存争议，即集体主义在不同背景下可能具有不同的功能或作用路径；进而，亲社会行为的水平还跟其行为对象有关，在不同文化背景下个体针对陌生人或本群体成员的亲社会行为会有所不同。因此，本研究将探讨集体主义与亲社会行为的关系在中国社会不同文化群体中的体现，进而通过区分一般亲社会行为（陌生人相关）和特殊亲社会行为（群体身份相关），探讨集体主义与亲社会行为的社会心理机制。

（二）文化与群体认同

集体主义是对人类个体独立性之外的、关系互依性的一般性价值称谓，其中，群体性是集体主义的核心内容之一——在群体层面，又表现为内群体认同，即人们倾向于与内群体成员合作，对内群体成员有更加积极的态度，有更多的利他或亲社会行为（Brewer, 1999）。中国是一个"大杂居，小聚居"的多民族国家，各民族都有自己的文化与群体身份认同。尽管不同族群或文化群体的中国人表现出一致的集体主义心理倾向，尤其在国家层面有着共同的国家身份认同，并不存在明显的群体差异，但是，群体身份认同和内群体归属存在显著的群体差异（华涛，2002；赵杰，2007）。

群体认同是人们获得自尊、满足归属感的重要途径。群体成员在群际互动和交往过程中基于对群体身份的反观和思考而形成的对内群体和外群体的态度、信念、归属感和行为卷入（万明钢等，2012；万明钢、王亚鹏，2004），可以使个体认识到自身属于特定群体以及其群体身份带来的情感和价值意义（Phinney, 2000；万明钢、高承海，2012）。研究发现，当个体强烈地认同他们所属的文化群体时，会产生内群体偏爱（ingroup favoritism），表现出参与集群行为的意愿（Dimmock, Grove, & Eklund, 2005），并有针对性地帮助内群体（Brewer, 1999），对内群体做出更正向的评价（Chen, Brockner, & Chen, 2002）。国内研究也表明，对文化群体的实体性感知是内群体偏爱的最为直接的影响因素，而群体实体性对内群体偏爱的影响可以通过群体认同来实现（杨晓莉、周建华，2016），且群体认同对于个体面对需要帮助的内群体成员时的行为有重要影响（Chung & Moriuchi，2016）。因此，群体认同程度较高的人必然会更积极地去探寻自身的归属意义，从而展现出更高的内群体偏爱，这就有可能导致个体对内群体表现出更强烈的亲社会行为。

在全球化及中国社会快速发展的背景下，随着网络普及化、交通便捷化、信息快速化，人口流动日益频繁，人们被置于社会比较的情景中，因而，中国各族群或文化群体的群体认同也就变得较为凸显（梁进龙、高承海、万明钢，2010），根据社会认同理论，在群体情境下，意识到自身为"少数"的群体成员会对自身的身份更加敏感。比如，在一个只有少数男生的班级里，男生会对自己的性别身份更为敏感。在面对多数群体时，少数群体的群体认同对他们的意义更为凸显（Phinney，1990）。

（三）研究问题与假设

本研究在群体关系背景下重新检验集体主义与亲社会行为的关系。具体而言，基于决策游戏任务中的捐赠倾向这一常见的亲社会行为指标，探讨集体主义与亲社会行为的关系及其群体差异，并检验群体认同在集体主义和亲社会行为之间的可能作用。

考虑到与北美社会相比，中国社会整体是集体主义的典型代表，且中国内部不同文化群体在群体认同上可能存在差异，本研究假设：一般意义上的集体主义和指向陌生人的一般亲社会行为不存在显著的群体差异，但是群体认同和群体身份相关的特殊亲社会行为存在显著的群体差异；进而，集体主义更可能对特殊亲社会行为起到促进作用，群体认同或内群体偏爱在集体主义与特殊亲社会行为之间起中介作用。

二　方法

（一）被试

本研究在西北地区某省总共抽取 241 名大学生作为研究被试。其中，A 文化群体 98 名，男生 12 名，女生 81 名（5 人没有报告自己的性别），年龄为 18～25 岁（$M = 20.14$，$SD = 1.42$）；B 文化群体 143 名，男生 26 名，女生 105 名（12 人没有报告自己的性别），年龄为 18～25 岁（$M = 19.50$，$SD = 1.24$）。两个文化群体的区别在于：A 文化群体在全国总人口中所占比例不足 1%，而 B 文化群体在全国总人口中所占比例超过 90%；

A 文化群体有自己独特的宗教信仰，而 B 文化群体以儒释道传统为主，没有特定的宗教信仰。

（二）研究工具

集体主义的测量采用 8 题量表，内容涉及被试对他人或集体的价值偏好程度，如"当我和他人合作时，我会感觉很好"，"对我而言，尊重集体做出的决定十分重要"（Triandis & Gelfand，1998）。被试在 7 点量尺（1 = 极不赞同，7 = 极其赞同）上作答，分值越高，则集体主义越强。量表内部一致性系数 α = 0.81，信度良好。

群体认同的测量采用跟群体身份相关的 6 题量表，内容涉及对自己所属群体的看法和感受，如"我对自己的民族有强烈的归属感"，"我为自己的民族感到自豪，并且对它有很强的依恋"（Phinney & Ong，2007）。被试在 6 点量尺（1 = 极不赞同，6 = 极其赞同）上作答，分值越高，则群体认同越强。量表内部一致性系数 α = 0.88，信度良好。

亲社会行为的测量通过决策游戏任务来进行（Hoffman，McCabe，& Smith，1996）。具体而言，一般亲社会行为通过陌生人情境下的捐款倾向来测量，如"假设给您 100 元钱，让您跟一个陌生人分，您会分给他多少"；特殊亲社会行为通过寺院情境下的捐款倾向来测量，如"假设给您 100 元钱，而您家附近的寺庙要翻新，正在进行募捐，您会捐多少钱给寺院"。通过这两个决策游戏，对两个文化群体的亲社会行为进行调查。

三 结果

表 1 呈现了本研究变量的均值和标准差。进一步的相关分析表明，A 文化群体被试的一般亲社会行为与集体主义、群体认同相关不显著，但其特殊亲社会行为与集体主义、群体认同显著正相关；B 文化群体被试的一般亲社会行为与集体主义、群体认同显著正相关，但其特殊亲社会行为与集体主义、群体认同相关不显著。详见表 1。

表 1 主要变量的描述统计及相关分析

	M_A	SD_A	1	2	3	4	M_B	SD_B
1. 一般亲社会行为	36.14	18.16		0.21*	0.31**	0.20*	39.24	20.18
2. 特殊亲社会行为	57.25	30.23	0.28**		0.15	-0.02	40.90	31.01

续表

	M_A	SD_A	1	2	3	4	M_B	SD_B
3. 集体主义	5.22	0.75	0.05	0.32**		0.45**	5.14	0.74
4. 群体认同	4.31	0.79	0.08	0.34**	0.42**		4.17	0.85

注：左下角，A 文化群体亲社会行为、集体主义与群体认同的测量结果；右上角，B 文化群体亲社会行为、集体主义与群体认同的测量结果。* $p<0.05$；** $p<0.01$。下同。

独立样本 t 检验结果发现，A 文化群体与 B 文化群体在一般亲社会行为、集体主义与群体认同上的组间差异均不显著（$t=-1.19\sim1.21$，$p=0.23\sim0.47$）；但是，A 文化群体与 B 文化群体在特殊亲社会行为上差异显著（$t=3.96$，$p<0.01$），A 文化群体的特殊亲社会行为得分更高（见图1）。

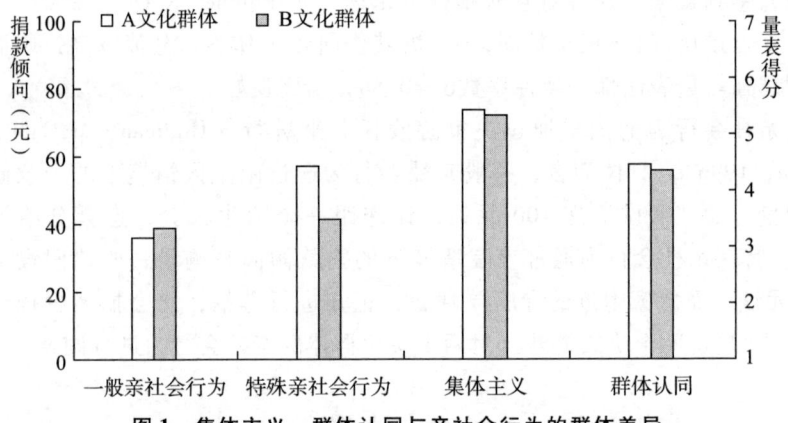

图1 集体主义、群体认同与亲社会行为的群体差异

接下来，通过 Hayes（2013）简单中介模型来检验群体认同在集体主义与亲社会行为之间的作用。对于 A 文化群体，以集体主义为自变量，特殊亲社会行为为因变量，群体认同为中介变量，性别、年龄为协变量。结果显示，集体主义显著正向预测群体认同（$B=0.45$，$SE=0.11$，$p<0.01$），群体认同显著正向预测特殊亲社会行为（$B=10.36$，$SE=4.27$，$p<0.05$）。进而，集体主义对特殊亲社会行为有显著的总体效应（$B=12.05$，$SE=4.35$，$p<0.01$），而直接效应不显著（$B=7.41$，$SE=4.64$，$p=0.11$）。因为集体主义对特殊亲社会行为的间接效应不跨 0（$B=4.65$，$SE=2.38$，95% CI = [0.47, 9.75]），所以 A 文化群体的群体认同在集体主义与特殊亲社会行为之间起完全中介作用。详见图2。

对于 B 文化群体，以集体主义为自变量，一般亲社会行为为因变量，

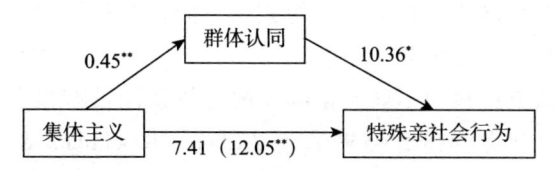

图 2 A 文化群体的群体认同对集体主义和特殊亲社会行为的中介作用

群体认同为中介变量，性别、年龄为协变量。结果显示，集体主义显著正向预测群体认同（$B = 0.46$，$SE = 0.09$，$p < 0.01$），而群体认同对一般亲社会行为预测效应不显著（$B = 0.24$，$SE = 2.37$，$p = 0.92$）。进而，集体主义对一般亲社会行为有显著的总体效应（$B = 8.72$，$SE = 2.37$，$p < 0.01$），以及显著的直接效应（$B = 8.62$，$SE = 2.62$，$p < 0.01$），但间接效应的置信区间跨 0（$B = 0.11$，$SE = 0.96$，95% CI = [-1.61, 2.17]），所以 B 文化群体的群体认同在集体主义与一般亲社会行为的中介作用不显著。

四　讨论

本研究揭示了集体主义与亲社会行为关系的群体一致性和差异性——尽管在平均数水平上，不同群体的中国人表现出一致的集体主义倾向和对陌生人相关的一般亲社会行为，但群体身份相关的特殊亲社会行为存在显著的群体差异。更重要的是，不同群体的集体主义对亲社会行为有着不同的作用路径，对于人口占少数的 A 文化群体而言，其集体主义更可能对特殊亲社会行为起到促进作用，而对一般亲社会行为作用很有限。

A 文化群体的集体主义、群体认同与特殊亲社会行为显著正相关，与一般亲社会行为相关不显著；而 B 文化群体的集体主义、群体认同与一般亲社会行为显著正相关，与特殊亲社会行为相关不显著。由此可见，集体主义心理在不同文化群体的亲社会行为中均发挥显著作用，只是作用的路径很不相同；对于人口占少数的 A 文化群体而言，其集体主义更多指向群体身份相关的特殊亲社会行为，群体认同与特殊亲社会行为之间的正向关联更加说明了这一点——这可能与其习俗传统有关系，尤其本研究中来自西北地区的 A 文化群体，其"集体"是在围寺而居的生活中形成和建构的（王平，2012），因而在亲社会行为层面也表现出更强的内群体偏爱（Brewer, 1979; Tajfel & Turner, 1986）。对 A 文化群体而言，寺院捐款行为本身可能是群体认同的一种表现，而 B 文化群体并没有类似的生活方式，所以其群体认同与亲社会行为的关系不同，并最终表现为集体主义对亲社会行为作用的路径不同。

另外，本研究结果中不同文化群体的群体认同没有显著差异，与之前内群体偏爱的文化差异研究结果一致（Chen, Brockner, & Chen, 2002）。本研究中 A 文化群体并未表现出更高的群体认同，这可能是因为我们的被试均取样于西北少数民族聚集地区，当地 A 文化群体的人口比例相对较高，B 文化群体的人口比例不如其他地区高，这就使得后者的群体身份或群体认同水平有所上升，因此导致二者的群体认同和汉族并没有出现显著差异（高承海、万明钢，2013）。此外，A 文化群体在全国范围内广泛分布，其本身的多样性可能会导致不同地区的群体成员表现出不同的社会心理，因此对本研究的结果推广应谨慎。

总之，集体主义是影响亲社会行为的重要因素，但是具体作用路径存在群体差异；对于人口占少数的文化群体（如回族）而言，其集体主义更可能会指向特殊情景的内群体偏爱行为。本研究从一个侧面回应了近年来集体主义和亲社会行为在不同社会情境下结果不一致的争议，在群体认同视角下重新探讨集体主义的积极作用，并为同一国家内部的群体关系研究提供了文化价值观和群体行为的证据。

参考文献

华涛，2002，《文明对话：中国穆斯林与非穆斯林的对话》，《回族研究》第 4 期，第 38～43 页。
高承海、万明钢，2012，《民族本质论对民族认同和刻板印象的影响》，《心理学报》第 2 期，第 231～242 页。
梁进龙、高承海、万明钢，2010，《回族、汉族高中生的群体认同和国家认同对自尊的影响》，《当代教育与文化》第 6 期，第 63～67 页。
万明钢、高承海，2012，《宗教认同和群体认同对民族交往态度的影响——基于藏族、回族和东乡族大学生的数据分析》，《西北师大学报》（社会科学版）第 5 期，第 107～113 页。
万明钢、高承海、吕超、侯玲，2012，《近年来国内群体认同研究述评》，《心理科学进展》第 8 期，第 1152～1158 页。
万明钢、王亚鹏，2004，《藏族大学生的群体认同》，《心理学报》第 1 期，第 83～88 页。
王平，2012，《临夏八坊：一个传统与现代回族社区的建构》，民族出版社。
杨晓莉、周建华，2016，《群体实体性与群体认同对内群体偏爱的影响》，《内蒙古民族大学学报》（社会科学版）第 5 期，第 13~17 页。

张庆鹏、寇彧，2011，《青少年亲社会行为测评维度的建立与验证》，《社会学研究》第 4 期，第 105~121 页。

赵杰，2007，《论回汉民族关系亲密的四大共因》，《回族研究》第 1 期，第 5~10 页。

Bauer, M. A., Wilkie, J. E., Kim, J. K., & Bodenhausen, G. V. (2012). Cuing consumerism: Situational materialism undermines personal and social well-being. *Psychological Science*, 23, 517-523.

Bekkers, R, & Wiepking, P. (2011). Who gives? A literature review of predictors of charitable giving. I: Religion, education, age, and socialization. *Voluntary Sector Review*, 2, 337-365.

Brewer, M. B. (1999). The psychology of prejudice: Ingroup love or outgroup hate? *Journal of Social Issues*, 55, 429-444.

Brewer, M. B. (1979). Ingroup bias in the minimal intergroup situation: A cognitive motivational analysis. *Psychological Bulletin*, 86, 307-324.

Burroughs, J. E., & Rindfleisch, A. (2002). Materialism and well-being: A conflicting values perspective. *Journal of Consumer Research*, 29, 348-370.

Calderón-Tena, C. O., Knight, G. P., & Carlo, G. (2011). The socialization of prosocial behavioral tendencies among Mexican American adolescents: The role of familism values. *Cultural Diversity and Ethnic Minority Psychology*, 17, 98-106.

Chan, K., & Prendergast, G. (2008). Social comparison, imitation of celebrity models and materialism among Chinese youth. *International Journal of Advertising*, 27, 799-826.

Chen, Y.-R., Brockner, R., Chen, X.-P. (2002). Individual-collective primacy and ingroup favoritism: Enhancement and protection effects. *Journal of Experimental Social Psychology*, 38, 482-491.

Chung, C., & Moriuchi, E. (2016). The effectiveness of donation advertising: An experimental study for felt ethnicity and messages on in-groups and out-groups. In: K. Kim (Eds.), *Celebrating America's Pastimes: Baseball, Hot Dogs, Apple Pie and Marketing?* (pp. 745-746). Springer, Cham.

Dimmock, J. A., Grove, J. R., & Eklund, R. C. (2005). Reconceptualizing team identification: New dimensions and their relationship to intergroup bias. *Group Dynamics: Theory, Research, and Practice*, 9, 75-86.

Eberly, M. B., & Montemayor, R. (1998). Doing good deeds: An examination of adolescent prosocial behavior in the context of parent-adolescent relationships. *Journal of Adolescent Research*, 13, 403-432.

Fu, X., Padilla-Walker, L. M., & Brown, M. N. (2017). Longitudinal relations between adolescents' self-esteem and prosocial behavior toward strangers, friends and family. *Journal of Adolescence*, 57, 90-98.

Gebauer, J. E., Sedikides, C., Lüdtke, O., & Neberich, W. (2014) Agency-communion and interest in prosocial behavior: Social motives for assimilation and contrast explain sociocultural inconsistencies. *Journal of Personality*, 453, 452-465.

Hayes, A. F. (2013). *Introduction to Mediation, Moderation, and Conditional Process Analysis: A Regression-based Approach*. New York, NY: The Guilford Press.

Hoffman, E., McCabe, K., & Smith, V. (1996). Social distance and other-regarding behavior in Dictator 417 Games. *American Economic Review*, 86, 653-660.

Hui, C. H., & Triandis, H. C. (1986). Individualism-collectivism: A study of cross-cultural researchers. *Journal of Cross-Cultural Psychology*, 17, 225-248.

Kemmelmeier, M., Jambor, E. J., & Letner, J. (2006). Individualism and good works: Cultural variation in giving and volunteering across the United States. *Journal of Cross-Cultural Psychology*, 37, 327-344.

Lewis, M. E. (2014). Parents as recipients of adolescent prosocial behavior. In L M Padilla-Walker, & G. Carlo (Eds.), *Prosocial Development: A Multidimensional Approach* (pp. 305-326). New York, NY: Oxford University Press.

Luria, G., Cnaan, R. A., & Boehm, A. (2014). National culture and prosocial behaviors: Results from 66 countries. *Nonprofit and Voluntary Sector Quarterly*, 44, 1042-1065.

Maio, G. R., Pakizeh, A., Cheung, W. Y., & Rees, K. J. (2009). Changing, priming, and acting on values: Effects via motivational relations in a circular model. *Journal of Personality and Social Psychology*, 97, 699-715.

Mamat, M., Huang, W., Shang, R., Zhang, T., Li, H., Wang, Y., Luo, W., & Wu, Y. (2014). Relational self versus collective self: A cross-cultural study in interdependent self-construal between Han and Uyghur in China. *Journal of Cross-cultural Psychology*, 45, 959-970.

Padilla-Walker, L. M., Carlo, G., & Nielson, M. G. (2015). Does helping keep teens protected? Longitudinal bidirectional relations between prosocial behavior and problem behavior. *Child Development*, 86, 1759-1772.

Padilla-Walker, L. M., & Fraser, A. M. (2014). How much is it going to cost me? Bidirectional relations between adolescents' moral personality and prosocial behavior. *Journal of Adolescence*, 37, 993-1001.

Parboteeah, K. P., Cullen, J. B., & Lim, L. (2004). Formal volunteering: A cross-national test. *Journal of World Business*, 39, 431-441.

Phinney, J. S., & Ong, A. D. (2007). Conceptualization and measurement of ethnic identity: Current status and future directions. *Journal of Counseling Psychology*, 54, 271-281.

Phinney, J. S. (2000). Identity formation across cultures: The interaction of personal, societal, and historical change. *Human Development*, 43, 27-31.

Phinney, J. S. (1990). Ethnic identity in adolescents and adults: A review of research. *Psychological Bulletin*, 108, 499-514.

Schwartz, S. H. (1992). Universals in the content and structure of values: Theoretical advances and empirical tests in 20 countries. In M. Zanna (Ed.), *Advances in Experimental Social Psychology* 25 (pp. 1-65). Orlando, FL: Academic Press.

Silk, J. B., & House, B. R. (2011). Evolutionary foundations of human prosocial sentiments. *Proceedings of the National Academy of Sciences of the United States of America*, 108.

Tajfel, H., & Turner, J. C. (1986). The social identity theory of intergroup behavior. In S. Worchel, & W. G. Austin (Eds.), *Psychology of Intergroup Relations* (pp. 7 - 24). Chicago: Nelson-Hall.

Thyroff, Anastasia, & Kilbourne, William E. (2018). Self-enhancement and individual competitiveness as mediators in the materialism/consumer satisfaction relationship. *Journal of Business Research*, 92, 189 - 196.

Triandis, H. C., & Gelfand, M. J. (1998). Converging measurement of horizontal and vertical individualism and collectivism. *Journal of Personality and Social Psychology*, 74, 118 - 128.

Yang, Z., Fu, X., Yu, X., & Lv, Y. (2018). Longitudinal relations between adolescents' materialism and prosocial behavior toward family, friends, and strangers. *Journal of Adolescence*, 62, 162 - 170.

Yates, M., & Youniss, J. (1996). A developmental perspective on community service in adolescence. *Social Development*, 5, 85 - 111.

亲社会正义感的阶层差异：个体主义的调节作用[*]

吴胜涛　王平丽　陈咏媛[**]

摘　要：亲社会正义感是对他人不公遭遇的情感、态度与反应能力或行为倾向，是亲社会行为的重要体现。考虑到不同阶层的文化和心理差异，本研究探讨亲社会正义感的阶层差异，以及个体主义对这一阶层差异的调节作用。结果发现，相对于高阶层，低阶层表现出更高水平的亲社会正义感（主要是得利者正义感、过错者正义感）；同时，个体主义对亲社会正义感的阶层差异起调节作用，当个体主义较低（VS 较高）时，亲社会正义感有更大的阶层差异。研究揭示了亲社会正义感的阶层差异及其文化价值基础。当资源匮乏的低阶层不执着于个人目标时，则会在道德上表现出更多的亲社会倾向。

关键词：亲社会正义感　他人取向　社会阶层　个体主义

一　前言

正义是人类社会的首要美德，也是当今中国社会的核心价值观之一。正义感既是对正义原则的直观理解能力，也是面对不公时的情感、态度与

---

[*] 本研究部分得到中央高校基本业务经费（项目号：20720181086）和厦门大学本科教学改革专项经费（项目号：2019Y1135）的支持。

[**] 吴胜涛，厦门大学社会与人类学院副教授，硕士生导师，通信作者，E-mail：commuagent@163.com 或 michaelstwu@xmu.edu.cn；王平丽，厦门大学新闻传播学院本科生；陈咏媛，中国社会科学院社会发展战略研究院助理研究员。

行为反应能力（Rawls，1963）。然而，现实中不恰当的正义观念或心理反应（要么麻木不仁，要么报仇心切），在实践中极易造成价值混淆，甚至误导人们以"正义"之名追求个人利益、伤害他人或违反公德（Lerner，2003）。因此，如何解决正义与公德的实践悖论，并达成二者的价值契合，是亟待解决的社会心理问题。

亲社会正义感是建立在亲社会标准——利他与道德规范基础上的正义观念与心理反应，是指向他人的（而非自己）、对他人不公遭遇的关切（Wu et al.，2019）。以往研究从宏观或微观视角探讨了亲社会正义感在国家或个体水平上的差异，发现集体主义国家的民众和被集体主义启动的个体均表现出更高水平的亲社会正义感（Wu et al.，2014，2019）。进而，考虑到在中观视角或群体水平上不同的群体（如社会阶层）具有不同的文化价值观和亲社会倾向（Kraus，Piff，& Keltner，2011），本研究聚焦社会阶层这一群体文化形态，研究亲社会正义感的阶层差异，以及个体主义价值观对其阶层差异的调节作用。

（一）正义感与亲社会正义感

正义感是个体对正义的心理建构，一个有正义感的人应具备两种心理能力：（1）对正义原则的直观理解能力；（2）面对不公的心理反应能力（Rawls，1963）。近年来，正义感的问题引发了大量心理学研究：前者包括大量社会认知研究，如正义中心观、公正世界信念（Lerner & Miller，1978）；后者包括大量道德情绪、信息加工、公平决策和公正敏感性的研究（Baumertt & Schmitt，2016；Fehr & Gachter，2002）。就面对不公的心理反应能力而言，正义感是面对不公遭遇较低的认知阈限、强烈的情感反应（如生气、内疚）以及重建正义的深思与动力。从不公反应的心理过程来看，一个人在不公情境下会扮演不同的角色，即不公平的受害者、目击者、得利者或过错者；相应地，正义感也可以分为受害者正义感、目击者正义感、得利者正义感和过错者正义感。

亲社会行为是关心他人利益、遵守道德规范的行为总称，如分享、助人、合作、同情等（寇彧、张庆鹏，2006）。亲社会正义感是亲社会行为的体现，是对道德违反的觉察和对不公遭遇的普遍关切与妥善修复，而不是从个人利益出发将自己扮演成受害者（Gollwitzer & Rothmund，2011；Gollwitzer et al.，2009）。因此，目前关于亲社会正义感的研究主要针对超越自身利益的目击者正义感、得利者正义感和过错者正义感——这三种视角的正义感都涉及关心他人的正义，超越自身利益，均与责任、共情、谦虚、和善等他人导向的人格呈正相关（Schmitt et al.，2010；Schmitt et al.，2005）。同时，亲社会正义感与道德情感和亲社会行为相关联。例如，德国的调查显示，得利者正义感与内疚感显著正相关，并正向预测西德人为改善东德的生活条件而缴纳特别税的意愿（Gollwitzer et al.，2005）；目击者正义感、过错者正义感与积极互惠行为（如报答他人的恩德）正相关，得利者正义感与消极互惠行为（如惩罚他人的伤害）正相关，而过错者正义感与消极互惠行为负相关（Baumert et al.，2014）。

（二）阶层、文化与亲社会行为

社会阶层主要指在经济、政治等诸多因素的影响下，社会成员在整个社会等级结构中分成不同层级的群体，它不但取决于一个人目前的收入、受教育程度、工作，而且包含着丰富的文化期望、生活方式和社会规范，并与个体的人生经历、背景经验相关。此外，阶层也有主观、客观之分，后者是以个体实际拥有的资源为基础，而前者是对阶层的感知（Kraus, Piff, & Keltner, 2011）。从社会认知视角来看，客观物质资源（Marx & Engels, 1848/1973）和主观感知的社会地位差异（Grossmann & Varnum, 2011）导致了高低不同社会阶层的形成。处于同一社会阶层中的人们由于共享的经历，形成了相对稳定的认知倾向，具有相对一致的社会认知；相反，不同的社会阶层存在显著的社会认知差异，甚至由于资源、权力的不平等而具有显著的生理、心理健康差异（Sapolsky, 2005）。研究表明，低阶层由于掌握的社会资源相对较少，故身心健康水平较差，抑郁、焦虑症状较多（Kraus et al., 2012）；同时，在社会互动中更倾向于集体主义和环境依赖，表现出更强的他人取向和共情能力（Kraus et al., 2010；Kraus et al., 2012）。与之相对应，高阶层由于掌握了更多的社会资源，故健康状况更好，自我感觉也更好，在社会互动中更倾向于个体主义，甚至自我中心，在道德行为中更可能违背规范（Piff et al., 2010；Piff et al., 2012）。

尽管没有研究直接检验亲社会正义感的阶层差异，但以往研究表明亲社会行为本身存在显著的阶层差异，即相对于高阶层被试，低阶层被试在独裁者游戏中会表现得更加慷慨（分配更多的金钱给他人），会有更多的慈善捐款倾向，在信任游戏中会投资更多的金钱给玩伴，在实验室现场任务中会花更多时间帮助他人（Piff et al., 2010）。尤其是在没有声誉压力的私人场合下，低阶层在独裁者游戏中会分配更多的金钱给他人（Kraus & Callaghan, 2016）。可见，相对于高阶层，低阶层在社会认知和行为上更可能表现出较高的他人关注和亲社会倾向。

低阶层拥有更少的资源，为什么反而更关心他人、有更高的亲社会倾向呢？因为一个人的认知或行为必然受到社会文化因素的影响，且低阶层群体在文化生态上更加依赖周围环境，所以他们往往表现出更少的个人关注。也就是说，较低的个体主义是低阶层群体亲社会倾向的价值动力。个体主义是一种基于独立自我的文化价值观，个体主义者在生活目标上更看重个体的幸福和成就，而不是人际关系和集体义务（Markus & Kitayama, 2011）。跨文化研究表明，集体主义国家的民众以及持有较高集体主义价值观的个体，在亲社会正义感的人格得分和行为倾向上都显著高于个体主义国家的民众和持有较高个体主义价值观的个体（Wu et al., 2019）。

（三）研究问题与假设

综上所述，本研究聚焦正义感的积极成分——亲社会正义感（对他人不公遭遇的关切），检验亲社会正义感的阶层差异，以及个体主义的调节作用。基于亲社会正义感的定义和阶层、文化心理学的基本发现，研究假设如下。

（1）考虑到亲社会正义感主要是对他人不公遭遇的关切，以及低阶层的他人关注和亲社会取向，我们预期亲社会正义感存在显著的阶层差异，低阶层（VS 高阶层）表现出更高水平的亲社会正义感，且目击者、得利者、过错者三种视角的亲社会正义感结果一致；（2）考虑到客观上的资源匮乏和认知上的环境依赖是低阶层社会行为的文化基础，我们预期独立自我或个体主义对亲社会正义感（及其三个维度）的阶层差异起调节作用，即对于持有较低个体主义（VS 较高个体主义）的人而言，亲社会正义感的阶层差异更大。

二 方法

（一）被试

南方某高校的 200 名大学生被试自愿参加了本研究，但有 10 名被试未完成作答，最终有效被试为 190 人，男性 55 人、女性 135 人，年龄从 18 岁到 23 岁（$M = 20.00$，$SD = 0.93$）。

（二）工具

亲社会正义感采用中文版正义感量表来测量，包括三个维度，即目击者正义感（如"当某个人原本不该比别人过得差时，我会感到不安"）、得利者正义感（如"当自己无缘无故过得比别人好时，我会有负罪感"）、过错者正义感（如"当我以牺牲他人为代价来谋取自己的利益时，我会有负罪感"）。每个维度10个条目，5点计分（1 = 完全不符，5 = 完全符合），得分越高则正义感越强（Schmitt et al.，2010；Wu et al.，2014）。内部一致性系数（Cronbach's α）为：全部30题0.94，目击者视角0.93，得利者视角0.90，过错者视角0.90。

个体主义采用独立自我量表来测量（Singelis，1994），15个条目（如"我觉得作为一个独立的人对我来说很重要"，"我试着去做对自己最好的事情，而不管这会给别人造成什么影响"），7点计分（1 = 极不赞同，7 = 极其赞同）。内部一致性系数（Cronbach's α）为0.74，信度良好，得分越高则个体主义越强。我们没有考虑集体主义，因为集体主义的价值目标比较模糊，一个集体主义者看重的是关系、团体还是个人、集体冲突时的集体优先，一直存在较大的争议（Brewer & Chen，2007）。

考虑到大学生没有独立经济收入，所以，本研究采用被试的家庭经济地位来测量社会阶层，量表采用5点计分（1 = 下游水平，5 = 上游水平），得分越高表明社会阶层越高。

三 结果

相关分析表明，社会阶层与亲社会正义感综合指标以及目击者正义感、得利者正义感的相关不显著，而与过错者正义感显著负相关，与个体主义显著正相关，即低阶层者有更高的过错者正义感和更低的个体主义价值观。此外，亲社会正义感的三个维度两两显著正相关，但与个体主义的相关不显著。详见表1。

表1 亲社会正义感、个体主义与社会阶层的相关分析

	M	SD	1	2	3	4	5	6
1. 社会阶层[a]	2.12	0.67	N/A					
2. 亲社会正义感	3.25	0.63	-0.11	N/A				
3. 目击者正义感	2.90	0.79	0.03	0.77**	N/A			
4. 得利者正义感	3.22	0.80	-0.12	0.88**	0.52**	N/A		
5. 过错者正义感	3.62	0.74	-0.20**	0.80**	0.36**	0.64**	N/A	

	M	SD	1	2	3	4	5	6
6. 个体主义	4.79	0.64	0.20**	0.01	0.06	0.01	-0.04	N/A

注：** $p < 0.01$。ᵃ考虑到被试在阶层变量的5点量尺上选择1选项（$n = 5$）、5选项（$n = 2$）的人数较少，故分别将选项1与选项2合并、选项4与选项5合并，将其分数重新编码为1（下游水平）、2（中间水平）、3（上游水平）。

考虑到被试在社会阶层变量上选择中值（中间水平）的较多（$n = 101$，占53.2%），我们选取下游水平（$n = 32$）、上游水平（$n = 55$）两组被试对亲社会正义感和个体主义进行组间差异检验。结果如图1所示，相对于高阶层，低阶层的亲社会正义感总分略高（$t = 1.87$，$p = 0.07$，Cohen's $d = 0.42$），得利者正义感（$t = 2.05$，$p < 0.05$，Cohen's $d = 0.46$）、过错者正义感（$t = 2.78$，$p < 0.01$，Cohen's $d = -0.55$）显著较高，个体主义显著较低（$t = -2.48$，$p < 0.05$，Cohen's $d = 4.10$）。目击者正义感的组间差异不显著（$t = -0.01$，$p = 0.99$，Cohen's $d = -0.01$）。

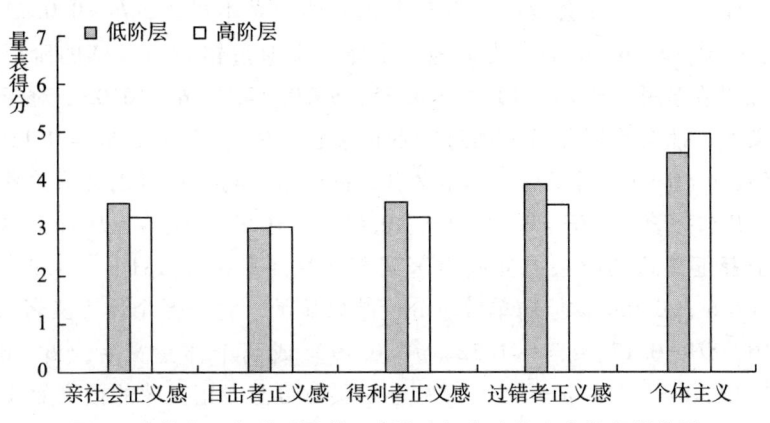

图1 亲社会正义感（及其三个维度）与个体主义的组间差异

进而，以社会阶层为自变量，亲社会正义感及其三个维度（目击者正义感、得利者正义感和过错者正义感）为因变量，个体主义为调节变量，性别、年龄为协变量，进行简单调节模型检验（Hayes，2013）。结果如图2所示，个体主义对亲社会正义感的阶层差异起显著调节作用，$F(1, 181) = 7.40$，$p < 0.01$，$\Delta R^2 = 0.04$，即对于低个体主义者，社会阶层显著预测亲社会正义感，$B = -0.29$，$SE = 0.09$，$t = -3.09$，$p < 0.01$；对于高个体主义者，社会阶层与亲社会正义感的关系不显著，$B = 0.05$，$SE = 0.09$，$t = 0.54$，$p = 0.59$。

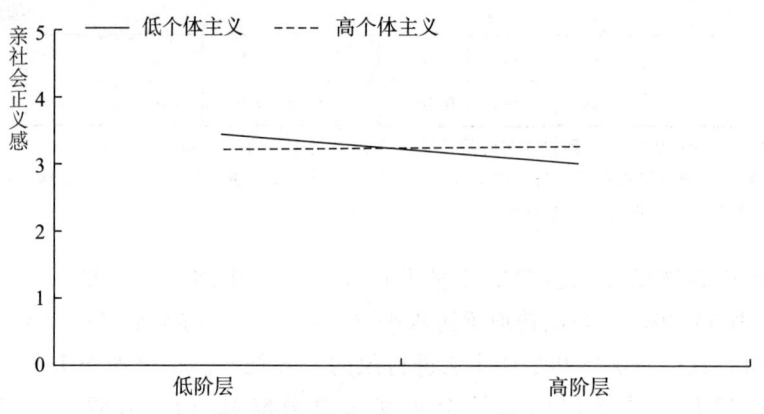

图 2　个体主义对亲社会正义感阶层差异的调节作用

具体而言，个体主义对得利者正义感的阶层差异起显著调节作用，$F(1, 181) = 5.21$，$p < 0.05$，$\triangle R^2 = 0.03$。对于低个体主义者，社会阶层显著预测得利者正义感，$B = -0.34$，$SE = 0.12$，$t = -2.84$，$p < 0.01$；对于高个体主义者，社会阶层与得利者正义感关系不显著，$B = 0.02$，$SE = 0.12$，$t = 0.19$，$p = 0.85$。类似地，个体主义对过错者正义感的阶层差异起显著调节作用，$F(1, 181) = 4.75$，$p < 0.05$，$\triangle R^2 = 0.02$。对于低个体主义者，社会阶层显著预测过错者正义感，$B = -0.38$，$SE = 0.11$，$t = -3.55$，$p < 0.01$；对于高个体主义者，社会阶层与过错者正义感关系并不显著，$B = -0.07$，$SE = 0.11$，$t = -0.66$，$p = 0.51$。最后，尽管个体主义对目击者正义感的阶层差异起显著调节作用［$F(1, 181) = 4.90$，$p < 0.05$，$\triangle R^2 = 0.03$］，但简单效应分析结果显示，对于低个体主义者（$B = -0.16$，$SE = 0.12$，$t = -1.32$，$p = 0.19$）或高个体主义者（$B = 0.19$，$SE = 0.12$，$t = 1.65$，$p = 0.10$），社会阶层对目击者正义感的预测效应均不显著。

四　讨论

本研究检验了亲社会正义感及其三个维度的阶层差异，结果发现亲社会正义感总分的阶层简单效应并不显著，但是过错者正义感的阶层简单效应达到显著水平；排除中间阶层，对高、低阶层的亲社会正义感进行组间差异检验，发现亲社会正义感总分的组间差异达到边缘显著水平且效应量较大，得利者正义感、过错者正义感也存在显著的组间差异。相对于高阶层，低阶层的亲社会正义感（特别是得利者正义感、过错者正义感）相对较高，假设 1 得到部分支持。进而，个体主义对亲社会正义感及其三个维度的阶层差异起显著的调节作用，相对于高个体主义者，低个体主义者的亲社会正义感阶层差异相对较大。也就是说，只有当低阶层不再固着独立自我或个人利益时，才会表现出比高阶层更加明显的亲社会正义感，假设 2 得到支持。

正义感是道德问题的核心，也是体面社会、体面个体得以维系的重要心理基础。本研究聚焦亲社会正义感这一正义感的积极成分，检验了面对他人不公遭遇时心理反应的社会心理机制。在前期研究从宏观视角和个体视角检验亲社会正义感在国家水平、个体水平的价值基础之上（Wu et al. , 2014, 2019），本研究进一步从中观视角检验了亲社会正义感及其三个维度的阶层差异及价值调节机制。更重要的是，本研究再次证明了三个维度的亲社会正义感在他人关注上的一致性（Gollwitzer et al. , 2005; Schmitt et al. , 2005; Schmitt et al. , 2010），甚至在阶层差异、价值动力上也有类似的表现。当然，亲社会正义感的三个维度在不公反应的过程中存在角色和视角的差异，在本研究中目击者正义感与得利者正义感、过错者正义感的相关相对较低，目击者正义感的阶层差异也没有达到显著水平。这可能是因为，目击者正义感虽然在价值观上是他人取向的，但是在发生机制上需要更多自我相关的情绪卷入（如愤怒、自信），与得利者、过错者的他人相关情绪（如内疚、不安）明显不同，是集体主义价值与个体主义情绪的混合体（Wu et al. , 2014）。

道德的阶层差异是近年来社会心理学的热点问题，以往研究基于西方样本得出了低阶层表现出低个体主义、高亲社会行为的结论（Kraus et al. , 2010, 2012; Piff et al. , 2010），但是基于中国样本的研究结果并非如此简单。特别是在当今急剧变迁的时代，中国社会各阶层并没有呈现跟西方相同的、稳定的文化差异。本研究的结果显示，虽然低阶层表现出低个体主义的价值取向，但是并没有稳定地表现出更高的亲社会正义感；而只有当低阶层同时也持有低个体主义价值观时，才会表现出更高的亲社会正义感。这可能是因为，中国社会正经历快速的社会发展和文化变迁，无论对于低阶层还是高阶层，其掌握的物质资源总体都在大大增加，其个体主义价值观也在不断增强（Zhou et al. , 2018; Wu et al. , 2019）；对于低阶层而言，其行为虽然在一定程度上受到社会资源的限制，但同时也受到主观社会认知（如文化价值观）的影响。所以，如果资源相对匮乏的低阶层同时也关注自我，那么他们就没有足够的价值动力去关切他人的不幸；如果低阶层在资源匮乏的同时也不太自我中心，这样就会有充足的理由去关切他人的不幸。

值得注意的是,本研究在目标被试的选取、样本量以及关键变量的测量上存在以下不足。首先,本研究仅在重点大学抽样,被试多数来自中上阶层家庭,他们在家庭经济地位变量5点量尺(1=下游水平,5=上游水平)上的平均值为3.11,与中值的差异达到边缘显著水平($t=1.94$,$p=0.054$),这或许是亲社会正义感的简单阶层效应不显著的部分原因。其次,本研究仅获得了190个有效样本,样本量相对较小,影响了统计检验力。以本研究中最大的效应量$\triangle R^2 = 0.04$为例进行事后检验,得到统计检验力为0.78,略低于社会科学研究平均统计检验力0.80的标准(Richard, Bond, & Stokes-Zoota, 2003)。最后,本研究关于亲社会正义感的测量基于自陈量表,主要测量的还是相对稳定的人格特质,未来研究可基于实验室或现场的行为测量来提高研究结果的普遍适用性(Baumert & Schmitt, 2016)。

总之,亲社会正义感是亲社会行为在正义领域的具体表现,是解决正义-公德悖论、促使正义诉求良性表达的重要议题。本研究揭示了亲社会正义感的阶层差异及其文化价值基础。研究发现,低阶层的亲社会正义感总体相对较高,同时,当低阶层不执着于追求个人目标时会在道德层面表现出更多亲社会倾向。这对于理解中国社会底层的不公反应和道德力量,具有重要的理论和实践意义。

参考文献

寇彧、张庆鹏,2006,《青少年亲社会行为的概念表征研究》,《社会学研究》第5期。

张庆鹏、寇彧,2011,《青少年亲社会行为测评维度的建立与验证》,《社会学研究》第4期,第105~121页。

Anand, P., Poggi, A., Kyklos., & Frey, R. L. (2018). Do social resources matter? Social capital, personality traits, and the ability to plan ahead. *Kyklos*, 71, 343–373.

Baumert, A., Beierlein, C., Schmitt, M., Kemper, C. J., Kovaleva, A., Liebig, S., & Rammstedt, B. (2014). Measuring four perspectives of justice sensitivity with two items each. *Journal of Personality Assessment*, 96, 380–390.

Baumert, A., & Schmitt, M. (2016). Justice sensitivity. In M. Schmitt & C. Sabbagh (Eds.), *Handbook of Social Justice Theory and Research*. New York: Springer Press.

Brewer, M. B., & Chen, Y. R. (2007). Where (who) are collectives in collectivism? Toward conceptual clarification of individualism and collectivism. *Psychological Review*, 114, 133–151.

Fehr, E., & Gächter, S. (2002). Altruistic punishment in humans. *Nature*, 415, 137–140.

Gollwitzer, M., & Rothmund, T. (2011). What exactly are victim-sensitive persons sensitive to? *Journal of Research in Personality*, 45, 448–455.

Gollwitzer, M., Rothmund, T., Pfeiffer, A., & Ensenbach, C. (2009). Why and when justice sensitivity leads to pro-and antisocial behavior. *Journal of Research in Personality*, 43, 999–1005.

Gollwitzer, M., Schmitt, M., Schalke, R., Maes, J., & Baer, A. (2005). Asymmetrical effects of justice sensitivity perspectives on prosocial and antisocial behavior. *Social Justice Research*, 18, 183–201.

Grossmann, I., & Varnum, M. E. (2011). Social class, culture, and cognition. *Social Psychological and Personality Science*, 2, 81–89.

Hayes, A. F. (2013). *Introduction to Mediation, Moderation, and Conditional Process Analysis: A Regression-Based Approach*. New York: Guilford Press.

Kraus, M. W., & Callaghan, B. (2016). Social class and prosocial behavior: The moderating role of public versus private contexts. *Social Psychological & Personality Science*, 7, 769–777.

Kraus, M. W., Cote, S., & Keltner, D. (2010). Social class, contextualism, and empathic accuracy. *Psychological Science*, 21, 1716–1723.

Kraus, M. W., Piff, P. K., Mendoza-Denton, R., Rheinschmidt, M. L., & Keltner, D. (2012). Social class, solipsism, and contextualism: How the rich are different from the poor. *Psychological Review*, 119, 546–572.

Kraus, M., Piff, P., & Keltner, D. (2011). Social class as culture: The convergence of resources and rank in the social realm. *Current Directions in Psychological Science*, 20, 246–250.

Lerner, M. J. (2003). The justice motive: Where social psychologists found it, how they lost it, and why they may not find it again. *Personality and Social Psychology Review*, 7, 388–399.

Lerner, M. J., & Miller, D. T. (1978). Just world research and the attribution process: Looking back and ahead. *Psychology Bulletin*, 22, 666–677.

Markus, H. R., & Kitayama, S. (2010). Cultures and selves: A cycle of mutual constitution. *Perspectives on Psychological Science*, 5, 420–430.

Marx, K., & Engels, F. (1848/1973). Manifesto of the Communist Party. In Karl Marx, *The Revolutions of 1848: Political Writings*. Harmondsworth, UK: Penguin.

Piff, P. K., Kraus, M. W., Côté, S., Cheng, B. H., & Keltner, D. (2010). Having less, giving more: The influence of social class on prosocial behavior. *Journal of Personality and Social Psychology*, 99, 771–784.

Piff, P. K., Stancato, D. M., Côté, Stéphane, Mendozadenton, R., & Keltner, D. (2012). Higher social class predicts increased unethical behavior. *Proceedings National Academy of Sciences of the United States of America*, 109, 4086–4091.

Rawls, J. (1963). The sense of justice. *The Philosophical Review*, 72, 281–305.

Richard, F. D., Bond Jr., C. F., & Stokes-Zoota, J. J. (2003). One hundred years of social psychology quantitatively described. *Review of General Psychology*, 7, 331-363.

Sapolsky, R. M. (2005). The influence of social hierarchy on primate health. *Science*, 308, 648-652.

Schmitt, M. (1996). Individual differences in sensitivity to befallen injustice (SBI). *Personality and Individual Differences*, 21, 3-20.

Schmitt, M., Baumert, A., Gollwitzer, M., & Maes, J. (2010). The justice sensitivity inventory: Factorial validity, location in the personality facet space, demographic pattern, and normative data. *Social Justice Research*, 23, 1-28.

Schmitt, M., Gollwitzer, M., Maes, J., & Arbach, D. (2005). Justice sensitivity: Assessment and location in the personality space. *European Journal of Psychological Assessment*, 21, 202-211.

Schmitt, M., &Mohiyeddini, C. (1996). Sensitivity to befallen injustice and reactions to a real-life disadvantage. *Social Justice Research*, 9, 223-238.

Schmitt, M., Neumann, R., & Montada, L. (1995). Dispositional sensitivity to befallen injustice. *Social Justice Research*, 8, 385-407.

Singelis, T. M. (1994). The measurement of independent and interdependent self-construals. *Personality and Social Psychology Bulletin*, 20, 580-591.

Trautmann, S. T., Kuilen, G. V. D., & Zeckhauser, R. J. (2013). Social class and (un) ethical behavior. *Perspectives on Psychological Science*, 8, 487-497.

Wu, M. S., Schmitt, M., Zhou, C., Nartova-Bochaver, S., Astanina, N., Khachatryan, N., & Han, B. (2014). Examining self-advantage in the suffering of others: Cross-cultural differences in beneficiary and observer justice sensitivity among Chinese, Germans, and Russians. *Social Justice Research*, 27, 231-242.

Wu, M. S., Zhou, C., & Chen, Y., Wan, R., & Schmitt, M. (2019). (under review). Prosocial justice sensitivity: Through the lens of cultural norms in China and in US.

Zhou, Z., Yiu, W. Y. V., Wu, M. S., & Greenfield, P. M. (2018). Perception of cross-generational differences in child behavior and parent socialization: A mixed-method interview study with grandmothers in China. *Journal of Cross-Cultural Psychology*, 49, 62-81.

《中国社会心理学评论》投稿须知

《中国社会心理学评论》是由中国社会科学院社会学研究所主办的学术集刊。本集刊继承华人社会心理学者百年以来的传统，以"研究和认识生活在中国文化中的人们的社会心理，发现和揭示民族文化和社会心理的相互建构过程及特性，最终服务社会，贡献人类"为目的，发表有关华人、华人社会、华人文化的社会心理学原创性研究成果，以展示华人社会心理学研究的多重视角及最新进展。

本集刊自2005年开始出版第一辑，每年一辑。从2014年开始每年出版两辑，分别于4月中旬和10月中旬出版。

为进一步办好《中国社会心理学评论》，本集刊编辑部热诚欢迎国内外学者投稿。

一、本集刊欢迎社会心理学各领域与华人、华人社会、华人文化有关的中文学术论文、调查报告等；不刊登时评和国内外已公开发表的文章。

二、投稿文章应包括：中英文题目、中英文作者信息、中英文摘要和关键词（3~5个）、正文和参考文献。

中文摘要控制在500字以内，英文摘要不超过300个单词。

正文中标题层次格式：一级标题用"一"，居中；二级标题用"（一）"；三级标题用"1"。尽量不要超过三级标题。

凡采他人成说，务必加注说明。在引文后加括号注明作者、出版年，详细文献出处作为参考文献列于文后。文献按作者姓氏的第一个字母依A-Z顺序分中、外文两部分排列，中文文献在前，外文文献在后。

中文文献以作者、出版年、书（或文章）名、出版地、出版单位（或期刊名）排序。

例：

费孝通，1948，《乡土中国》，北京：三联书店。

杨中芳、林升栋，2012，《中庸实践思维体系构念图的建构效度研究》，《社会学研究》第4期，第167~186页。

外文文献采用 APA 格式。

例：

Bond, M. H. (Ed.) (2010). *The Oxford Handbook of Chinese Psychology*. New York, NY: Oxford University Press.

Hong, Y. Y., Morris, M. W., Chiu, C. Y., & Benet-Martinez, V. (2000). Multicultural minds: A dynamic constructivist approach to culture and cognition. *American Psychologist*, 55, 709 - 720.

统计符号、图表等其他格式均参照 APA 格式。

三、来稿以不超过 15000 字为宜，以电子邮件方式投稿。为了方便联系，请注明联系电话。

四、本集刊取舍稿件重在学术水平，为此将实行匿名评审稿件制度。本集刊发表的稿件均为作者的研究成果，不代表编辑部的意见。凡涉及国内外版权问题，均遵照《中华人民共和国版权法》和有关国际法规执行。本集刊刊登的所有文章，未经授权，一律不得转载、摘发、翻译，一经发现，将追究法律责任。

五、随着信息网络化的迅猛发展，本集刊拟数字化出版。为此，本集刊郑重声明：如有不愿意数字化出版者，请在来稿时注明，否则视为默许。

六、请勿一稿多投，如出现重复投稿，本集刊将采取严厉措施。本集刊概不退稿，请作者保留底稿。投稿后 6 个月内如没有收到录用或退稿通知，请自行处理。本集刊不收版面费。来稿一经刊用即奉当期刊物两册。

中国社会心理学评论编辑部

主编：杨宜音

主办：中国社会科学院社会学研究所

联系电话：86 - 10 - 85195562

投稿邮箱：ChineseSPR@126.com

邮寄地址：北京市东城区建国门内大街 5 号中国社会科学院社会学研究所中国社会心理学评论编辑部，邮编 100732

Chinese Social Psychological Review
Vol. 17

Table of Contents & Abstracts

Prosocial Behaviors in the Intergroup Interactions: The Glories of Gregariousness under the Wave of Globalization

Zhang Qingpeng　Kou Yu / 1

Abstract: Under the dual background of economic globalization as well as the phenomenon of multiple mobility in contemporary China, there have been many types of communities or groups based on different cultural traditions, social norms, thinking styles and behavioral patterns. Through the frequent contacts between ingroup and outgroup members, the individuals' social mentalities and social behaviors have been deeply influenced by the reality of multi-type, multi-angle and multi-faceted cultural interactions. This paper first discusses the characteristics of group perception and intergroup-relationship representation in the process of multicultural interactions, and then extends the definition boundary of prosocial behavior from interpersonal level to intergroup level. Based on this, the paper analyses the constructive implications of intergroup prosocial behavior, especially the antecedents and the intervention strategies of autonomy-oriented behaviors that without any cues of defensive helping. In the perceptive of intergroup prosocial behavior, this paper is in expectation of making contribution for the exploration of social psychological implications and cultural experiences of intergroup perception, and ultimately find a new path for the improving the quality of intergroup integration.

Keywords: multiple mobility; intergroup prosocial behavior; autonomy-orientation; dependency-orientation

The Mechanism of Promotion Effect of Common Ingroup Identity on Group Help

Sun Tao　Liang Fangmei　Zhao Yufang / 16

Abstract: According to social identity theory, ingroup provides its members with emotional meaning and value meaning, and group members internalize group identity as part of self-concept and thus generate ingroup preference. This study explores whether common ingroup identity can improve group help and its mechanism. In study 1, we recruited 351 Zhuang and Miao college students as subjects, and the relationship between common ingroup identity and group help was investigated by the bidirectional measurement method. The results showed that common ingroup identity was significantly positively correlated with ingroup and out-group help, and after control the demographic variables it still had a significant impact on them. In study 2, to further investigate the influence of the common ingroup identity within the group to help and its functional mechanism, we recruited 96 Zhuang and Miao minority college students as the participants, the results showed that the common ingroup identity was significantly increased in group help and reduced the ingroup help preference. The effect of help to outgroup are mediated by perceived similarity. The research expands common ingroup identity model and enriches the research in prosocial field.

Keywords: outgroup help; common ingroup identity; ingroup preference; recategorization; perceived similarity

The Influence of Personal Nostalgia on the Intergroup Pro-social Behavior: The Mediating Role of Basic Psychological Needs Satisfaction

Chang Baorui　Xie Tian / 34

Abstract: The present study combined a questionnaire survey (study 1) and an experimental design (study 2) to investigate the effect of personal nostalgia on intergroup pro-social behavior, and also examine the mediating role of basic psychological needs satisfaction. A sample of 344 college students participated in study 1. They were asked to complete a questionnaire containing personal nostalgia scale, basic psychological needs satisfaction scale, and people's intergroup pro-social behavior scenarios material. Using an experimental design, study 2 manipulated personal nostalgia (nostalgia/controlled) by hypothetical scenarios, and participants were randomly assigned to either of the two groups. One hundred and forty-eight college students were asked to read the scenarios material related to personal nostalgia, and then completed subsequent questionnaire measuring basic psychological needs satisfaction, scenarios material was measured intergroup pro-social behavior. The results showed that personal nostalgia positively predicted intergroup pro-social behavior. Moreover, basic psychological needs satisfaction mediated the positive relationship between personal nostalgia and intergroup pro-social behavior. Finally, the theoretical and practical implications, as well as the limitations of the present study were discussed.

Keywords: personal nostalgia; basic psychological needs satisfaction; intergroup pro-social behavior

The Influence of Perceived Pathogen Risk on Intergroup Pro-social Behavior: The Mediation Effect of Empathy

Lu Hong   Deng Yadan   Guo Lei   Zhang Qingpeng / 56

Abstract: Based on behavioral immune system theory, human have developed psychological and behavioral mechanisms against the threat of potential infective diseases. These pathogen-avoidance tendencies might hamper intergroup pro-social behaviors. In a typical dictator game, participants interacted with patients with different types of diseases in order to test how the information about the infectivity and consequences of disease influence the pro-social decision making. Results showed that: (1) Participants donated more to patients with non-infective diseases than those with infective diseases; (2) State empathy mediates the relationship between perceived pathogen-risk with patients with different types of diseases and intergroup pro-social behaviors: Participants expressed lower-level empathy to patients with low lethal sexually transmitted disease, while they showed higher-level empathy to patients with high lethal non-infective diseases. In sum, people might trigger behavioral immune system when perceiving strong potential risk, which might influence the interaction with others.

Keywords: intergroup pro-social behavior; behavioral immune system theory; perceived risk of disease; empathy

The Spiritual Ingroup needs of the Minority Group Improve Their Positive Attitudes Toward the Majority Group

Wang Jin   Kou Yu / 74

Abstract: Based on ingroup projection model, the subgroup often declares its present ingroup as more prototypical for a given superordinate group than other subgroups, and show high relative ingroup prototypicality (RIP). However, the minority group may be constrained by group size and therefore may present low RIP and outgroup projection (i. e. , declaring the majority group is more prototypical for the superordinate group than their own group). Our previous research found the minority group' high RIP increased positive attitude to the majority group. The present research ($N = 118$) explored whether ingroup needs of the minority group who has distinctive culture could decrease their outgroup projection and improve positive attitude to the majority group. We manipulated the minority group's ingroup needs by image classification task (spiritual ingroup needs & material ingroup needs & control group), and tested the effect of ingroup needs on the outgroup projection and outgroup attitudes. The results indicated that the minority group's satisfaction of spiritual ingroup needs decreased more outgroup projection and increased more positive outgroup attitudes than their satisfaction of material ingroup needs.

Keywords: ingroup needs; outgroup projection; relative ingroup prototypicality; intergroup attitude

Lay Theory of Ethnicity Mediated the Effect of Imagined Intergroup Contact

Yu Haitao   Li Jiacheng / 90

Abstract: Imagined contact is an emerging paradigm in the study of intergroup contact, its excellent properties and can be better adapted to today's more complex social environment. In this study, by three researches, the A ethnic group universities as subjects, to explore the influence of the imagined contact on the implicit group attitudes of the B ethnic group, and validate the intermediary role of the lay theory of ethnicity. The research results show that the implicit group attitude of the B ethnic group is influenced by the type of imagined contact; and imagined contact can influence lay theory of the subjects; and the lay theory of ethnicity plays a partial intermediary role in the process of imaginary contact effect on implicit group attitude.

Keywords: imagined contact; implicit group attitude; lay theory of ethnicity; essentialist theory of ethnicity

The Impact of Social Identity and Intergroup Threats on Intergroup Attitudes: Indicators Based on Linguistic Intergroup Bias

Xia Ruixue   Li Nuo   Niu Bailing   Su Wanru   Li Shifeng

Shao Honghong   Liu Binghua / 105

Abstract: Intergroup attitudes are indicators of intergroup relations in predicting intergroup behavior and intergroup harmony. There are two deficiencies in previous studies of the influence on intergroup attitudes from the aspects of social identity and intergroup threat. First, the results of the study on how social identity affect intergroup attitude are inconsistent. Second, whether intergroup attitude affected by the interaction of multiple factors is unknown. Based on these considerations, the current research focuses on undergraduates to explore whether social identity and intergroup threat have an interactive impact on intergroup attitudes.

The results showed that when there was no intergroup threat and the degree of social identity was high. The participants of A cultural group showed preference to positive behavior for their in-group, while the participants of B cultural group showed tendency to protect the negative behavior for their in-group. The results suggested that the attitude of the group members to their in-group may change, and there is no unconditional preference to in-group. When the intergroup threat appeared, regardless of the degree of social identity, the participants of A cultural group showed significant preference to in-group and bias to out-group, suggesting that the participants were more likely to show prosocial behavior to their in-group. However, the participants of B cultural group had obvious preference to in-group only when they had high social identity. Therefore, the degree of social identity and intergroup threat affect the attitude of participants interactively. These results have important implications for predicting intergroup behavior and intergroup harmony.

Keywords: social identity; intergroup attitudes; intergroup threat; linguistic intergroup bias

Group Essentialism and Intergroup Stereotypes: How do Natural Kind and Entitativity Predict Warmth and Competence?

Wei Qingwang Dong Wenlan Wu Xindan Zhou Xintong Tang Nanqi / 123

Abstract: Previous studies have found that group essentialism enhances group stereotypes and has a negative effect on intergroup relationships. However, these studies often use a single dimension to define group essentialism. This study starts from the two-dimensional perspective of group essentialism, which includes natural kind and entitativity, and combines Stereotype Content Model with two studies to examine the relationship between group essentialism and group stereotypes. Study 1 found that the natural kind and entitativity of the groups all had significant negative predictions on warmth. Study 2 found that for different groups, the relationship between individuals' perceptions of their natural kind and entitativity and individuals' perceptions of their competence and warmth were also different. Finally, the two-dimensional structure of group essentialism, the group stereotype defined by the Stereotype Content Model, and the relationship between these two are discussed.

Keywords: essentialism; stereotype; natural kind; entitativity

The Initial Motivation of Young Volunteers Who Provide Services for Children Living with HIV

Xu Huanii Zhong Nian / 145

Abstract: Why do young volunteers engage in AIDS volunteering? To examine the initial motivation of young volunteers helping children living with HIV, semi-structured individual interviews were conducted among 9 young volunteers who directly provided services for HIV-infected children in a non-profit AIDS organization. Thematic analysis was used to construct the result framework. The results showed that the participants had unique AIDS-related knowledge, experiences and attitudes, including undaunted attitudes towards AIDS based on knowledge acquisition as well as understanding and acceptance of people living with HIV due to contact. Further, young volunteers were driven by (a) feeling other's suffering and needs (e. g. , a heart of sympathy), (b) feeling grateful and planning to give back (e. g. , helping one's in-group to give back), (c) pursuing justice (e. g. , creating equal and prejudice-free environment), (d) belief in helping (e. g. , practicing long-term belief in helping), (e) sharing and inheriting volunteerism (e. g. , the power of role models), (f) gaining experience and understanding (e. g. , understanding a special group), and (g) self-exploration (e. g. , career exploration). Among these, "feeling grateful and planning to give back" and "sharing and inheriting volunteerism" are culture-dependent motivations. Investigating the initial motivations of AIDS volunteering, this study contributes to understand the underlying causes and promoting factors of such intergroup prosocial behaviors, and also provides implications for the recruitment and retention of volunteers in AIDS voluntary organizations.

Keywords: motivation; intergroup prosocial behavior; AIDS volunteering; young volunteers; children living with HIV

Cultural Identity Negotiation of the Cross-culture Intermarriage Families in the Central China Area: Strategies in Daily Life Situation

Mu Shiling   Yang Yiyin   Guo Yaxing / 171

Abstract: In this study, deep description of the daily life of the cross-culture intermarriage families in the central China area scattered and mixed ethnic, and discusses the characteristics of the psychological boundaries of interculture integration. This study finds that the member of the intermarriage family need to deal with the relationship between the marriage and culture in different context. There are four kinds of cultural identity negotiation models, such as the "equally integrated type", "culture A dominant type", "culture consciousness desalination" and "culture B dominant type". These value preference and identity negotiation strategies presenting a dynamic situational feature in different cultural contexts. Through constant coordination and adaptation, the intermarriage family members, especially between the husband and wife, they eventually formed different levels of self-construal of "Polycultural Self". In different cultural contexts, they tend to take a "tool-kit" strategy and choose different behaviors according to the situation. This shows a strong adaptability to multiculturalism.

Keywords: cross-culture marriage family; cultural identity negotiation model; "tool-kit" strategy; polycultural Self

Collectivism and Prosocial Behaviors: The Role of Ingroup Identity

Wu Shengtao　Gao Chenghai　Liangxiao Xingzi　Hu Shenfan / 193

Abstract: It has been well documented that collectivism, as cultural values of duty and interdependence, plays a critical role in boosting prosocial behaviors (PB). However, recent cross-cultural researches reveal that as compared to those in individualistic societies, people in collectivist ones show a lower tendency for PB, which challenges the traditional rationale and suggests a nuanced model underlying the relationship of collectivism to PB. Based on dictator games, the present research was to examine the relationship of collectivism to PB and the effect of ethnic identity among two cultural groups in China. As expected, the results showed that there was no significant group difference in generalized PB (donation to strangers), collectivism, and ingroup identity, but a significant group difference in particularized PB (donation to culture-related temples). Furthermore, the major group's collectivism was positively related to generalized PB while the minor group's collectivism was positively related to particularized PB, and ingroup identity served as a mediator between their collectivism and particularized PB. The current findings demonstrate the cross-ethnic universality and variation of collectivism and PB, that is, there are different ways in translating collectivism into PB among different cultural groups, although different Chinese groups share similar cultural values (collectivism) and general prosociality; And for the minor group, collectivism promotes PB as the function of their ingroup identity, rather than as the favor for strangers in a general way.

Keywords: collectivism; prosocial behaviors; ingroup identity; dictator game

Social Class and Prosocial Justice Sensitivity: The Moderation Effect of Individualism

Wu Shengtao　Wang Pingli　Chen Yongyuan / 204

Abstract: Prosocial justice sensitivity (JS) involves the emotional, attitude and behavioral response ability or psychological sensitivity to unfair treatment of others, which is an important manifestation of prosocial behavior. Considering the differences in psychological features among lower vs. upper social classes, the present research aimed to test the class differences in prosocial JS and the moderation effect of individualism. The results showed that lower class endorsed higher on prosocial JS, mainly for beneficiary and perpetrator, and that individualism moderated the relationship between social class and prosocial JS. In particular, only when it comes to those lower (vs. higher) in individualism, lower class reported a higher level of prosocial JS than upper class did. The current findings demonstrate the complexity of class differences in prosocial JS and the basis of cultural values. That is, only when the lower class does not stick to personal goals will it show more prosocial tendency in justice and morality.

Keywords: prosocial justice sensitivity; other-orientation; social class; individualism

图书在版编目(CIP)数据

中国社会心理学评论.第17辑/杨宜音主编. -- 北京:社会科学文献出版社,2020.2
 ISBN 978 - 7 - 5201 - 6095 - 7

Ⅰ.①中… Ⅱ.①杨… Ⅲ.①社会心理学 - 研究 - 中国 - 文集 Ⅳ.①C912.6 - 0

中国版本图书馆 CIP 数据核字(2020)第 026720 号

中国社会心理学评论 第17辑

主　　编 / 杨宜音
本辑特约主编 / 张庆鹏　寇彧

出 版 人 / 谢寿光
责任编辑 / 易　卉
文稿编辑 / 张真真

出　　版 / 社会科学文献出版社·群学出版分社 (010) 59366453
　　　　　地址:北京市北三环中路甲29号院华龙大厦　邮编:100029
　　　　　网址:www.ssap.com.cn

发　　行 / 市场营销中心 (010) 59367081　59367083
印　　装 / 三河市龙林印务有限公司

规　　格 / 开本:787mm × 1092mm　1/16
　　　　　印 张:14.5　字 数:259千字

版　　次 / 2020年2月第1版　2020年2月第1次印刷
书　　号 / ISBN 978 - 7 - 5201 - 6095 - 7
定　　价 / 89.00元

本书如有印装质量问题,请与读者服务中心 (010 - 59367028) 联系

▲ 版权所有 翻印必究